한국어능력시험

TOPIK II
한권으로 끝내기

다락원

한국어능력시험
TOPIK Ⅱ
한권으로 끝내기

지은이 전나영, 손성희
펴낸이 정규도
펴낸곳 (주)다락원

초판 1쇄 발행 2024년 4월 20일
초판 2쇄 발행 2025년 3월 20일

기획 권혁주, 김태광
편집 이후춘, 김효은, 박소영

디자인 정현석, 최예원, 김민정
영상기획 홍범석, 박현
영상촬영·편집 전광욱

다락원
경기도 파주시 문발로 211
내용문의: (02)736-2031 내선 291~296
구입문의: (02)736-2031 내선 250~252
Fax: (02)732-2037
출판등록 1977년 9월 16일 제406-2008-000007호

Copyright©2024, 전나영, 손성희

저자 및 출판사의 허락 없이 이 책의 일부 또는 전부를 무단 복제·전재·발췌할 수 없습니다. 구입 후 철회는 회사 내규에 부합하는 경우에 가능하므로 구입문의처에 문의하시기 바랍니다. 분실·파손 등에 따른 소비자 피해에 대해서는 공정거래위원회에서 고시한 소비자 분쟁 해결 기준에 따라 보상 가능합니다. 잘못된 책은 바꿔 드립니다.
ISBN: 978-89-277-7381-8 13710

http://www.darakwon.co.kr

다락원 홈페이지를 방문하시면 상세한 출판 정보와 함께 MP3 자료 등 다양한 어학 정보를 얻으실 수 있습니다.

한국어능력시험

TOPIK II
한권으로 끝내기

머리말

전 세계적으로 K-컬처의 영향력이 커지면서 한국의 문화나 콘텐츠, 한국어에 대해 관심을 가지는 외국인이 지속적으로 증가하는 추세이다. 이에 따라 외국에서의 한국어 입지도 넓어져 외국 대학에서 한국어과를 개설하거나 한국어를 대입 시험과목으로 채택하는 국가가 많아지고 있다. 또한 한국 대학에서 공부하거나 한국 기업에 취업하고 싶어 하는 외국인의 수요도 늘어가고 있다.

한국어능력시험(TOPIK)은 한국어 사용 능력을 측정·평가할 수 있는 시험으로 한국에서 유학하거나 취업하고자 하는 외국인이라면 이 시험에 응시하여 각 요건을 충족시킬 수 있는 자격을 획득해야 한다. 한국어능력시험의 등급을 인정하는 기관이 많아지면서 응시자도 더욱 많아질 전망이다. 한국어능력시험의 응시자 수요가 많아짐에 따라 시험 시행 횟수가 늘어나고 있으며 시험을 실시하는 해외 지역도 확장되고 있다. 또한 인터넷 기반 시험(IBT)을 도입하여 더 많은 학습자가 시간과 장소의 제한 어려움 없이 응시할 수 있도록 편의를 제공하고 있다.

이에 따라 이 책은 한국어능력시험을 준비하는 학습자를 위해 기획되었다. 한국어능력시험을 준비하면서 가장 중요한 것은 시험 문제의 경향에 대한 파악과 다양한 문제 풀이를 통한 충분한 연습이다. 이 책에서는 학습자가 문제를 풀 때 어떤 점에 중점을 두고 문제를 이해해야 하는지 전략적으로 파악할 수 있도록 제시하였다. 또한 시험 경향에 맞춘 문제를 풀어봄으로써 문제 풀이 능력을 향상시킬 수 있도록 구성하였다. 혼자 학습하는 학습자를 위해 동영상 강의도 제공하여 시험 준비에 서툰 학습자들에게 도움을 주고자 하였다.

이 책으로 한국어능력시험을 준비하는 학습자들이 필요한 자격을 얻을 수 있기를 바라며 한국 생활이나 업무 수행에 필요한 언어 기능을 정확하고 유창하게 수행하여 정치, 경제, 사회, 문화 전반에 걸쳐 자유롭게 이해하고 사용할 수 있기를 기대한다.

이 책의 특징

이 책은 TOPIK II 시험을 준비하는 학습자들이 효율적으로 시험을 준비할 수 있도록 듣기, 쓰기, 읽기 영역별 문제와 실전 모의고사로 구성한 교재이다. 먼저 듣기, 쓰기, 읽기 시험 문제를 분석해서 문제 유형을 파악하고 출제 경향에 따른 문항을 구성하였다. 모든 문제의 풀이 전략을 각각 제시하여 해당 문제 유형을 제대로 파악할 수 있도록 하였다. 영역별로 추가로 학습하면 좋은 주요 표현이나 추가 학습도 실어 TOPIK II를 좀 더 완벽하게 준비할 수 있다. 그리고 실전 모의고사 1회분을 구성하여 실제 시험을 체감하며 연습할 수 있도록 하였다.

이 책에 수록된 문제의 지문 내용은 사회, 경제, 문화 등 다양한 내용을 연습할 수 있으며 개인적인 상황과 공적인 상황의 지문을 골고루 구성하였다. 또한 혼자 학습하는 학습자를 위해 듣기, 읽기, 쓰기 영역의 각 문제를 무료 강의로 제공하여 학습에 도움을 주고자 하였다.

☞ 듣기는 그림 또는 그래프 고르기, 이어지는 말이나 행동 고르기, 전체 내용 이해하기, 세부 내용 이해하기 등의 유형으로 구분하였다. 각 유형을 세부 유형으로 구분하여 문제 풀이 전략과 연습 문제를 구성하였다. 또한 기본 음성과 실제 시험장에서 들리는 음성 파일을 제공하여 두 가지 버전으로 듣기 연습을 할 수 있다. 듣기 음성 파일은 다락원 홈페이지(www.darakwon.co.kr)에서 다운받을 수 있다.

듣기 음성 파일

☞ 쓰기는 실용문 완성하기, 설명문 완성하기, 그래프와 정보 설명하기, 논리적인 글쓰기 등의 유형으로 구분하였다. 각 문제를 이해하고 해결하는 데 필요한 내용을 자세히 설명하고 추가하고 해당 내용에서 알아야 할 문법 표현과 실제 시험에서 활용할 수 있는 예문 문장을 충분히 제시하였다.

☞ 읽기는 알맞은 표현 찾기, 글의 순서 파악하기, 전체 내용 이해하기, 세부 내용 이해하기 등의 유형으로 구분하였다. 각 유형을 세부 유형으로 구분하여 문제 풀이 전략과 연습 문제를 구성하였다.

☞ 실전 모의고사는 실제 시험 난이도에 맞춰 1회분의 시험 문항을 구성하였다. 실제 시험 시간에 맞춰 문제를 풀어 보면서 실전 시험을 대비할 수 있다.

합격특강 한국어능력시험 TOPIK Ⅱ 한권으로 끝내기

각 영역별로 학습 방법을 제시하여 학습자가 어떤 부분에 초점을 맞춰 학습해야 하는지 제시하였다. 각 영역별 학습 방법을 소개하여 학습에 도움을 준다.

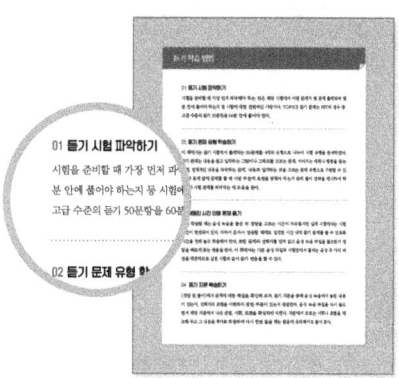

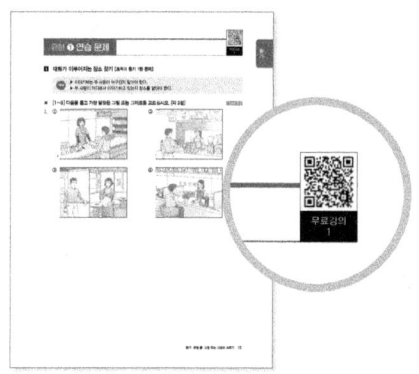

문제의 핵심을 파악할 수 있는 [무료 강의]를 제공한다. 상세한 문제 설명으로 보다 쉽게 이해할 수 있다.

'듣기', '읽기' 영역에서는 문제에서 다룬 지문에서 필수적으로 알아야 할 표현을 정리하였고 '쓰기' 영역에서는 답안 작성에 필요한 문법 표현과 예문을 정리하였다.

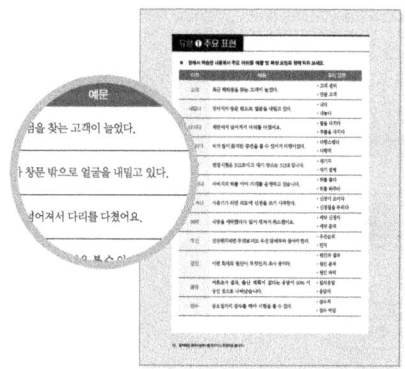

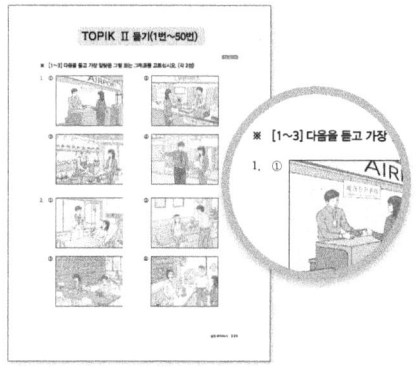

[실전 모의고사]를 풀어 보면서 실전 시험에 대한 감각을 익힐 수 있다. 실제 시험 시간에 맞춰 문제를 풀어 보고, 교재 맨 뒤에 있는 OMR 카드에 답을 체크하고 답안을 작성하는 연습을 해 보는 것이 좋다.

TOPIK II 시험 안내

01 시험 목적
- 한국어를 모국어로 하지 않는 재외동포·외국인의 한국어 학습 방향 제시 및 한국어 보급 확대
- 한국어 사용 능력을 측정·평가하여 그 결과를 국내 대학 유학 및 취업 등에 활용

02 응시 대상
응시 자격 제한이 없으나 재외동포 및 한국어를 모국어로 사용하지 않는 외국인 한국어 학습자 및 국내 대학 유학 희망자, 국내외 한국 기업체 및 공공기관 취업 희망자, 외국 학교에 재학 중이거나 졸업한 재외국민

03 시험의 주요 활용처
- 외국인 및 재외동포의 국내 대학(원) 입학 및 졸업
- 정부 초청 외국인 장학생 프로그램 진학 및 학사관리
- 국내외 기업체 및 공공기관 취업
- 국외 대학의 한국어 관련 학과 학점 및 졸업요건
- 영주권/취업 등 체류비자 취득

04 토픽 II PBT 시험 수준 및 평가 등급

영 역	시험시간	유 형	문항수	배 점	급수 구분 점수
듣 기	110분	선다형	50	100	[3급] 120 ~ 149
쓰 기		서답형	4	100	[4급] 150 ~ 189
읽 기	70분	선다형	50	100	[5급] 190 ~ 229
					[6급] 230 ~ 300

05 등급별 평가 기준

3급	• 일상생활을 영위하는 데 별 어려움을 느끼지 않으며 다양한 공공시설의 이용과 사회적 관계 유지에 필요한 기초적 언어 기능을 수행할 수 있다. • 친숙하고 구체적인 소재는 물론, 자신에게 친숙한 사회적 소재를 문단 단위로 표현하거나 이해할 수 있다. • 문어와 구어의 기본적인 특성을 구분해서 이해하고 사용할 수 있다.
4급	• 공공시설 이용과 사회적 관계 유지에 필요한 언어 기능을 수행할 수 있으며, 일반적인 업무 수행에 필요한 기능을 어느 정도 수행할 수 있다. 또한 뉴스, 신문 기사 중 비교적 평이한 내용을 이해할 수 있다. 일반적인 사회적·추상적 소재를 비교적 정확하고 유창하게 이해하고 사용할 수 있다. • 자주 사용되는 관용적 표현과 대표적인 한국 문화에 대한 이해를 바탕으로 사회·문화적인 내용을 이해하고 사용할 수 있다.
5급	• 전문 분야에서의 연구나 업무 수행에 필요한 언어 기능을 어느 정도 수행할 수 있으며 정치, 경제, 사회, 문화 전반에 걸쳐 친숙하지 않은 소재에 관해서도 이해하고 사용할 수 있다. • 공식적·비공식적 맥락과 구어적·문어적 맥락에 따라 언어를 적절히 구분해 사용할 수 있다.
6급	• 전문 분야에서의 연구나 업무 수행에 필요한 언어 기능을 비교적 정확하고 유창하게 수행할 수 있으며 정치, 경제, 사회, 문화 전반에 걸쳐 친숙하지 않은 주제에 관해서도 이해하고 사용할 수 있다. • 원어민 화자의 수준에는 이르지 못하나 기능 수행이나 의미 표현에는 어려움을 겪지 않는다.

목차

머리말 ········· 005
이 책의 특징 ········· 006
TOPIK Ⅱ 시험 안내 ········· 008

PART 1 듣기

- 유형1 그림 또는 그래프 고르기 ········· 014
- 유형2 이어지는 말이나 행동 고르기 ········· 020
- 유형3 전체 내용 파악하기 ········· 030
- 유형4 세부 내용 이해하기 ········· 052

PART 2 쓰기

- 유형1 실용문 완성하기 ········· 074
- 유형2 설명문 완성하기 ········· 100
- 유형3 그래프와 정보 설명하기 ········· 124
- 유형4 논리적인 글쓰기 ········· 140

PART 3 읽기

- 유형1 알맞은 표현 찾기 ········· 162
- 유형2 글의 순서 파악하기 ········· 180
- 유형3 전체 내용 이해하기 ········· 188
- 유형4 세부 내용 이해하기 ········· 204

실전 모의고사 ·· 227

정답 및 풀이

듣기 정답 및 풀이 ··· 266
쓰기 정답 및 풀이 ··· 279
읽기 정답 및 풀이 ··· 284
실전 모의고사 정답 및 풀이 ······································ 290

OMR 답안지

듣기 학습 방법

01 듣기 시험 파악하기

시험을 준비할 때 가장 먼저 파악해야 하는 것은 해당 시험에서 어떤 문제가 몇 문제 출제되며 몇 분 안에 풀어야 하는지 등 시험에 대한 전반적인 사항이다. TOPIKⅡ 듣기 문제는 PBT의 경우 중고급 수준의 듣기 50문항을 60분 안에 풀어야 한다.

02 듣기 문제 유형 학습하기

이 책에서는 듣기 시험에서 출제되는 50문제를 4개의 유형으로 나누어 시험 유형을 분석하였다. 듣기 문제는 내용을 듣고 일치하는 그림이나 그래프를 고르는 문제, 이어지는 대화나 행동을 찾는 문제, 전체적인 내용을 파악하는 문제, 내용과 일치하는 것을 고르는 문제 유형으로 구분할 수 있다. 각 문제 앞에 문제를 풀 때 어떤 부분에 초점을 맞춰야 하는지 문제 풀이 전략을 제시하여 학습자가 시험 문제를 파악하는 데 도움을 준다.

03 정해진 시간 안에 문제 풀기

혼자 학습할 때는 음성 녹음을 들은 뒤 정답을 고르는 시간이 자유롭지만 실제 시험에서는 시험 시간이 한정되어 있다. 따라서 혼자서 연습할 때에도 일정한 시간 내에 듣기 문제를 풀 수 있도록 시간을 정해 놓고 학습해야 한다. 또한 문제와 선택지를 먼저 읽고 음성 녹음 파일을 들으면서 정답을 빠르게 찾는 연습을 한다. 이 책에서는 기본 음성 파일과 시험장에서 들리는 음성 두 가지 버전을 제공하므로 실전 시험과 같이 듣기 연습을 할 수 있다.

04 듣기 지문 복습하기

〈정답 및 풀이〉에서 문제에 대한 해설을 확인해 보자. 듣기 지문을 통해 음성 녹음에서 놓친 내용이 있는지, 선택지의 표현을 이해하지 못한 부분이 있는지 점검한다. 음성 녹음 파일을 다시 들으면서 해당 지문에서 나온 문법, 어휘, 표현을 확실하게 익힌다. 지문에서 모르는 어휘나 표현을 체크해 두고 그 내용을 추가로 학습하며 다시 한번 들을 때는 발음에 유의해서도 들어 본다.

듣기
음성 파일

- **유형 1** 그림 또는 그래프 고르기
- **유형 2** 이어지는 말이나 행동 고르기
- **유형 3** 전체 내용 파악하기
- **유형 4** 세부 내용 이해하기

문제 풀이 무료 동영상 강의가 제공됩니다.

유형 ❶ 그림 또는 그래프 고르기

■ 풀이 전략

	대화가 이루어지는 장소 찾기
듣기 1번 문제	● 이야기하는 두 사람이 누구인지 알아야 한다. ● 두 사람이 어디에서 이야기하고 있는지 장소를 알아야 한다.

	대화 내용에 맞는 행동 찾기
듣기 2번 문제	● 두 사람이 무엇을 하고 있는지 이해해야 한다. ● 두 사람이 앞으로 어떤 행동을 할지 알아야 한다.

	대화 내용에 맞는 그래프 찾기
듣기 3번 문제	● 두 사람이 무엇에 대해서 이야기하는지 알아야 한다. ● 그래프가 무엇을 조사한 내용인지 알아야 한다.

유형 ❶ 연습 문제

1 대화가 이루어지는 장소 찾기 【토픽Ⅱ 듣기 1번 문제】

전략
▶ 이야기하는 두 사람이 누구인지 알아야 한다.
▶ 두 사람이 어디에서 이야기하고 있는지 장소를 알아야 한다.

※ [1~3] 다음을 듣고 가장 알맞은 그림 또는 그래프를 고르십시오. (각 2점)　　　Track 001

1.

① 　　②

③ 　　④

듣기 유형 ❶ 그림 또는 그래프 고르기　15

2 대화 내용에 맞는 행동 찾기 【토픽Ⅱ 듣기 2번 문제】

> **전략**
> ▶ 두 사람이 무엇을 하고 있는지 이해해야 한다.
> ▶ 두 사람이 앞으로 어떤 행동을 할지 알아야 한다.

※ [1~3] 다음을 듣고 가장 알맞은 그림 또는 그래프를 고르십시오. (각 2점)

2. ①

②

③

④

3 대화 내용에 맞는 그래프 찾기 【토픽 II 듣기 3번 문제】

> **전략**
> ▶ 두 사람이 무엇에 대해서 이야기하는지 알아야 한다.
> ▶ 그래프가 무엇을 조사한 내용인지 알아야 한다.

※ [1~3] 다음을 듣고 가장 알맞은 그림 또는 그래프를 고르십시오. (각 2점)

3.

① 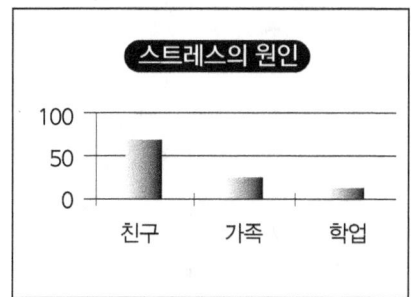 ② 스트레스의 원인

③ 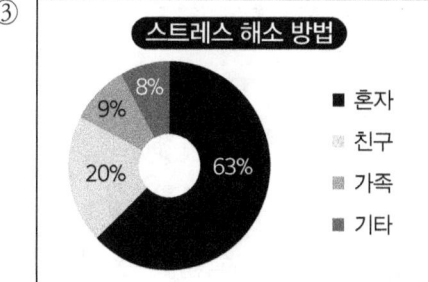 ④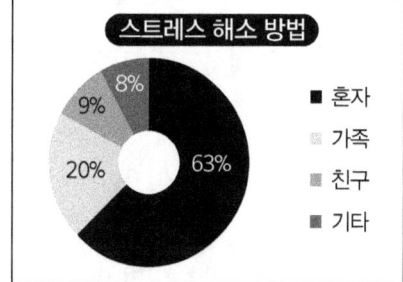

유형 ❶ 주요 표현

※ 앞에서 학습한 내용에서 주요 어휘를 예문 및 확장 표현과 함께 익혀 보세요.

어휘	예문	확장 표현
고객	최근 백화점을 찾는 고객이 늘었다.	• 고객 센터 • 단골 고객
내밀다	강아지가 창문 밖으로 얼굴을 내밀고 있다.	• 내다 • 내놓다
다치다	계단에서 넘어져서 다리를 다쳤어요.	• 팔을 다치다 • 무릎을 다치다
다행이다	비가 많이 왔지만 공연을 볼 수 있어서 다행이었다.	• 다행스럽다 • 다행히
대기	면접시험은 312호이고 대기 장소는 313호입니다.	• 대기자 • 대기 발령
뒤를 잇다	아버지의 뒤를 이어 가게를 운영하고 있습니다.	• 뒤를 쫓다 • 뒤를 봐주다
신경 쓰다	사춘기가 되면 외모에 신경을 쓰기 시작한다.	• 신경이 쓰이다 • 신경질을 부리다
예약	식당을 예약했다가 일이 생겨서 취소했어요.	• 예약 신청자 • 예약 문의
우선	건강해지려면 무엇보다도 우선 담배부터 끊어야 한다.	• 우선순위 • 먼저
원인	이번 화재의 원인이 무엇인지 조사 중이다.	• 원인과 결과 • 원인 분석 • 원인 파악
응답	여론조사 결과, 출산 계획이 없다는 응답이 60% 이상인 것으로 나타났습니다.	• 질의응답 • 응답자
접수	금요일까지 접수를 해야 시험을 볼 수 있다.	• 접수처 • 접수 마감

어휘	예문	확장 표현
학업	경제 사정이 좋지 않아서 학업을 포기할 수밖에 없었다.	• 학업 계획서 • 학업 성취도
환자	환절기에는 감기 환자가 많다.	• 응급 환자 • 중환자

유형 ❷ 이어지는 말이나 행동 고르기

■ 풀이 전략

	이어지는 말 찾기
듣기 4번 문제	● 두 사람이 무엇을 주제로 이야기하는지 이해해야 한다. ● 앞 사람이 무엇을 질문하는지 알아야 한다.
듣기 5번 문제	● 두 사람이 무슨 문제에 대해서 이야기하는지 이해해야 한다. ● 앞 사람이 어떤 정보를 말하는지 알아야 한다.
듣기 6~7번 문제	● 두 사람이 무엇을 주제로 이야기하는지 이해해야 한다. ● 앞 사람의 의견이 무엇인지 이해해야 한다.
듣기 8번 문제	● 누구와 누가 전화 통화를 하는지 알아야 한다. ● 앞에서 말하는 정보를 이해해야 한다.
	이어지는 행동 찾기
듣기 9~12번 문제	● 두 사람이 무엇에 대해서 이야기하는지 이해해야 한다. ● 두 사람의 대화 중에서 여자가 해야 할 행동을 알려 주는 단어를 이해해야 한다.

유형 ❷ 연습 문제

1 이어지는 말 찾기 【토픽 II 듣기 4번 문제】

 ▶ 두 사람이 무엇을 주제로 이야기하는지 이해해야 한다.
▶ 앞 사람이 무엇을 질문하는지 알아야 한다.

※ [4~8] 다음을 듣고 이어질 수 있는 말로 가장 알맞은 것을 고르십시오. (각 2점)   Track 004

4. ① 선약이 있으면 미리 말해야지.
   ② 걱정하지 말고 아무 때나 전화해도 돼.
   ③ 열이 좀 나는 게 아무래도 감기인 것 같아.
   ④ 시내에서 만나면 재미있는 것도 많이 할 수 있잖아.

1 이어지는 말 찾기 【토픽 II 듣기 5번 문제】

 ▶ 두 사람이 무슨 문제에 대해서 이야기하는지 이해해야 한다.
▶ 앞 사람이 어떤 정보를 말하는지 알아야 한다.

※ [4~8] 다음을 듣고 이어질 수 있는 말로 가장 알맞은 것을 고르십시오. (각 2점)   Track 005

5. ① 그래요? 한번 사용해 보세요.
   ② 그럼, 학교 게시판을 찾아봐야겠네요.
   ③ 침대가 있으면 이사할 때 힘들 거예요.
   ④ 동대문 근처에 유명한 가구시장이 있어요.

1 이어지는 말 찾기 【토픽 II 듣기 6번 문제】

- 두 사람이 무엇을 주제로 이야기하는지 이해해야 한다.
- 앞 사람의 의견이 무엇인지 이해해야 한다.

※ [4~8] 다음을 듣고 이어질 수 있는 말로 가장 알맞은 것을 고르십시오. (각 2점)

6. ① 두 벌 사면 할인을 받을 수 있어.
   ② 요즘은 옷값이 너무 비싼 것 같아.
   ③ 그러지 말고 밝은색을 한번 입어 봐.
   ④ 한 치수 큰 것으로 입어 보면 어떨까?

1 이어지는 말 찾기 【토픽 II 듣기 7번 문제】

- 두 사람이 무슨 주제로 이야기하는지 이해해야 한다.
- 앞 사람의 의견이 무엇인지 알아야 한다.

※ [4~8] 다음을 듣고 이어질 수 있는 말로 가장 알맞은 것을 고르십시오. (각 2점)

7. ① 아직 표가 남아 있을 거예요.
   ② 그럼, 영화를 보지 말고 공연을 볼까요?
   ③ 그래서 사람들이 관심이 많은 것 같아요.
   ④ 인터넷으로 표를 사니까 편리해서 좋네요.

1 이어지는 말 찾기 【토픽Ⅱ 듣기 8번 문제】

▶ 누구와 누가 전화 통화를 하는지 알아야 한다.
▶ 앞에서 말하는 정보를 이해해야 한다.

※ [4~8] 다음을 듣고 이어질 수 있는 말로 가장 알맞은 것을 고르십시오. (각 2점) Track 008

8. ① 몇 시쯤 오실 수 있어요?
   ② 관리실에 전화해도 될까요?
   ③ 그동안에 물을 사용해도 되나요?
   ④ 미리 알려 주셨으면 조심했을 텐데요.

2 이어지는 행동 찾기 【토픽Ⅱ 듣기 9번 문제】

▶ 두 사람이 무엇에 대해서 이야기하는지 이해해야 한다.
▶ 두 사람의 대화 중에서 여자가 해야 할 행동을 알려 주는 단어를 이해해야 한다.

※ [9~12] 다음을 듣고 여자가 이어서 할 행동으로 가장 알맞은 것을 고르십시오. (각 2점) Track 009

9. ① 택배 회사에 전화한다.
   ② 물건을 뜯어서 확인한다.
   ③ 받은 물건을 밖에 내놓는다.
   ④ 우체국에 가서 물건을 돌려준다.

2 이어지는 행동 찾기 【토픽Ⅱ 듣기 10번 문제】

▶ 두 사람이 무엇에 대해서 이야기하는지 이해해야 한다.
▶ 두 사람의 대화 중에서 여자가 해야 할 행동을 알려 주는 단어를 이해해야 한다.

※ [9~12] 다음을 듣고 여자가 이어서 할 행동으로 가장 알맞은 것을 고르십시오. (각 2점)

10. ① 집을 계약한다.
    ② 다른 집을 구경한다.
    ③ 부동산소개소에 간다.
    ④ 지도를 보고 집을 찾는다.

2 이어지는 행동 찾기 【토픽Ⅱ 듣기 11번 문제】

▶ 두 사람이 무엇에 대해서 이야기하는지 이해해야 한다.
▶ 두 사람의 대화 중에서 여자가 해야 할 행동을 알려 주는 단어를 이해해야 한다.

※ [9~12] 다음을 듣고 여자가 이어서 할 행동으로 가장 알맞은 것을 고르십시오. (각 2점)

11. ① 짐을 찾는다.
    ② 비행기를 탄다.
    ③ 탑승 수속을 한다.
    ④ 짐을 부치는 돈을 낸다.

2 이어지는 행동 찾기 【토픽 II 듣기 12번 문제】

- ▶ 두 사람이 무엇에 대해서 이야기하는지 이해해야 한다.
- ▶ 두 사람의 대화 중에서 여자가 해야 할 행동을 알려 주는 단어를 이해해야 한다.

※ [9~12] 다음을 듣고 여자가 이어서 할 행동으로 가장 알맞은 것을 고르십시오. (각 2점)　　Track 012

12. ① 친척에게 부탁한다.
　　② 새로운 보험을 든다.
　　③ 동창의 부탁을 거절한다.
　　④ 지난번에 든 보험을 취소한다.

유형 ❷ 주요 표현

※ 앞에서 학습한 내용에서 주요 어휘를 예문 및 확장 표현과 함께 익혀 보세요.

어휘	예문	확장 표현
거절하다	연봉을 많이 주겠다는 스카우트 제의를 거절하기가 쉽지 않다.	• 부탁을 거절하다 • 거절을 당하다
관리실	건물 1층에 관리실이 있으니까 문제가 생기면 알려 주세요.	• 관리하다 • 관리사무소
군데	보고서에 있는 날짜가 여러 군데 잘못되어 있다.	• 몇 군데 • 군데군데
나가다	혼자 사는 사람이 많아서 아파트보다 원룸이 잘 나간다.	• 집이 나가다 • 팔리다
내놓다	빈 병은 봉투에 담아서 밖에 내놓으면 돼요.	• 내다 • 꺼내 놓다
동창	동창들을 만나면 학생 때로 돌아간 것 같은 느낌이다.	• 동창회 • 동료
뜯다	아이들은 선물을 받자마자 포장지를 뜯었다.	• 뜯어내다 • 뜯어고치다
망설여지다	물건이 너무 비싸서 살까 말까 망설여졌다.	• 망설이다 • 머뭇거리다
매진	연휴에는 영화표나 공연표가 매진되고 없다.	• 매진되다 • 품절
미루다	오늘 일을 내일로 미루지 말자.	• 날짜를 미루다 • 날짜를 당기다
반송	잘못 배달된 우편물은 버리지 말고 반송해야 돼요.	• 반송되다 • 반품하다
배달	이만 원 이상이면 배달해 드립니다.	• 배달하다 • 배달시키다
보험을 들다	여행하는 동안 문제가 생겼을 때 도움을 주는 보험을 들었다.	• 보험에 가입하다 • 자동차보험

어휘	예문	확장 표현
선배	친형처럼 잘해 주시는 직장 선배가 계세요.	• 대학 선배 • 후배
수도관	날씨가 너무 추워서 곳곳에서 수도관이 터졌다.	• 수도꼭지 • 수도료
수리기사	가전제품이 고장이 나면 수리기사가 방문해서 고쳐 준다.	• 수리하다 • 수리 센터
수속	입원 수속이 너무 복잡해서 시간이 많이 걸렸다.	• 수속하다 • 입국 수속
시세	경제가 좋아지면 주식 시세가 오른다.	• 시세 변동 • 시가
신인	올해 연예계에는 신인들이 많이 등장했다.	• 신인 가수 • 신인 배우
약속	약속을 했으면 지켜야지요.	• 약속을 지키다 • 약속을 어기다
어둡다	겨울에는 사람들이 어두운 색깔의 옷을 많이 입는다.	• 밝다 • 얼굴이 어둡다
어울리다	하얀색 티셔츠와 청바지가 잘 어울린다.	• 나이에 어울리다 • 신분에 어울리다
유행	요즘은 여자도 남자도 긴 머리가 유행이다.	• 유행하다 • 유행이 지나다
점검	깨진 물건이 없는지 점검 후에 포장하세요.	• 점검하다 • 시설 점검
중고	새 자동차가 너무 비싸서 중고 자동차를 샀다.	• 중고품 • 중고이다
챙기다	회의 전에 챙겨야 할 서류가 많다.	• 짐을 챙기다 • 챙겨 먹다

어휘	예문	확장 표현
추가	입사하려는 지원자가 적어서 추가 모집을 하려고 한다.	• 추가하다 • 추가 시험
취소하다	예약을 취소하시려면 1번을 눌러 주세요.	• 취소되다 • 약속 취소
탑승	비행기에 탑승하기 전에 검색대를 지나가야 한다.	• 탑승객 • 탑승구
판매	백화점에서 할인 판매를 하면 손님이 많다.	• 판매가 • 판매량
필요하다	집들이에 갈 때 생활에 필요한 물건을 선물하세요.	• 필요 없다 • 생활필수품

MEMO

유형 ③ 전체 내용 파악하기

■ 풀이 전략

화자의 중심 생각 파악하기

듣기 17~21번 문제	● 두 사람이 무엇에 대해서 이야기하는지 알아야 한다. ● 주제에 대해서 남자가 어떤 의견을 가지고 있는지 알아야 한다.
듣기 23번 문제	● 누가 누구에게 전화를 걸었는지 이해해야 한다. ● 남자가 무엇에 대해서 이야기하는지 알아야 한다.
듣기 25번 문제	● 남자가 이야기하는 여러 가지 내용을 포함할 수 있는 큰 주제를 알아야 한다. ● 보통 남자의 처음 말이나 마지막 말에 전체적인 주제가 있다.
듣기 31번 문제	● 두 사람이 무엇에 대해서 이야기하는지 알아야 한다. ● 주제에 대해서 남자가 찬성하는 생각을 가지고 있는지 반대하는 생각을 가지고 있는지 알아야 한다.
듣기 37번 문제	● 두 사람이 무엇에 대해서 이야기하는지 이해해야 한다. ● 주제에 대해서 여자의 전체적인 생각이 무엇인지 알아야 한다.

화자의 의도 파악하기

듣기 27번 문제	● 두 사람이 무엇에 대해서 이야기하는지 알아야 한다. ● 남자가 무엇을 하기 위해서 이야기하고 있는지 알아야 한다.
듣기 35번 문제	● 남자가 무엇에 대해서 이야기하는지 이해해야 한다. ● 남자가 무엇을 하기 위해서 이야기하고 있는지 알아야 한다.
듣기 46번 문제	● 강연을 하는 사람이 무엇에 대해서 이야기하는지 이해해야 한다. ● 강연을 하는 사람이 왜 이야기하는지 알아야 한다.

화자의 신분 파악하기

듣기 29번 문제	● 두 사람이 무엇에 대해서 이야기하는지 이해해야 한다. ● 말하는 사람들의 신분이 무엇인지 알아야 한다.

	화자의 태도 파악하기
듣기 32번 문제	● 두 사람이 어떤 주제에 대해서 이야기하는지 이해해야 한다. ● 남자가 이 주제에 대해서 어떤 태도로 이야기하는지 알아야 한다
듣기 48번 문제	● 두 사람이 무엇에 대해서 이야기하는지 알아야 한다. ● 전문가가 이 주제에 대해서 어떻게 평가하는지, 어떤 생각을 가지고 있는지 알아야 한다.
듣기 50번 문제	● 말하는 사람이 주제에 대해서 긍정적인지, 부정적인지 알아야 한다. ● 말하는 사람이 왜 이야기하는지 알아야 한다.

	주제 파악하기
듣기 33번 문제	● 무엇에 대해서 설명하는지 알아야 한다. ● 설명하는 내용을 전체적으로 요약할 수 있는 주제가 무엇인지 알아야 한다.
듣기 41번 문제	● 무엇에 대한 강연인지 이해해야 한다. ● 강연의 중심 내용이 무엇인지 알아야 한다.
듣기 43번 문제	● 무엇에 대한 설명인지 이해해야 한다. ● 남자가 무엇을 하기 위해서 이야기하는지 이해해야 한다.

	이전의 대화 내용 찾기
듣기 39번 문제	● 이 이야기 앞에 어떤 내용이 있었을지 추측해 본다. ● 이야기를 시작하는 사람이 무엇에 대해서 말하는지 이해해야 한다.

유형 ❸ 연습 문제

1 화자의 중심 생각 파악하기 【토픽Ⅱ 듣기 17번 문제】

전략
▶ 두 사람이 무엇에 대해서 이야기하는지 알아야 한다.
▶ 주제에 대해서 남자가 어떤 의견을 가지고 있는지 알아야 한다.

※ [17~20] 다음을 듣고 남자의 중심 생각으로 가장 알맞은 것을 고르십시오. (각 2점) Track 013

17. ① 유산소운동만으로 체중을 줄이기가 어렵다.
    ② 유산소운동이 체중 관리에 효과적일 것이다.
    ③ 살을 빼려면 근력운동을 하는 것이 도움이 된다.
    ④ 여러 가지 운동을 같이 하면 체중을 조절하기가 쉽다.

1 화자의 중심 생각 파악하기 【토픽Ⅱ 듣기 18번 문제】

전략
▶ 두 사람이 무엇에 대해서 이야기하는지 알아야 한다.
▶ 주제에 대해서 남자가 어떤 의견을 가지고 있는지 알아야 한다.

※ [17~20] 다음을 듣고 남자의 중심 생각으로 가장 알맞은 것을 고르십시오. (각 2점) Track 014

18. ① 직장 동료들과 잘 어울려야 한다.
    ② 직장 일에 자신감을 가져야 한다.
    ③ 직장 분위기에 빨리 익숙해져야 한다.
    ④ 직장 일에 최선을 다하기가 쉽지 않다.

1 화자의 중심 생각 파악하기 【토픽Ⅱ 듣기 19번 문제】

▶ 두 사람이 무엇에 대해서 이야기하는지 알아야 한다.
▶ 주제에 대해서 남자가 어떤 의견을 가지고 있는지 알아야 한다.

※ [17~20] 다음을 듣고 남자의 중심 생각으로 가장 알맞은 것을 고르십시오. (각 2점) `Track 015`

19. ① 경력자를 뽑아야 한다.
    ② 젊은 사람을 뽑았으면 좋겠다.
    ③ 경험이 많아야 팀원을 이끌 수 있다.
    ④ 새로운 일을 시작하려면 경험이 많아야 한다.

1 화자의 중심 생각 파악하기 【토픽Ⅱ 듣기 20번 문제】

▶ 두 사람이 무엇에 대해서 이야기하는지 알아야 한다.
▶ 주제에 대해서 남자가 어떤 의견을 가지고 있는지 알아야 한다.

※ [17~20] 다음을 듣고 남자의 중심 생각으로 가장 알맞은 것을 고르십시오. (각 2점) `Track 016`

20. ① 남에게 인정을 받는 것이 성공이다.
    ② 남과 경쟁해서 이기는 것이 성공이다.
    ③ 물질적인 것만 추구하는 것은 진정한 성공이 아니다.
    ④ 눈앞의 이익보다 정신적인 것을 찾아야 성공할 수 있다.

1 화자의 중심 생각 파악하기 【토픽Ⅱ 듣기 21번 문제】

▶ 두 사람이 무엇에 대해서 이야기하는지 알아야 한다.
▶ 주제에 대해서 남자가 어떤 생각을 가지고 있는지 알아야 한다.

※ [21~22] 다음을 듣고 물음에 답하십시오. (각 2점)

21. 남자의 중심 생각으로 가장 알맞은 것을 고르십시오.
① 대학에 진학해야 취직하기가 쉽다.
② 직업을 생각한 후에 전공을 선택해야 한다.
③ 대학을 선택하기 전에 전공을 정하는 게 낫다.
④ 경영학이나 경제학을 전공하면 취직하기가 좋다.

· 22번 문제는 [유형 4] 5에 있습니다.

1 화자의 중심 생각 파악하기 【토픽Ⅱ 듣기 23번 문제】

▶ 누가 누구에게 전화를 걸었는지 이해해야 한다.
▶ 남자가 무엇에 대해서 이야기하는지 알아야 한다.

※ [23~24] 다음을 듣고 물음에 답하십시오. (각 2점)

23. 남자가 무엇을 하고 있는지 고르십시오.
① 고객의 개인정보를 알아보고 있다.
② 새로운 가전제품을 광고하고 있다.
③ 고객의 불편사항을 조사하고 있다.
④ 문제가 있는 가전제품을 수리하고 있다.

· 24번 문제는 [유형 4] 5에 있습니다.

화자의 중심 생각 파악하기 【토픽 II 듣기 25번 문제】

> 전략
> ▶ 남자가 이야기하는 여러 가지 내용을 포함할 수 있는 큰 주제를 알아야 한다.
> ▶ 보통 남자의 처음 말이나 마지막 말에 전체적인 주제가 있다.

※ [25~26] 다음을 듣고 물음에 답하십시오. (각 2점)

25. 남자의 중심 생각으로 가장 알맞은 것을 고르십시오.　　　　　Track 019
　　① 신제품은 기존의 제품에 비해서 값이 싸야 한다.
　　② 신제품은 소비자들의 요구를 반영해서 개발해야 한다.
　　③ 신제품은 국민들의 건강에 도움을 줄 수 있어야 한다.
　　④ 신제품의 판매는 경제적 상황에 따라서 달라질 수 있다.

• 26번 문제는 [유형 4] 5에 있습니다.

 화자의 중심 생각 파악하기 【토픽 II 듣기 31번 문제】

> 전략
> ▶ 두 사람이 무엇에 대해서 이야기하는지 알아야 한다.
> ▶ 주제에 대해서 남자가 찬성하는 생각을 가지고 있는지 반대하는 생각을 가지고 있는지 알아야 한다.

※ [31~32] 다음을 듣고 물음에 답하십시오. (각 2점)

31. 남자의 중심 생각으로 가장 알맞은 것을 고르십시오.　　　　　Track 020
　　① 출퇴근하는 직원들의 어려움을 회사가 해결해야 한다.
　　② 직원들이 자유롭게 이직할 수 있도록 도움을 줘야 한다.
　　③ 업무에 지장이 없다면 직원들의 상황을 배려하는 것이 좋겠다.
　　④ 직원들이 자신의 근무 시간을 자유롭게 결정하도록 하면 좋겠다.

• 32번 문제는 [유형 3] 4에 있습니다.

1 화자의 중심 생각 파악하기 【토픽II 듣기 37번 문제】

- ▶ 두 사람이 무엇에 대해서 이야기하는지 이해해야 한다.
- ▶ 주제에 대해서 여자의 전체적인 생각이 무엇인지 알아야 한다.

※ [37~38] 다음을 듣고 물음에 답하십시오. (각 2점)

37. 여자의 중심 생각으로 가장 알맞은 것을 고르십시오.　　　　　　　　　　　　　Track 021
　　① 근로자들의 휴가 기간을 조정할 필요가 있다.
　　② 노동자들의 건강을 지키기 위해서 정부가 노력해야 한다.
　　③ 더위 때문에 생길 수 있는 피해를 줄이는 방법을 찾아야 한다.
　　④ 온열 질환에 걸린 시민들이 사용할 수 있는 장소를 마련해야 한다.

• 38번 문제는 [유형 4] 5에 있습니다.

2 화자의 의도 파악하기 【토픽II 듣기 27번 문제】

- ▶ 두 사람이 무엇에 대해서 이야기하는지 알아야 한다.
- ▶ 남자가 무엇을 하기 위해서 이야기하고 있는지 알아야 한다.

※ [27~28] 다음을 듣고 물음에 답하십시오. (각 2점)

27. 남자가 말하는 의도로 알맞은 것을 고르십시오.　　　　　　　　　　　　　　　Track 022
　　① 감시 카메라의 효과를 알리려고
　　② 감시 카메라의 부작용을 알리려고
　　③ 감시 카메라를 늘리도록 설득하려고
　　④ 감시 카메라의 설치 방법을 문의하려고

• 28번 문제는 [유형 4] 5에 있습니다.

화자의 의도 파악하기 【토픽 II 듣기 35번 문제】

> **전략**
> ▶ 남자가 무엇에 대해서 이야기하는지 이해해야 한다.
> ▶ 남자가 무엇을 하기 위해서 이야기하고 있는지 알아야 한다.

※ [35~36] 다음을 듣고 물음에 답하십시오. (각 2점)

35. 남자가 무엇을 하고 있는지 고르십시오.　　　　　　　　　　　　　　　　　Track 023
　　① 체험마을의 역사에 대해서 설명하고 있다.
　　② 체험프로그램에 참가할 것을 권유하고 있다.
　　③ 체험마을에서 운영하는 프로그램을 소개하고 있다.
　　④ 체험프로그램에 대한 관심과 지원을 부탁하고 있다.

• 36번 문제는 [유형 4] 5에 있습니다.

화자의 의도 파악하기 【토픽 II 듣기 46번 문제】

> **전략**
> ▶ 강연을 하는 사람이 무엇에 대해서 이야기하는지 이해해야 한다.
> ▶ 강연을 하는 사람이 왜 이야기하는지 알아야 한다.

※ [45~46] 다음을 듣고 물음에 답하십시오. (각 2점)

46. 여자가 말하는 방식으로 알맞은 것을 고르십시오.　　　　　　　　　　　　Track 024
　　① 새로 나온 책을 소개하고 있다.
　　② 책을 쓰게 된 동기를 설명하고 있다.
　　③ 정보 불균형의 여러 사례를 비교하고 있다.
　　④ 정보 불균형에 대한 해결책을 제시하고 있다.

• 45번 문제는 [유형 4] 5에 있습니다.

3 화자의 신분 파악하기 【토픽II 듣기 29번 문제】

> 전략
> ▶ 두 사람이 무엇에 대해서 이야기하는지 이해해야 한다.
> ▶ 말하는 사람들의 신분이 무엇인지 알아야 한다.

※ [29~30] 다음을 듣고 물음에 답하십시오. (각 2점)

29. 남자가 누구인지 고르십시오.
   ① 호흡기 전문 의료진
   ② 전문 청소 업체 직원
   ③ 세균과 곰팡이 연구자
   ④ 에어컨 개발 업체 직원

· 30번 문제는 [유형 4] 에 있습니다.

4 화자의 태도 파악하기 【토픽II 듣기 32번 문제】

> 전략
> ▶ 두 사람이 어떤 주제에 대해서 이야기하는지 이해해야 한다.
> ▶ 남자가 이 주제에 대해서 어떤 태도로 이야기하는지 알아야 한다.

※ [31~32] 다음을 듣고 물음에 답하십시오. (각 2점)

32. 남자의 태도로 가장 알맞은 것을 고르십시오.
   ① 상대방의 의견에 강하게 반박하고 있다.
   ② 자신의 의견을 계속해서 주장하고 있다.
   ③ 상대방의 의견에 적극적으로 동의하고 있다.
   ④ 문제의 해결 방안을 다양하게 제안하고 있다.

· 31번 문제는 [유형 3] 에 있습니다.

4 화자의 태도 파악하기 【토픽 II 듣기 48번 문제】

▶ 두 사람이 무엇에 대해서 이야기하는지 알아야 한다.
▶ 전문가가 이 주제에 대해서 어떻게 평가하는지, 어떤 생각을 가지고 있는지 알아야 한다.

※ [47~48] 다음을 듣고 물음에 답하십시오. (각 2점)

48. 남자의 태도로 알맞은 것을 고르십시오.
   ① 새로운 정책을 신뢰하지 않고 있다.
   ② 새로운 정책의 실시를 환영하고 있다.
   ③ 새로운 정책의 빠른 결정을 촉구하고 있다.
   ④ 새로운 정책보다 기존 정책의 지속을 요구하고 있다.

• 47번 문제는 [유형 4] 5에 있습니다.

4 화자의 태도 파악하기 【토픽 II 듣기 50번 문제】

▶ 말하는 사람이 주제에 대해서 긍정적인지, 부정적인지 알아야 한다.
▶ 말하는 사람이 왜 이야기하는지 알아야 한다.

※ [49~50] 다음을 듣고 물음에 답하십시오. (각 2점)

50. 남자의 태도로 알맞은 것을 고르십시오.
   ① 1인 미디어의 장점을 홍보하고 있다.
   ② 1인 미디어의 자유를 주장하고 있다.
   ③ 1인 미디어의 규제를 제안하고 있다.
   ④ 1인 미디어의 폐지를 요구하고 있다.

• 49번 문제는 [유형 4] 5에 있습니다.

5 주제 파악하기 【토픽Ⅱ 듣기 33번 문제】

▶ 무엇에 대해서 설명하는지 알아야 한다.
▶ 설명하는 내용을 전체적으로 요약할 수 있는 주제가 무엇인지 알아야 한다.

※ [33~34] 다음을 듣고 물음에 답하십시오. (각 2점)

33. 무엇에 대한 내용인지 알맞은 것을 고르십시오.
    ① 정보화 시대의 피해 사례
    ② 정보화 시대의 사생활 보호
    ③ 정보화 시대의 도덕적 책임
    ④ 정보화 시대의 긍정적 사례

• 34번 문제는 [유형 4] 5에 있습니다.

5 주제 파악하기 【토픽Ⅱ 듣기 41번 문제】

▶ 무엇에 대한 강연인지 이해해야 한다.
▶ 강연의 중심 내용이 무엇인지 알아야 한다.

※ [41~42] 다음을 듣고 물음에 답하십시오. (각 2점)

41. 이 강연의 중심 내용으로 가장 알맞은 것을 고르십시오.
    ① 표적 항암제는 여러 부작용이 예상되는 물질이다.
    ② 표적 치료제는 암세포의 증식을 방해해서 암을 치료한다.
    ③ 정상 세포가 암세포로 변화하는 과정에서 치료가 필요하다.
    ④ 정상 세포와 암세포는 증식 속도와 변화 과정이 서로 다르다.

• 42번 문제는 [유형 4] 5에 있습니다.

5 주제 파악하기 【토픽Ⅱ 듣기 43번 문제】

> **전략**
> ▶ 무엇에 대한 설명인지 이해해야 한다.
> ▶ 남자가 무엇을 하기 위해서 이야기하는지 이해해야 한다.

※ [43~44] 다음을 듣고 물음에 답하십시오. (각 2점)

43. 무엇에 대한 내용인지 알맞은 것을 고르십시오.
　① 맹그로브 나무가 자라는 환경
　② 맹그로브 숲을 보존하려는 노력
　③ 열대우림 지역의 해안 침식 현상
　④ 맹그로브 숲이 갖는 경제적 가치

• 44번 문제는 [유형 4] 5에 있습니다.

6 이전의 대화 내용 찾기 【토픽Ⅱ 듣기 39번 문제】

> **전략**
> ▶ 이 이야기 앞에 어떤 내용이 있었을지 추측해 본다.
> ▶ 이야기를 시작하는 사람이 무엇에 대해서 말하는지 이해해야 한다.

※ [39~40] 다음을 듣고 물음에 답하십시오. (각 2점)

39. 이 대화 전의 내용으로 가장 알맞은 것을 고르십시오.
　① 스마트폰을 유용하게 사용하는 방법을 소개했다.
　② 스마트폰 중독으로 생기는 다양한 현상을 설명했다.
　③ 스마트폰의 사용 시간과 중독 현상의 관계를 밝혔다.
　④ 일상생활에 지장을 주는 스마트폰의 사용을 경고했다.

• 40번 문제는 [유형 4] 5에 있습니다.

유형 ❸ 주요 표현

※ 앞에서 학습한 내용에서 주요 어휘를 예문 및 확장 표현과 함께 익혀 보세요.

어휘	예문	확장 표현
가전	이 매장에서는 값이 싼 중소기업의 가전제품을 취급한다.	• 대형 가전제품 • 전자제품
감시	범죄 용의자가 경찰의 감시를 피해서 도망갔다.	• 감시하다 • 감시를 당하다
감안하다	동료들의 평가와 업무 실적을 감안해서 승진을 결정한다.	• 경력을 감안하다 • 능력이 감안되다
개선	두 나라는 대립을 멈추고 관계 개선을 위해서 노력하기로 했다.	• 개선하다 • 개선책
개선책	휴직 제도의 문제점을 파악하고 개선책을 논의 중이다.	• 개선하다 • 개선되다
경쟁	요즘 인공지능 개발 분야에서 각국의 경쟁이 뜨겁다.	• 경쟁하다 • 경쟁자
고려	행사를 어떤 식으로 진행할지 아직 고려 중이다.	• 고려하다 • 특별한 사정을 고려하다
고민	졸업 후에 취직할지 대학원에 갈지 고민이에요.	• 고민하다 • 고민거리
곰팡이	음식을 실온에 그냥 두면 곰팡이가 생기니까 꼭 냉장 보관해 주세요.	• 곰팡이가 피다 • 곰팡이 제거 방법
공감	일반인을 내세운 광고가 소비자들의 공감을 얻는다.	• 공감하다 • 공감이 가다
공급	일시적으로 전기 공급을 중단했다.	• 공급하다 • 공급과잉
관련	최근 들어 인공지능 기술 관련 보도가 많이 나오고 있다.	• 관련되다 • 관련 서적
관리	후손들을 위해서 문화유산의 관리와 보존에 힘써야 한다.	• 관리하다 • 출입국관리사무소

어휘	예문	확장 표현
근력운동	근육 손실을 막기 위해서는 반드시 근력운동을 해야 한다.	• 근력을 기르다 • 근력이 세다
노출	좋건 싫건 자신의 감정을 노출하지 않아야 한다.	• 노출되다 • 노출증
느슨하다	안전띠를 느슨하게 매면 위험할 때 도움이 안 된다.	• 헐겁다 • 꽉 끼다
단축	공사 기간을 단축하기 위해서 많은 인원을 투입했다.	• 단축하다 • 시간 단축
대두	20대가 국내 소비를 이끄는 중심 세력으로 대두되고 있다.	• 대두되다 • 나타나다
대응	피해를 줄이기 위해서는 신속한 대응이 필요하다.	• 대응하다 • 법적 대응
대책	정부가 태풍 피해에 대한 대책을 마련하기 위해서 고심하고 있다.	• 대책을 세우다 • 대책이 서다
도덕	도덕에 어긋한 행동은 비난을 받아야 한다.	• 도덕적이다 • 도덕관
도전	올림픽에 참가한 선수들은 신기록에 도전한다.	• 도전하다 • 도전적이다
독특하다	깻잎은 독특한 맛과 향을 지니고 있다.	• 특별하다 • 특이하다
동료	회사에서 동료들에게 사랑을 받는 사람이 되고 싶다.	• 직장 동료 • 동료애
동원하다	기업들은 불황을 극복하기 위해서 모든 방법을 동원하고 있다.	• 동원되다 • 인력 동원
동의	몇 살부터 부모의 동의 없이 결혼할 수 있어요?	• 동의하다 • 동의를 구하다

어휘	예문	확장 표현
물질	물질의 풍요 속에서 사람들은 점점 소외감을 느낀다.	• 물질적 • 물질문명
민감	남의 말에 민감하게 반응하면 더 스트레스를 받는다.	• 민감하다 • 민감성 피부
배려	어린이를 위한 특별한 배려와 관심이 필요합니다.	• 배려하다 • 임산부 배려석
배양	치매를 유발하는 세포의 배양에 성공했다.	• 배양하다 • 미생물 배양 실험
범람	비속어의 범람으로 우리의 언어생활이 위협을 받고 있다.	• 범람하다 • 넘치다
범죄	정부는 흉악 범죄의 재발을 방지하기 위해서 노력하겠다고 밝혔다.	• 범죄자 • 범죄를 저지르다
병행	병이 나으려면 병원 치료와 식이요법을 병행해야 한다.	• 병행하다 • 병행되다
보완	정부는 연금제도의 단점을 설명하고 보완이 필요하다고 밝혔다.	• 보완하다 • 보완 대책
불가피하다	전체의 이익을 위해서 일부 개인의 손해는 불가피합니다.	• 불가피한 경쟁 • 불가피성
불균형	도시와 농촌의 경제적 불균형을 해결하기 위한 방안을 모색하고 있다.	• 불균형하다 • 균형이 맞다
뽑다	필기시험을 통해서 신입사원을 뽑기로 했다.	• 대표를 뽑다 • 선발하다
생필품	생필품 가격을 비롯한 모든 물가가 오르기 시작했다.	• 생활 필수품 • 생활용품
선풍적	새로 시작된 드라마가 아시아 시장에서 선풍적인 사랑을 받고 있다.	• 선풍적이다 • 선풍적 인기

어휘	예문	확장 표현
설치하다	창문형 에어컨은 설치가 간편하다.	• 설치되다 • 프로그램 설치
성공	유명인들이 자신들의 성공 비결을 책으로 펴냈다.	• 성공하다 • 성공적으로
세균	손을 자주 씻는 것만으로도 세균을 제거할 수 있다.	• 세균 검출 • 세균 감염
소멸	소중한 문화유산이 소멸되어 가는 것을 지켜보기만 해서는 안 된다.	• 소멸하다 • 소멸시효
소음	공사장에서 발생하는 소음 때문에 주민들이 불편을 겪고 있다.	• 소음이 나다 • 소음 공해
수용	회사 측의 제안에 대한 수용 여부는 내일 결정이 날 것이다.	• 수용하다 • 받아들이다
수행	직무 수행 능력이 뛰어난 사원이 승진을 할 수 있다.	• 수행하다 • 업무 수행
시행되다	아무리 좋은 법이라고 해도 시행되지 않으면 소용이 없다.	• 시행하다 • 시행사
신경	시험시간에 다리를 흔드는 친구의 행동이 신경에 거슬린다.	• 신경이 예민하다 • 신경을 쓰다
신설	주거 지역에 초등학교 신설을 계획하고 있다.	• 신설하다 • 신설 학과
신중	약의 부작용이 예상되기 때문에 복용에 신중을 기해야 한다.	• 신중하다 • 신중히
실효성	정책의 실효성 여부를 놓고 여야가 대립하고 있다.	• 실효를 거두다 • 실효성이 적다
안절부절 못하다	아이의 수술이 끝나기를 기다리며 부모는 안절부절 못했다.	• 안절부절 • 어찌할 바를 모르다

어휘	예문	확장 표현
어울리다	성격이 밝아서 친구들과 잘 어울린다.	• 함께 어울리다 • 사귀다
억제	운동은 어느 정도 식욕 억제 효과가 있다.	• 억제하다 • 억제력
예방	병은 치료하는 것보다 병에 걸리지 않도록 예방하는 것이 중요하다.	• 예방되다 • 예방주사
오염	오염된 물을 식수로 사용하면 각종 질병을 일으키는 원인이 된다.	• 환경오염 • 수질 오염
요구	회사 측은 시간당 임금을 올려 달라는 노동자들의 요구를 들어주지 않았다.	• 요구 사항 • 요구 조건
우수하다	성적이 우수한 사람에게 장학금을 준다.	• 품질이 우수하다 • 우수성
우위	기술적 우위에 있는 국가들이 세계시장을 독점하고 있다.	• 우위에 서다 • 우위를 차지하다
원리	액체가 기체로 변화할 때 열을 흡수해서 온도를 낮추는 것이 냉장고의 원리이다.	• 원리를 발견하다 • 원리 원칙
유발	학습자들에게 학습 동기를 유발시킬 수 있는 좋은 방법이 있을까요?	• 유발하다 • 동기 유발
유실	전쟁으로 인해 많은 문화재가 유실되었다.	• 유실물 • 분실
유출	각 학교는 시험지의 유출을 막기 위해서 경계를 강화했다.	• 정보 유출 • 기술 유출
유효적절하다	적은 인력이지만 유효적절하게 활용한다면 큰 문제는 없을 것이다.	• 유효하다 • 적절하다
이권	모든 단체들은 공익보다 자신들의 이권을 앞세운다.	• 이익 • 권리

어휘	예문	확장 표현
이끌다	나는 우리 회사를 성공으로 이끄는 사람이 되고 싶다.	• 끌다 • 이끌리다
익숙해지다	처음에는 서툴러서 힘들었지만 이제는 익숙해져서 편해요.	• 익숙하다 • 서툴다
인정	모두가 국가대표 선수들의 노력을 인정했다.	• 인정하다 • 인정을 받다
자율화	교복을 없애고 학생들이 알아서 복장을 선택할 수 있도록 자율화했다.	• 자율화하다 • 자율화되다
장려	최근 많은 나라에서 출산 장려 정책을 펴고 있다.	• 장려하다 • 장려금
적극적	우리는 환경을 보호하는 일에 적극 동참해야 한다.	• 적극적이다 • 적극적으로
적성	적성을 무시하고 직업을 선택하면 틀림없이 후회할 것이다.	• 적성을 고려하다 • 적성에 맞다
전례	법적인 판단에서는 전례가 제일 중요한 자료이다.	• 전례가 없다 • 전례를 남기다
젊다	건강은 젊었을 때부터 지켜야 합니다.	• 젊은이 • 젊은 세대
점검	인원점검을 하고 출발했다.	• 점검하다 • 시설점검
제거	새로 출시된 공기청정기는 미세먼지까지 완벽하게 제거합니다.	• 제거되다 • 냄새 제거
제공하다	선거 기간에는 금품과 향응 제공이 금지되어 있다.	• 제공되다 • 숙식 제공
조절	세계 대회를 앞두고 선수들이 컨디션 조절에 신경을 쓰고 있다.	• 조절하다 • 온도 조절

어휘	예문	확장 표현
조정	행사가 연기되었으니까 준비 일정도 조정해야 합니다.	• 조정하다 • 구조 조정
존재	신의 존재를 인정하지 않는 사람들도 있다.	• 존재하다 • 존재감
줄다	뜨거운 물로 빨래를 했더니 옷이 줄었다.	• 줄어들다 • 인구가 줄다
증식	인공적으로 세포를 증식해서 연구에 활용한다.	• 증식되다 • 증식 속도
지속	약효의 지속 시간은 6시간이다.	• 지속되다 • 지속적
지장	공사로 인해 통행에 지장을 드려 죄송합니다.	• 지장이 있다 • 지장이 없다
지정	조선시대의 궁궐터가 문화재로 지정되었다.	• 지정하다 • 지정석
지정하다	한글날을 공휴일로 지정했다.	• 지정되다 • 문화재 지정
직장	출퇴근하기가 힘들어서 직장 근처로 이사할 계획이다.	• 직장을 구하다 • 직업
차원	북한 어린이 돕기는 인도적 차원에서 이루어진 활동이다.	• 차원이 낮다 • 차원이 다르다
참가하다	올림픽에 참가하는 선수들이 입장할 때 관중들이 박수를 쳤다.	• 참석하다 • 참여하다
채용	올해 대기업의 채용 인원과 채용 방법이 발표되었다.	• 채용하다 • 채용박람회
체중	저는 여행을 하면 잘 먹어서 그런지 체중이 늘어요.	• 체중계 • 체중을 재다

어휘	예문	확장 표현
체험	다양한 체험을 위한 박물관, 공연장 등이 늘고 있다.	• 체험하다 • 체험학습
초래하다	작은 부주의가 사업의 실패를 초래했다.	• 초래되다 • 불러오다
축적	자본주의는 부의 축적과 이윤의 추구를 기본으로 한다.	• 축적하다 • 축적되다
출세	출세하기 위해서 수단과 방법을 가리지 않는 사람도 있다.	• 출세하다 • 출세가 빠르다
출시	새로운 제품의 출시를 앞두고 개발팀은 긴장하고 있다.	• 출시하다 • 신제품 출시
취하다	충분한 휴식을 취하면 일의 능률이 오른다.	• 숙면을 취하다 • 이득을 취하다
치솟다	지금까지 당한 일을 생각하니 화가 머리끝까지 치솟았다.	• 하늘로 치솟다 • 솟다
침식	바위에 새겨진 그림은 비바람에 침식되어 본래의 모습을 볼 수 없다.	• 침식 지형 • 침식 작용
침해하다	최근에는 동물권 침해가 이슈가 되고 있다.	• 침해되다 • 사생활 침해
통제	사건이 해결될 때까지 모든 사람의 출입을 통제하기로 했다.	• 교통 통제 • 통제구역
파악	해결책을 찾으려면 현황 파악부터 해야 한다.	• 파악하다 • 파악되다
폭염	장기간 이어지는 폭염으로 고통 받고 있는 사람이 많다.	• 폭우 • 폭설
표적	그는 움직이는 표적도 정확하게 맞힐 수 있다.	• 표적을 겨냥하다 • 표적으로 삼다

어휘	예문	확장 표현
한시적	청년을 위한 무이자 대출은 내년까지만 한시적으로 운용된다.	• 한시적이다 • 한시적 근로자
항암	인삼에는 항암 성분이 다량 함유되어 있다.	• 항암제 • 항암 치료
해롭다	담배가 건강에 해롭다는 것을 모르는 사람은 없다.	• 해로운 물질 • 해를 끼치다
해소	규칙적인 운동이 스트레스 해소에 도움이 된다고 한다.	• 해소하다 • 갈등 해소
형성	부모의 행동이 아이의 인격 형성에 큰 영향을 미친다.	• 형성하다 • 형성되다
호소	자연재해로 어려움을 겪는 농민들의 호소에 귀를 기울여야 한다.	• 호소하다 • 호소력
호흡기 질환	환절기에는 폐렴과 같은 호흡기 질환에 걸릴 위험이 크니까 특히 노약자들의 주의가 필요하다.	• 심혈관 질환 • 기저 질환자
혼란	사춘기 때까지는 가치관이 확립되지 않아서 가치관의 혼란을 겪는다.	• 혼란스럽다 • 정치적 혼란
확신	내가 잘 할 수 있을지 확신이 서지 않는다.	• 확신하다 • 확신을 가지다
환기	관객들의 흥미를 환기시키기 위해서 조명을 껐다.	• 환기하다 • 실내 환기
훼손	타인에 대한 명예 훼손은 법적 처벌을 받는다.	• 훼손되다 • 문화재 훼손
흡수	적당한 운동은 음식물의 소화와 영양분의 흡수를 돕는다.	• 흡수하다 • 흡수되다

MEMO

유형 ❹ 세부 내용 이해하기

■ 풀이 전략

일상 대화의 내용 이해하기	
듣기 13번 문제	● 일상적인 대화에서 두 사람이 무엇에 대해서 이야기하는지 이해해야 한다. ● 두 사람이 구체적으로 무슨 이야기를 하는지 알아야 한다.

안내 방송의 내용 이해하기	
듣기 14번 문제	● 안내 방송에서 무엇에 대해서 말하는지 이해해야 한다. ● 안내 방송에서 설명하는 구체적인 내용을 알아야 한다.

뉴스의 내용 이해하기	
듣기 15번 문제	● 뉴스에서 어떤 사건에 대해서 이야기하는지 이해해야 한다. ● 구체적으로 어떤 정보가 있는지 알아야 한다.

인터뷰의 내용 이해하기	
듣기 16번 문제	● 인터뷰 상황의 대화에서 두 사람이 무엇에 대해서 이야기하는지 이해해야 한다. ● 두 사람이 구체적으로 무슨 이야기를 하는지 알아야 한다.

공적 상황의 대화 내용 이해하기	
듣기 22번 문제	● 어떤 문제에 대해서 이야기하는지 이해해야 한다. ● 문제에 대해서 구체적으로 무엇을 이야기하는지 알아야 한다.
듣기 24번 문제	● 누가 누구에게 전화를 걸었는지 이해해야 한다. ● 구체적으로 어떤 문제가 있는지 자세히 알아야 한다.
듣기 26, 28번 문제	● 남자가 무엇에 대해서 말하는지 이해해야 한다. ● 설명하는 내용이 구체적으로 무엇인지 알아야 한다.
듣기 30번 문제	● 누가 무엇에 대해서 이야기하는지 이해해야 한다. ● 남자가 설명하는 내용을 자세하게 알아야 한다.

공적 상황의 대화 내용 이해하기

듣기 34번 문제	● 무엇에 대한 설명인지 이해해야 한다. ● 주제에 대해서 구체적으로 무엇을 설명하는지 알아야 한다.
듣기 36번 문제	● 말하는 사람이 왜 이야기하고 있는지 이해해야 한다. ● 구체적으로 무슨 이야기를 하는지 알아야 한다.
듣기 38번 문제	● 무엇을 주제로 이야기하는지 이해해야 한다. ● 주제에 대해서 무엇을 설명하는지 자세하게 알아야 한다.
듣기 40번 문제	● 무엇에 대해서 이야기하는지 중심 내용을 이해해야 한다. ● 주제에 대해서 구체적으로 무엇을 설명하는지 알아야 한다.
듣기 42번 문제	● 무엇에 대한 강연인지 이해해야 한다. ● 중심 내용에 대해서 설명하는 세부적인 내용을 알아야 한다.
듣기 44번 문제	● 무엇에 대한 내용인지 이해해야 한다. ● 설명의 세부적인 내용을 알아야 한다.
듣기 45번 문제	● 무엇에 대해서 이야기하는지 알아야 한다. ● 이야기하는 대상의 특징을 자세하게 이해해야 한다.
듣기 47번 문제	● 무엇에 대해서 이야기하는지 이해해야 한다. ● 전문가의 설명이 구체적으로 어떤 내용인지 알아야 한다.
듣기 49번 문제	● 주제가 무엇인지 이해해야 한다. ● 구체적으로 어떤 내용을 말하고 있는지 알아야 한다.

유형 ❹ 연습 문제

1 일상 대화의 내용 이해하기 【토픽Ⅱ 듣기 13번 문제】

▶ 일상적인 대화에서 두 사람이 무엇에 대해서 이야기하는지 이해해야 한다.
▶ 두 사람이 구체적으로 무슨 이야기를 하는지 알아야 한다.

※ [13~16] 다음을 듣고 들은 내용과 같은 것을 고르십시오. (각 2점)　　Track 033

13. ① 여자는 송별회를 하고 싶어 하지 않는다.
　　② 남자가 요리 재료를 사 가지고 올 것이다.
　　③ 친구들이 먹을 것을 준비해서 만날 것이다.
　　④ 두 사람은 남자의 집에서 요리를 하려고 한다.

2 안내 방송의 내용 이해하기 【토픽Ⅱ 듣기 14번 문제】

▶ 안내 방송에서 무엇에 대해서 말하는지 이해해야 한다.
▶ 안내 방송에서 설명하는 구체적인 내용을 알아야 한다.

※ [13~16] 다음을 듣고 들은 내용과 같은 것을 고르십시오. (각 2점)　　Track 034

14. ① 7시에 공연이 끝난다.
　　② 조용히 공연을 관람해야 한다.
　　③ 공연장에서 사진을 촬영해도 된다.
　　④ 세계적인 배우가 나오는 연극 공연이다.

3 뉴스의 내용 이해하기 【토픽II 듣기 15번 문제】

- ▶ 뉴스에서 어떤 사건에 대해서 이야기하는지 이해해야 한다.
- ▶ 구체적으로 어떤 정보가 있는지 알아야 한다.

※ [13~16] 다음을 듣고 들은 내용과 같은 것을 고르십시오. (각 2점)

15. ① 이 사고는 오늘 새벽 6시에 발생했다.
　　② 이 사고로 인해 죽거나 다친 사람이 없다.
　　③ 이 사고 때문에 경찰의 현장 출동이 늦어졌다.
　　④ 아직 사고의 처리가 끝나지 않아서 교통 체증이 심하다.

4 인터뷰의 내용 이해하기 【토픽II 듣기 16번 문제】

- ▶ 인터뷰 상황의 대화에서 두 사람이 무엇에 대해서 이야기하는지 이해해야 한다.
- ▶ 두 사람이 구체적으로 무슨 이야기를 하는지 알아야 한다.

※ [13~16] 다음을 듣고 들은 내용과 같은 것을 고르십시오. (각 2점)

16. ① 가짜로 웃으면 심장이 빨리 뛰게 된다.
　　② 억지로 웃으면 스트레스가 쌓이게 된다.
　　③ 가짜 웃음으로 행복감을 느낄 수는 없다.
　　④ 가짜 웃음이 건강에 도움이 될 때가 있다.

5 공적 상황의 대화 내용 이해하기 【토픽 II 듣기 22번 문제】

>
> ▶ 어떤 문제에 대해서 이야기하는지 이해해야 한다.
> ▶ 문제에 대해서 구체적으로 무엇을 이야기하는지 알아야 한다.

※ [21~22] 다음을 듣고 물음에 답하십시오. (각 2점)

22. 들은 내용과 같은 것을 고르십시오.
    ① 남자는 유명인에게 부탁해서 광고를 하려고 한다.
    ② 남자는 안정적으로 팔리는 책을 출판할 생각이다.
    ③ 남자는 재테크와 여행에 관련된 책에 관심이 있다.
    ④ 남자는 실용적인 정보와 관련된 책이 인기가 있다고 생각한다.

5 공적 상황의 대화 내용 이해하기 【토픽 II 듣기 24번 문제】

>
> ▶ 누가 누구에게 전화를 걸었는지 이해해야 한다.
> ▶ 구체적으로 어떤 문제가 있는지 자세히 알아야 한다.

※ [23~24] 다음을 듣고 물음에 답하십시오. (각 2점)

24. 들은 내용과 같은 것을 고르십시오.
    ① 자동차보험은 운전자 본인의 안전을 위한 보험이다.
    ② 운전자는 누구나 자동차보험과 운전자보험에 가입해야 한다.
    ③ 운전자보험은 운전자가 사고를 냈을 때 피해자에게 보상한다.
    ④ 이 회사의 자동차보험 가입자는 운전자보험을 싸게 가입할 수 있다.

5 공적 상황의 대화 내용 이해하기 【토픽 II 듣기 26번 문제】

- ▶ 남자가 무엇에 대해서 말하는지 이해해야 한다.
- ▶ 설명하는 내용이 구체적으로 무엇인지 알아야 한다.

※ [25~26] 다음을 듣고 물음에 답하십시오. (각 2점)

26. 들은 내용과 같은 것을 고르십시오.   Track 039
   ① 이번 영화를 만들면서 어려움이 없었다.
   ② 이번 영화는 소설을 바탕으로 만들어졌다.
   ③ 이번 영화는 기존 작품들과 같이 완성도가 높다.
   ④ 이번 영화에는 유명하고 잘 알려진 배우가 많이 나온다.

5 공적 상황의 대화 내용 이해하기 【토픽 II 듣기 28번 문제】

- ▶ 남자가 무엇에 대해서 말하는지 이해해야 한다.
- ▶ 설명하는 내용이 구체적으로 무엇인지 알아야 한다.

※ [27~28] 다음을 듣고 물음에 답하십시오. (각 2점)

28. 들은 내용과 같은 것을 고르십시오.   Track 040
   ① 이 박람회에서 희망자들에게 일자리를 제공한다.
   ② 이 박람회에 가면 해외 취업 정보를 얻을 수 있다.
   ③ 이 박람회는 무역회사에서 일할 사람을 뽑기 위한 것이다.
   ④ 이 박람회에서 기업들이 서류 심사와 면접을 진행할 것이다.

5 공적 상황의 대화 내용 이해하기 【토픽 II 듣기 30번 문제】

▶ 누가 무엇에 대해서 이야기하는지 이해해야 한다.
▶ 남자가 설명하는 내용을 자세하게 알아야 한다.

※ [29~30] 다음을 듣고 물음에 답하십시오. (각 2점)

30. 들은 내용과 같은 것을 고르십시오.
① 이 직업은 오래전부터 있었다.
② 이 직업은 친환경적인 작업에 종사한다.
③ 이 직업은 나무를 문화재로 지정하는 일이다.
④ 이 직업은 나무를 좋아하는 사람이면 할 수 있다.

5 공적 상황의 대화 내용 이해하기 【토픽 II 듣기 34번 문제】

▶ 무엇에 대한 설명인지 이해해야 한다.
▶ 주제에 대해서 구체적으로 무엇을 설명하는지 알아야 한다.

※ [33~34] 다음을 듣고 물음에 답하십시오. (각 2점)

34. 들은 내용과 같은 것을 고르십시오.
① 가상현실은 인터넷의 발달로 이제 옛말이 되었다.
② 가상현실은 환경과 관계없이 운동을 즐길 수 있다.
③ 가상현실은 전문 선수들의 훈련에는 효과적이지 않다.
④ 가상현실은 학습된 내용이 있어야 상황을 만들 수 있다.

5 공적 상황의 대화 내용 이해하기 【토픽Ⅱ 듣기 36번 문제】

> **전략**
> ▶ 말하는 사람이 왜 이야기하고 있는지 이해해야 한다.
> ▶ 구체적으로 무슨 이야기를 하는지 알아야 한다.

※ [35~36] 다음을 듣고 물음에 답하십시오. (각 2점)

36. 들은 내용과 같은 것을 고르십시오.
　① 이 행사에 재학생과 졸업생들만 참석했다.
　② 이 행사를 위해서 선생님들이 성금을 모았다.
　③ 이 행사에서 후배들이 졸업생들에게 돈을 전달했다.
　④ 이 행사에 참석한 학생들이 공부하는 동안 학교가 이사했다.

5 공적 상황의 대화 내용 이해하기 【토픽Ⅱ 듣기 38번 문제】

> **전략**
> ▶ 무엇을 주제로 이야기하는지 이해해야 한다.
> ▶ 주제에 대해서 무엇을 설명하는지 자세하게 알아야 한다.

※ [37~38] 다음을 듣고 물음에 답하십시오. (각 2점)

38. 들은 내용과 같은 것을 고르십시오.
　① 짜여진 일정을 따라다니는 여행이 많아졌다.
　② 자신의 취향에 맞춰서 즐기려는 여행이 많아졌다.
　③ 농어촌에 살기 위해서 지역을 경험해 보는 여행이 많아졌다.
　④ 병을 치료하기 위한 여러 가지 체험을 하는 여행이 많아졌다.

5 공적 상황의 대화 내용 이해하기 【토픽II 듣기 40번 문제】

> **전략**
> ▶ 무엇에 대해서 이야기하는지 중심 내용을 이해해야 한다.
> ▶ 주제에 대해서 구체적으로 무엇을 설명하는지 알아야 한다.

※ [39~40] 다음을 듣고 물음에 답하십시오. (각 2점)

40. 들은 내용과 같은 것을 고르십시오.
 ① 연금제도에 대한 단기적인 개선책이 필요하다.
 ② 미래 세대를 위해서 연금제도를 만들어야 한다.
 ③ 현재의 연금제도는 많이 내고 적게 받는 방식이다.
 ④ 연금제도를 개선하려면 사회 전반의 개혁이 필요하다.

5 공적 상황의 대화 내용 이해하기 【토픽II 듣기 42번 문제】

> **전략**
> ▶ 무엇에 대한 강연인지 이해해야 한다.
> ▶ 중심 내용에 대해서 설명하는 세부적인 내용을 알아야 한다.

※ [41~42] 다음을 듣고 물음에 답하십시오. (각 2점)

42. 들은 내용과 같은 것을 고르십시오.
 ① 유적 발굴에는 오랜 기간이 필요하다.
 ② 깊이 묻혀 있는 유적은 지표조사가 필요 없다.
 ③ 유적의 분포에 따라서 발굴 방법이 달라진다.
 ④ 유물은 발굴한 지역에 따라서 분석 시간이 다르다.

5 공적 상황의 대화 내용 이해하기 【토픽Ⅱ 듣기 44번 문제】

- ▶ 무엇에 대한 내용인지 이해해야 한다.
- ▶ 설명의 세부적인 내용을 알아야 한다.

※ [43~44] 다음을 듣고 물음에 답하십시오. (각 2점)

44. 식충식물이 벌레를 잡아먹는 이유로 맞는 것을 고르십시오.
   ① 생존에 필요한 열량을 얻기 위해서
   ② 무기질과 영양분을 보충하기 위해서
   ③ 척박한 환경에 서식지를 넓히기 위해서
   ④ 햇빛이 없는 환경에서 살아남기 위해서

5 공적 상황의 대화 내용 이해하기 【토픽Ⅱ 듣기 45번 문제】

- ▶ 무엇에 대해서 이야기하는지 알아야 한다.
- ▶ 이야기하는 대상의 특징을 자세하게 이해해야 한다.

※ [45~46] 다음을 듣고 물음에 답하십시오. (각 2점)

45. 들은 내용과 같은 것을 고르십시오.
   ① 서석지는 민가의 정원을 대표하는 곳이다.
   ② 서석지는 왕과 선비들을 위해서 만든 정원이다.
   ③ 서석지에 있는 나무에는 사람처럼 이름이 있다.
   ④ 서석지는 나무가 아름다운 정원이라는 의미이다.

5 공적 상황의 대화 내용 이해하기 【토픽Ⅱ 듣기 47번 문제】

▶ 무엇에 대해서 이야기하는지 이해해야 한다.
▶ 전문가의 설명이 구체적으로 어떤 내용인지 알아야 한다.

※ [47~48] 다음을 듣고 물음에 답하십시오. (각 2점)

47. 들은 내용과 같은 것을 고르십시오.
① 보호무역 정책은 자국의 경쟁력과 경제성장률을 낮춘다.
② 보호무역 정책은 교역국의 물건에 높은 관세를 부과한다.
③ 보호무역은 자국의 물건을 비싸게 팔기 위한 무역 제도이다.
④ 보호무역은 시장 경제의 원칙에 따라 이루어지는 무역 제도이다.

5 공적 상황의 대화 내용 이해하기 【토픽Ⅱ 듣기 49번 문제】

▶ 주제가 무엇인지 이해해야 한다.
▶ 구체적으로 어떤 내용을 말하고 있는지 알아야 한다.

※ [49~50] 다음을 듣고 물음에 답하십시오. (각 2점)

49. 들은 내용과 같은 것을 고르십시오.
① 이 제도는 모든 참여자에게 수당을 지급한다.
② 이 제도는 청년들에게 일자리를 제공한다.
③ 이 제도는 연령을 불문하고 참여할 수 있다.
④ 이 제도는 저소득층 구직자를 지원하고 있다.

유형 ❹ 주요 표현

※ 앞에서 학습한 내용에서 주요 어휘를 예문 및 확장 표현과 함께 익혀 보세요.

어휘	예문	확장 표현
가입	동아리에 들고 싶으면 먼저 가입 신청서를 내세요.	• 가입하다 • 가입자
각자	각자 맡은 일에 최선을 다해야 한다.	• 각자 부담 • 각자도생
간직하다	유학 생활의 추억을 가슴 깊이 간직하겠습니다.	• 가슴속에 간직하다 • 깊이 새기다
개선	두 나라는 관계 개선을 위해서 다양한 노력을 하고 있다.	• 개선하다 • 개선 방안
개입	부모들의 개입으로 아이들의 문제가 더 커졌다.	• 개입하다 • 군사적 개입
개혁	교사들은 잘못된 교육 제도의 개혁을 주장했다.	• 개혁하다 • 제도 개혁
공존	전통과 현대의 공존이 최근 건축의 특징이다.	• 공존하다 • 함께 존재하다
교역	외교 관계가 없는 나라와도 교역 활동이 이루어지고 있다.	• 물자를 교역하다 • 교역 조건
그냥	이건 무농약이라서 씻지 않고 그냥 먹어도 돼요.	• 그냥 두다 • 그대로
남기다	전화를 받지 않아서 음성 메시지를 남겼어요.	• 음식을 남기다 • 남다
납부	등록금 납부 기한이 언제까지인지 아세요?	• 납부하다 • 납부고지서
노고	사장님이 사원들의 노고를 치하하고 상여금을 전달했다.	• 노고를 위로하다 • 노고에 보답하다
논의	청년들의 취업 지원에 대한 논의가 한창 진행 중이다.	• 논의하다 • 논의가 활발하다

어휘	예문	확장 표현
단련	계단 오르기는 체력 단련에 좋은 방법이다.	• 단련하다 • 단련시키다
대처하다	국민들이 물가 안정에 대한 정부의 강력한 대처를 요구했다.	• 대처하다 • 대처 방안
둘러싸이다	제 고향은 산으로 둘러싸인 곳이어서 아주 조용합니다.	• 바다로 둘러싸이다 • 팬들에게 둘러싸이다
마련	회원들이 이야기를 나누면서 먹을 수 있도록 간단한 다과를 마련했다.	• 마련되다 • 돈을 마련하다
마음껏	음식은 충분하니까 마음껏 드세요.	• 마음껏 뛰어놀다 • 마음껏 돌아다니다
몰입	집안일로 머리가 복잡해서 공부에 몰입이 안 된다.	• 몰입하다 • 감정 몰입
무시무시하다	번지점프를 하는 모습이 무시무시하게 보인다.	• 무섭다 • 두렵다
묻히다	흙 속에 묻힌 보석을 발견했다.	• 묻혀 있다 • 묻다
반영하다	대중가요는 당시의 분위기를 반영한다.	• 반영되다 • 현실의 반영
발굴	지진으로 매몰된 지역을 발굴하는 데 오랜 기간이 걸렸다.	• 지하자원 발굴 • 인재 발굴
번거롭다	여권을 잃어버리면 재발급을 받기가 번거롭다.	• 절차가 번거롭다 • 복잡하다
보상	보험회사에 피해 보상을 신청했다.	• 보상하다 • 보상금
보증	공식 기관의 보증을 받는 자격증만 가치가 있다.	• 보증하다 • 품질 보증서

어휘	예문	확장 표현
보충하다	주중에 부족한 잠을 보충하기 위해서 주말에는 하루 종일 잠만 잔다.	• 보충 설명 • 보충 수업
부과	생필품에 대해서는 세금 부과를 없앨 예정이다.	• 책임을 부과하다 • 의무를 부과하다
부담	공부에 대해서 아이에게 부담을 주는 부모들이 있다.	• 부담스럽다 • 부담감
분석	사건의 원인 분석을 끝낸 후에 처리 방안을 논의했다.	• 분석하다 • 심리 분석
분야	경제 분야 전문가들이 주식 투자에 대한 이야기를 했다.	• 의학 분야 • 전공 분야
분포	지역에 따른 인구 분포를 조사 중이다.	• 분포하다 • 분포 범위
비중	방송에서 한글날 행사를 비중 있게 다루었다.	• 비중이 높다 • 비중이 크다
사상자	사고로 생긴 사상자를 병원으로 이송했다.	• 사망자 • 부상자
상담	어려운 일이 있을 때 법률 전문가에게 상담을 받는다.	• 상담하다 • 상담자
상서롭다	예부터 돼지가 나오는 꿈은 상서로운 징조로 생각했다.	• 복되다 • 길하다
상행선	토요일 오전에는 하행선이 막히고 일요일 오후에는 상행선이 막힌다.	• 하행선 • 상행선 기차표
생계	우리의 아버지들은 가족의 생계를 위해서 일해야 했다.	• 생계비 • 생계를 유지하다
생소하다	참석자 명단을 봤는데 생소한 이름들뿐이었다.	• 낯설다 • 익숙하다

어휘	예문	확장 표현
서식	도시 근처의 강에서 희귀동물의 서식을 처음으로 확인했다.	• 서식하다 • 서식지
섭외	드라마 촬영에서 조연출은 장소 섭외를 담당한다.	• 섭외하다 • 출연자 섭외
세계적	이 건물은 100년 전에 지어진 세계적인 건축물입니다.	• 세계적으로 • 세계적이다
세밀하다	과장은 직원들이 해야 할 업무를 시간까지 세밀하게 적어 놓았다.	• 세밀하게 검토하다 • 세밀한 기록
소요되다	학생 활동에 소요되는 물품을 미리 구입했다.	• 경비가 소요되다 • 시간이 소요되다
송별회	유학을 떠나는 친구를 위해서 송별회를 했다.	• 송별식 • 환송회
실감	물가가 많이 떨어졌다고 하는데 정작 소비자들은 실감하지 못한다.	• 실감이 나다 • 실감이 가다
실용적이다	생활에서 쉽게 활용할 수 있는 실용적인 내용으로 프로그램을 만들었다.	• 실용적인 방법 • 실용적으로
실컷	실컷 울었더니 스트레스가 풀렸다.	• 실컷 놀다 • 실컷 먹다
안정적이다	원자력 발전으로 안정적인 전기 공급이 이루어지고 있다.	• 안정적인 직업 • 안정적으로
알려지다	빌 게이츠는 기부를 많이 하는 것으로 알려져 있다.	• 널리 알려지다 • 알리다
알아내다	경찰은 범인이 숨을 장소를 알아내려고 애쓰고 있다.	• 밝혀내다 • 찾아내다
억제	정부는 물가 인상을 억제할 수 있는 방안을 강구했다.	• 인구 증가 억제 • 개발 억제

어휘	예문	확장 표현
억지로	너무 공부하기 싫지만 다음 주에 시험이 있어서 억지로 참고 하는 중이다.	• 억지를 부리다 • 억지스럽다
역할	자신이 맡은 역할에 충실해야 한다.	• 역할을 다하다 • 역할 분담
연금	나라에서 주는 연금만으로는 생활하기가 어렵다.	• 국민연금 • 노령연금
예상	모두의 예상대로 우리 팀이 이겼다.	• 예상하다 • 예상이 빗나가다
완화	이 약을 드신 후에도 통증이 완화되지 않으면 다시 오십시오.	• 긴장 완화 • 규제 완화
원작	영화가 원작 소설만큼 재미있다는 평가를 받았다.	• 원작자 • 원작에 충실하다
위협	핵무기는 인류에게 큰 위협이다.	• 위협하다 • 위협적이다
유지하다	현재 상태를 유지하는 것이 최선의 방법이다.	• 유지되다 • 평화 유지
응원	관중들의 응원 소리 때문에 안내 방송도 들리지 않았다.	• 응원하다 • 응원단
이전	시청 이전에 대한 시민들의 의견이 분분하다.	• 이전하다 • 주소 이전
이행	후보자들은 선거 공약을 충실히 이행하겠다고 다짐했다.	• 의무의 이행 • 약속을 이행하다
전념	가족들은 내가 일에만 전념할 수 있도록 도와주었다.	• 공부에 전념하다 • 사업에 전념하다
전략	신제품의 질도 중요하지만 판매 전략이 좋아야 성공할 수 있다.	• 투자 전략 • 군사 전략

어휘	예문	확장 표현
제한	입학을 지원할 수 있는 연령에 제한이 없다.	• 제한하다 • 속도제한
종사하다	부모님은 내가 전문직에 종사하기를 원하신다.	• 생업에 종사하다 • 종사자
주목	파격적인 옷차림의 남자가 사람들의 주목을 끌었다.	• 주목하다 • 주목을 받다
중시하다	부모 세대는 전통을 중시하지만 신세대들은 개성을 중시한다.	• 중시되다 • 혈통 중시
지르다	스트레스가 쌓였을 때 소리를 지르는 것도 좋은 해소 방법이다.	• 소리를 지르다 • 소리치다
지원	다자녀가정에 대한 지원을 아끼지 않을 계획이다.	• 지원하다 • 지원금
지정	특정 전염병에 걸리면 지정 병원에 가야 한다.	• 지정하다 • 지정 좌석
진로	기상 전문가들이 태풍의 진로를 예측한다.	• 진로 문제 • 진로 상담
진화	수십만 년 동안 이루어진 인간의 진화 과정을 재구성했다.	• 진화하다 • 진화 경로
집필	출판사가 전직 대통령에게 자서전 집필을 의뢰했다.	• 집필하다 • 집필자
차지	부모님의 유산은 맏아들의 차지가 되었다.	• 차지하다 • 차지이다
참여	신청 기간이 짧아서 행사에 학생들의 참여가 적었다.	• 참여하다 • 참여율
척박하다	나무 한 그루 없는 척박한 환경에서 살아남을 수 있는 동물이 있을까?	• 척박지 • 메마르다

어휘	예문	확장 표현
추돌	트럭이 승용차를 추돌해서 운전자가 크게 다쳤다.	• 추돌사고 • 충돌사고
출동	범인을 목격했다는 신고를 받고 경찰들이 서둘러 출동했다.	• 출동하다 • 출동 명령
취업	학교 홈페이지에 졸업생들을 위한 취업 정보가 많다.	• 취업하다 • 취업자
치유	도시에서 상처받은 마음의 치유를 위해서 고향으로 내려갔다.	• 치유하다 • 치유되다
친환경적	나무나 돌 같은 친환경적인 재료를 사용한 건물이 인기이다.	• 친환경 생활용품 • 친환경 에너지
토대	경험을 토대로 해서 새로운 사업을 시작하려고 한다.	• 토대를 마련하다 • 토대 위에
통제	사고 처리가 끝나서 이제 교통 통제가 풀렸다.	• 통제하다 • 출입 통제
특강	고등학생 자녀를 둔 학부모들을 위한 특강이 있었다.	• 방학 특강 • 강의
피해	강한 태풍이었지만 피해는 크지 않았다.	• 피해를 주다 • 피해를 입다
학업	가정 형편이 어려워서 중도에 학업을 포기했다.	• 학업을 계속하다 • 학업 성적
한계	인내심이 한계에 다다라서 더 이상 참을 수가 없다.	• 한계를 극복하다 • 한계에 부닥치다
현장	경찰의 조사가 끝날 때까지 사건 현장을 보존해야 한다.	• 현장 경험 • 현장 학습
혐오스럽다	자신의 이익을 위해 거짓을 말하는 사람들이 혐오스럽다.	• 혐오하다 • 혐오감이 들다

어휘	예문	확장 표현
협의	회사는 직원들과 사전 협의 없이 구조조정을 시행하고 있다.	• 협의를 거치다
혼잡	갑자기 내린 눈으로 큰 혼잡이 빚어졌다.	• 혼잡하다 • 혼잡스럽다
확장	무분별한 사업 확장은 회사를 위험에 빠뜨릴 수 있다.	• 확장하다 • 도로 확장 계획
효과	환자의 믿음에 따라 치료의 효과가 다를 수 있다.	• 효과적이다 • 효과를 보다
효과적이다	언어를 배울 때는 그 나라에 직접 가서 배우는 것이 가장 효과적이다.	• 효과 • 효과적으로
후기	다른 고객들의 후기를 보고 물건을 사는 사람들이 많다.	• 후기를 달다 • 상품 후기
훈련	지진의 피해를 줄이기 위해서 대피 훈련을 한다.	• 훈련하다 • 훈련을 마치다

MEMO

쓰기 학습 방법

01 쓰기 시험 파악하기

TOPIKⅡ 쓰기 문제는 PBT의 경우 문장 완성형(단답형) 2문제와 작문형 2문제로 출제되며 50분 안에 답안을 작성해야 한다. 4문제이지만 작문형 문제가 있어 시간이 촉박하게 느껴질 수 있다. 작문형 문제는 200~300자 정도의 중급 수준 설명문 1문제와 600~700자 정도의 고급 수준 논술문 1문제가 출제되고 작문형의 경우 원고지에 답안을 작성해야 한다.

02 쓰기 문제 유형 학습하기

이 책에서는 쓰기 시험에서 출제되는 4문제를 분석하였다. 쓰기 문제는 다양한 목적의 실용문을 완성하는 문제, 다양한 내용의 설명문을 완성하는 문제, 주어진 그래프와 정보를 보고 설명하는 글을 쓰는 문제, 주어진 주제에 맞게 자기 생각을 쓰는 문제로 출제된다.

03 문법 및 표현 익히기

쓰기 시험을 준비하기 위해서는 글을 쓸 때 필요한 문장 유형과 글을 구성하는 방법, 원고지 쓰는 방법을 연습해야 한다. 글을 읽고 내용을 파악하는 것뿐만 아니라 문법 사항을 파악하여 논리적인 글을 구성하는 방법과 자기 생각을 주장하는 글을 쓸 수 있어야 한다.

04 예시 답안 확인하기

51~52번 문제와 같이 빈칸을 완성하는 문제의 경우 적절한 표현과 맥락에 맞는 내용을 구성할 수 있어야 하고 문장의 구조 또한 파악해야 정확한 답안을 쓸 수 있다. 또한 53~54번 문제는 원고지에 답안을 작성해야 하므로 원고지 사용 방법도 잘 익혀 두어야 한다. 작문형 문제에서 제시된 자료를 해석하고 논설문을 체계적으로 쓰기 위해서는 자신의 생각을 글로 표현하는 연습을 충분히 해야 한다.

PART 2
쓰기

- **유형 1** 실용문 완성하기
- **유형 2** 설명문 완성하기
- **유형 3** 그래프와 정보 설명하기
- **유형 4** 논리적인 글쓰기

문제 풀이 무료 동영상 강의가 제공됩니다.

유형 ❶ 실용문 완성하기

■ **풀이 전략**

실용문 완성하기	
쓰기 51번 문제	● 다양한 실용문의 내용을 완성하는 문제이다. ● 안내문, 초대의 글, 문의하는 글 등 실용문에 많이 나오는 표현을 익혀야 한다. ● 문장의 관계를 나타내는 접속어를 잘 파악해야 한다.

51번 문제 평가 내용

내용 및 과제 수행	제시된 과제에 맞게 적절한 내용으로 썼는가?
언어사용	어휘와 문법 등의 사용이 정확한가?

유형 ❶ 연습 문제

■ 실용문 완성하기 【토픽 II 쓰기 51번 문제】

※ [51~52] 다음 글의 ㉠과 ㉡에 알맞은 말을 각각 쓰시오. (각 10점)

51.
〈주차장 공사 안내〉

오늘 3월 5일부터 15일까지 10일간 백화점 주차장 보수 공사가 진행될 예정입니다.
공사 기간 중에는 주차장을 이용할 수 없으니 (㉠   ).
고객 여러분들께 불편을 드려 죄송합니다.
공사가 원활하게 진행될 수 있도록 (㉡   ).

㉠ _____

㉡ _____

유형 ❶ 추가 학습

> **전략** ▶ 실용문이나 간단한 설명문을 작성해 보는 학습을 통해 적절한 표현과 맥락에 맞는 내용을 구성하도록 한다. 초대하는 글, 공지하는 글, 사과하는 글, 부탁하는 글 등 다양한 내용의 글을 익히고 구성해 본다.

1 초대하기

초대하는 글을 익히고 직접 작성해 보는 학습을 통해 적절한 표현과 맥락에 맞는 내용을 구성하도록 한다.

예시

> 초대합니다!
>
> 서울시가 3년 동안 준비해 온 공공도서관이 드디어 개관을 합니다.
> 오는 29일 오전 10시에 개관식 행사를 하고자 합니다.
> 바쁘시더라도 꼭 참석해 주시기 바랍니다.
> 참석 여부를 25일까지 알려 주시면 준비하는 데 큰 도움이 될 것 같습니다.
> 감사합니다.

주요 표현

1. __고자 하다
   - 창립 10주년을 맞아 기념행사를 하고자 합니다.
   - 고등학교 총동문회를 개최하고자 합니다.

2. __더라도
   - 바쁘시더라도 꼭 참석해 주시기 바랍니다.
   - 바쁘시더라도 오셔서 자리를 빛내 주시기 바랍니다.

3. __에 많은 참여 부탁드립니다
   - 이번 행사에 많은 참여 부탁드립니다.
   - 에너지 절약 동영상 공모전에 많은 참여 부탁드립니다.

연습

결혼식에 초대하는 글을 작성하시오.

답안 예시

각자 다른 길을 걸어온 우리 두 사람이 같은 길을 걸어가고자 합니다.
저희의 새로운 시작에 함께 해 주시면 큰 힘이 될 것 같습니다.
바쁘시더라도 꼭 참석하셔서 축복해 주십시오.
감사합니다.

2 문의하기

문의하는 글을 익히고 직접 작성해 보는 학습을 통해 적절한 표현과 맥락에 맞는 내용을 구성하도록 한다.

예시

환불에 대해 문의드립니다.
2주 전에 환불 요청을 했는데요.
일주일 후에 환불이 된다고 하던데 아직 환불이 되지 않아서 연락드립니다.
언제 환불이 완료되는지 궁금합니다.
환불 처리 과정을 알려 주시기 바랍니다.

주요 표현

1. __는지
   - 환불이 가능한지 문의드립니다.
   - 환불 규정이 어떻게 되는지 궁금해서 문의드립니다.

2. __어도 됩니까?
   - 서류를 우편으로 보내도 됩니까?
   - 본인이 가지 않고 대리인이 신청해도 됩니까?

3. __에 대하여
   - 대출 연장 기간에 대하여 알고 싶은데요.
   - 등록 신청 서류에 대해서 문의드립니다.

연습

대학교 사무실에 등록 절차를 문의하는 글을 작성하시오.

답안 예시

다음 학기 등록 절차에 대해 문의드립니다.
제가 지금 외국에 있는데 등록 서류를 이메일로 보내도 됩니까?
등록금 납부 기간도 언제까지인지 궁금합니다.
답변을 기다리겠습니다. 감사합니다.

3 감사하기

감사의 글을 익히고 직접 작성해 보는 학습을 통해 적절한 표현과 맥락에 맞는 내용을 구성하도록 한다.

예시

> 축하해 주셔서 감사합니다!
> 추운 날씨에도 불구하고 저희의 결혼식에 와 주셔서 진심으로 감사드립니다.
> 새롭게 시작하는 저희들에게 큰 힘이 되었습니다.
> 축복해 주신 따뜻한 마음 잊지 않고 잘 간직하겠습니다.
> 항상 건강하시고 행복하시기를 기원합니다.
> 다시 한번 감사의 말씀을 전합니다. 감사합니다.

주요 표현

1. __겠다
   - 격려의 말씀 잊지 않고 잘 간직하겠습니다.
   - 기대에 어긋나지 않도록 최선을 다하겠습니다.

2. __어서 감사하다
   - 축하해 주셔서 감사합니다.
   - 참석해 주셔서 다시 한번 감사드립니다.

3. __에도 불구하고
   - 추운 날씨에도 불구하고 참석해 주셔서 감사합니다.
   - 갑자기 부탁드렸음에도 불구하고 허락해 주셔서 감사합니다.

4. __을 텐데
   - 바쁘실 텐데 신경 써 주셔서 감사합니다.
   - 여러 가지로 힘드실 텐데 도와주셔서 감사합니다.

연습

추천서를 써 주신 교수님께 감사의 글을 작성하시오.

답안 예시

추천서를 써 주셔서 감사합니다.
제가 갑자기 부탁드렸음에도 불구하고 흔쾌히 들어주셔서 감사합니다.
교수님 덕분에 무난히 입사 지원서를 제출하였습니다.
교수님의 기대에 어긋나지 않도록 최선을 다하겠습니다.
감사합니다.

4 변경하기

변경하는 글을 익히고 직접 작성해 보는 학습을 통해 적절한 표현과 맥락에 맞는 내용을 구성하도록 한다.

예시

안녕하세요? 인사팀 김민주입니다.
다름이 아니라 이번 주 금요일 회의 시간을 변경했으면 합니다.
팀원들의 사내 교육이 늦어져서 3시 이후에나 회의가 가능할 것 같습니다.
금요일이 불가능하면 편하신 날짜와 시간을 알려 주십시오.
제가 최대한 맞추도록 하겠습니다.
불편을 끼쳐 드려 죄송합니다.

주요 표현

1. 다름이 아니라
   - 다름이 아니라 회의 시간이 변경되어서 알려 드리려고 연락드립니다.
   - 제가 메일을 드리는 것은 다름이 아니라 기숙사 방을 교체하고 싶어서입니다.

2. __든지
   - 이번 주 목요일을 제외하고는 언제든지 괜찮습니다.
   - 약속 장소는 어디든지 상관없습니다.

3. __었으면 하다
   - 죄송합니다만 약속 장소를 변경했으면 합니다.
   - 회사에 예기치 못한 문제가 발생해서 회의를 미루었으면 합니다.

4. 혹시
   - 혹시 기숙사 방을 바꿀 수 있을까요?
   - 혹시 약속 시간을 변경할 수 있을까요?

연습

친구에게 주말 모임 시간을 변경하는 글을 작성하시오.

답안 예시

수미야.
혹시 다음 주 토요일 약속 시간을 좀 미룰 수 있어?
내가 갑자기 급한 일이 생겨서 약속 시간을 미뤘으면 해.
오후 5시 이후에는 언제든지 괜찮아.
약속 시간을 변경해서 미안해.

5 제안하기

제안하는 글을 익히고 직접 작성해 보는 학습을 통해 적절한 표현과 맥락에 맞는 내용을 구성하도록 한다.

예시

> 불면증이 해소되지 않는다면 생활 습관을 바꿔 보는 것은 어떨까요?
> 혹시 잠들기 직전에 핸드폰을 들고 있지 않나요?
> 핸드폰의 불빛은 각성 효과가 있으므로 자기 전에는 사용하지 않는 것이 좋습니다.
> 커피나 초콜릿 등 카페인이 들어 있는 음식도 저녁에는 가급적 드시지 않는 것이 좋습니다.
> 야식은 위에 부담이 되는 음식 대신에 소화가 잘 되는 가벼운 음식을 드세요.

주요 표현

1. __게/건 어떨까요?
   - 디자인을 바꿔 보는 게 어떨까요?
   - 설문조사를 한번 해 보는 건 어떨까요?

2. __는 것이 좋다
   - 가급적 빨리 신청하시는 것이 좋습니다.
   - 사전에 담당 교수님과 상의하는 것이 좋습니다.

3. __는 대신에
   - 날마다 외식하는 대신에 집에서 직접 해 먹는 건 어때요?
   - 방학 때 고향에 돌아가는 대신에 아르바이트를 해 보는 건 어떨까요?

4. __어 보다
   - 관심이 있으면 지원해 보세요.
   - 사무실에 가서 등록 연장이 가능한지 문의해 보세요.

연습

사물함 설치를 제안하는 글을 작성하시오.

답안 예시

사물함 설치를 제안합니다.
날마다 사용하는 물건들을 보관할 사물함을 설치하는 건 어떨까요?
그럼 무거운 가방을 들고 오지 않아도 되어서 좋을 것 같습니다.
학과 사무실 앞 로비에 공간이 있으니까 그 공간을 이용하면 좋을 것 같습니다.
많은 학생들이 무거운 가방에서 벗어날 수 있도록 사물함이 있으면 좋겠습니다.

6 공지하기

공지하는 글을 익히고 직접 작성해 보는 학습을 통해 적절한 표현과 맥락에 맞는 내용을 구성하도록 한다.

예시

〈하계휴가 안내〉

병원 휴진 일정을 안내드립니다.
오는 8월 1일부터 8월 5일까지 하계휴가로 인해 휴진합니다.
휴가 기간을 확인하셔서 이용에 착오 없으시길 바랍니다.
8월 6일부터 정상 진료를 합니다.
하계휴가 기간에도 응급실은 정상 운영을 합니다.

주요 표현

1. __로 인해
   - 주차장 공사로 인해 1월 15일부터 20일까지 주차장을 사용할 수 없습니다.
   - 폭우로 인해 지하도 통행이 금지됩니다.

2. __을 참고하시기 바랍니다
   - 변경된 일정을 참고하시기 바랍니다.
   - 자세한 내용은 첨부한 파일을 참고하시기 바랍니다.

3. __음을 알려 드립니다
   - 기숙사 신청이 마감되었음을 알려 드립니다.
   - 다음 학기 등록 일정을 알려 드립니다.

4. __지 않으면
   - 미리 신청하지 않으면 사용하실 수 없습니다.
   - 다음 주 금요일까지 계약금을 납부하지 않으면 신청이 취소됩니다.

연습

경영학과 신입생 환영회 안내문을 작성하시오.

답안 예시

경영학과 신입생들의 입학을 축하하기 위해서 신입생 환영회를 개최합니다.
교수님과의 만남, 선배님들과의 대화 등 많은 프로그램이 준비되어 있습니다.
신입생들은 모두 참석하시기 바랍니다.
시간과 장소 등 자세한 내용은 게시판을 참고해 주십시오.

7 물건 판매하기

물건을 판매하는 글을 익히고 직접 작성해 보는 학습을 통해 적절한 표현과 맥락에 맞는 내용을 구성하도록 한다.

예시

저렴하게 판매합니다.
갑자기 귀국하게 되어서 사용하던 책상을 판매합니다.
구입한 지 1년이 되지 않아서 거의 새것이나 다름없습니다.
구매한 가격은 20만 원인데 10만 원에 판매합니다.
관심이 있는 분들은 연락을 주시기 바랍니다.

연락처 : 010-1234-5678

주요 표현

1. __게 되어서
   - 갑자기 이사하게 되어서 소파를 판매하려고 합니다.
   - 해외 지사로 나가게 되어서 물건을 판매하고자 합니다.

2. __던
   - 한국을 떠나게 되어서 사용하던 물건을 정리해야 합니다.
   - 어학당에서 한국어를 공부할 때 쓰던 교과서입니다.

3. __은 지
   - 컴퓨터를 산 지 2개월밖에 되지 않았습니다.
   - 구입한 지 한 달이 되지 않아서 아주 깨끗한 물건입니다.

연습

귀국하게 되어 냉장고를 판매하는 글을 작성하시오.

답안 예시

제가 귀국하게 되어서 사용하던 냉장고를 판매합니다.
구입한 지 1년이 되지 않아서 거의 새것이나 다름없습니다.
냉장고의 크기는 첨부한 사진을 확인하시면 됩니다.
관심이 있으신 분은 아래의 연락처로 연락 주십시오.

8 모집하기

모집하는 글을 익히고 직접 작성해 보는 학습을 통해 적절한 표현과 맥락에 맞는 내용을 구성하도록 한다.

예시

〈모집합니다〉

농구 동아리 회원을 모집합니다.
운동을 좋아하는 신입생이라면 누구든지 좋습니다.
운동을 못해도 괜찮습니다.
농구를 처음 하시는 분들도 걱정하지 마십시오.
선배들이 친절하게 가르쳐 드립니다.
농구에 관심이 있는 분들의 많은 참여 부탁드립니다.

주요 표현

1. __다면
   - 18세 이상의 성인 남녀라면 누구나 신청이 가능합니다.
   - 악기에 관심이 있다면 모두 괜찮습니다.

2. __든지
   - 서울에 거주하고 있는 청년이라면 누구든지 이용 가능합니다.
   - 한국 생활과 관련된 내용이라면 뭐든지 괜찮습니다.

3. __어도
   - 경험이 없어도 지원이 가능합니다.
   - 노래에 관심이 있다면 노래를 잘 못해도 괜찮습니다.

4. __에 상관없이
   - 연령과 성별에 상관없이 지원이 가능합니다.
   - 거주지에 상관없이 활동에 참여할 수 있으니 많은 신청 부탁드립니다.

연습

여행 동아리 회원을 모집하는 글을 작성하시오.

답안 예시

여행 동아리에서 신입 회원을 모집합니다.
여행을 좋아하는 신입생이라면 누구든지 환영합니다.
여행을 다닌 경험이 없어도 괜찮습니다.
함께 여행하면서 좋은 추억을 만들어 봅시다.

9 주의하기

주의하는 글을 익히고 직접 작성해 보는 학습을 통해 적절한 표현과 맥락에 맞는 내용을 구성하도록 한다.

예시

〈수험생 주의 사항〉

시험 당일 8시 30분까지 입실해야 합니다.
시험이 시작된 후에는 교실에 들어갈 수 없습니다.
수험표와 신분증을 반드시 준비해야 합니다.
답안지에는 검은색 컴퓨터용 사인펜만 사용할 수 있습니다.
모든 전자기기는 반입이 금지되어 있으니 교실에 가지고 들어오면 안 됩니다.
문제가 발생하지 않도록 주의 사항을 잘 지켜 주시기 바랍니다.

주요 표현

1. __면 안 되다
   - 교실에서 음식을 드시면 안 됩니다.
   - 이곳은 주차금지 구역이므로 주차하시면 안 됩니다.

2. __도록
   - 물건이 파손되지 않도록 잘 다루어 주십시오.
   - 바닥이 미끄러우니 넘어지지 않도록 조심하십시오.

3. __어야 하다
   - 반드시 신분증을 지참해야 합니다.
   - 개강하기 전에 등록금을 납부해야 합니다.

4. __으니
   - 추락의 위험이 있으니 주의해 주십시오.
   - 화상의 위험이 있으니 주의해 주시기 바랍니다.

연습

놀이기구 탑승 시 주의 사항의 글을 작성하시오.

답안 예시

이 놀이기구는 키가 130cm 이상이어야 탑승이 가능합니다.
다치지 않도록 반드시 안전벨트를 해 주십시오.
탑승 도중에 안전벨트를 절대 풀면 안 됩니다.
안경이나 소지품 등은 분실의 위험이 있으니 잘 보관하여 주십시오.

10 사과하기

사과하는 글을 익히고 직접 작성해 보는 학습을 통해 적절한 표현과 맥락에 맞는 내용을 구성하도록 한다.

예시

> 수미야,
> 어제 내가 심하게 말해서 미안해.
> 난 재미있게 농담을 한 건데 생각해 보니 내 말이 너무 지나쳤던 것 같아.
> 다음부터는 절대 그런 말을 하지 않을게.
> 진심으로 미안해.
> 힘들겠지만 나의 사과를 꼭 받아 주었으면 좋겠어.
> 정말 미안해.

주요 표현

1. __어서 미안하다
   - 어제 약속을 지키지 못해서 정말 미안해.
   - 고객 여러분께 실망을 끼쳐 드려 죄송합니다.

2. __었으면 좋겠다
   - 나의 진심이 아니니까 오해를 풀었으면 좋겠어.
   - 어쩔 수 없었던 나의 상황을 조금만 이해해 주었으면 좋겠어.

3. __은 것 같다
   - 내가 너무 가볍게 행동한 것 같아. 미안해.
   - 제가 다른 사람들을 잘 배려하지 못한 것 같습니다. 죄송합니다.

4. __을게
   - 다시는 이런 일이 없을 거야. 약속할게.
   - 앞으로는 같은 실수를 하지 않을게. 미안해.

연습

친구에게 사과하는 글을 작성하시오.

답안 예시

수미야,
어제 약속을 지키지 못해서 정말 미안해.
갑자기 회사에서 급한 일이 생겨서 연락도 못했어.
전화도 되지 않아서 많이 속상했을 거야.
사무실에서 이리저리 뛰어다니느라고 전화도 받지 못했어.
정말 미안해.

11 부탁하기

부탁하는 글을 익히고 직접 작성해 보는 학습을 통해 적절한 표현과 맥락에 맞는 내용을 구성하도록 한다.

예시

수미야,
혹시 괜찮으면 내 고양이를 하루만 맡아 줄 수 있어?
다음 주에 친구들과 여행을 가기로 했는데 고양이를 맡길 데가 없어.
힘들면 다른 친구에게 이야기해 볼게.
어려운 부탁을 해서 미안해.

주요 표현

1. __부탁드립니다
   - 다음 주까지 답변을 부탁드립니다.
   - 내용에 문제가 없는지 확인 부탁드립니다.

2. __어 주시겠습니까?
   - 각각 포장해 주시겠습니까?
   - 30분 후에 다시 전화해 주시겠습니까?

3. __은데요
   - 부탁이 있는데요. 혹시 내일 시간이 있어요?
   - 유학을 준비하고 있는데요.

4. __을 수 있어?
   - 내가 내일 이사를 하는데 좀 도와줄 수 있어?
   - 영수 씨에게 이 책 좀 전달해 줄 수 있어?

연습

친구에게 이사하는 것을 도와달라고 부탁하는 글을 작성하시오.

답안 예시

수미야,
내가 다음 주 금요일에 이사를 하는데 혹시 시간이 있어?
시간이 되면 그날 좀 도와줄 수 있어?
혼자 이사를 하려니까 좀 걱정도 되고 두렵기도 해.
무리한 부탁인 줄 아는데 네가 도와주면 좋겠어.
부탁해.

12 거절하기

거절하는 글을 익히고 직접 작성해 보는 학습을 통해 적절한 표현과 맥락에 맞는 내용을 구성하도록 한다.

예시

환불 요청 거절

저희 회사 제품을 이용해 주셔서 감사합니다.
고객께서는 6개월 전에 구입하신 컴퓨터 환불 요청을 하셨습니다.
담당 부서에서 검토한 결과 환불 요청을 받아들일 수 없다는 의견입니다.
제품의 하자가 아니라 부주의한 사용으로 인한 문제이므로 환불은 불가능합니다.
다른 문의 사항이나 의견이 있으면 연락 주시기 바랍니다.
감사합니다.

주요 표현

1. __기가 어렵다
   - 이번 행사에는 참석하기가 어려울 것 같습니다.
   - 본사의 입장에서는 반품 요청을 받아들이기가 어렵습니다.

2. __으므로
   - 죄송하지만 수강 변경 기간이 지났으므로 수강 변경은 불가능합니다.
   - 이미 개봉을 하신 상태이므로 교환이나 환불은 안 됩니다.

3. __으나
   - 여러 차례 검토해 보았으나 시행하기가 어려울 것 같습니다.
   - 오랜 시간 논의하였으나 결론을 내리지 못했습니다.

4. 죄송하지만/아쉽지만
   - 죄송하지만 이 물건은 환불이 되지 않습니다.
   - 아쉽지만 다른 일정으로 인해 이번 행사에는 함께 할 수 없습니다.

> **연습**

기숙사 방 변경 요청을 거절하는 글을 작성하시오.

> **답안 예시**

기숙사 방을 변경하고 싶다는 메일을 잘 받았습니다.
죄송하지만 기숙사 방 배정이 모두 끝났으므로 방을 변경하기가 어렵습니다.
배정이 완료된 후에는 특별한 사유가 없는 한 변경할 수 없습니다.
학교의 규정이므로 이해해 주시기 바랍니다.

유형 ❷ 설명문 완성하기

■ 풀이 전략

	설명문 완성하기
쓰기 52번 문제	● 설명하는 형식의 글을 완성하는 문제이다. ● 주어, 목적어 등 문장 성분에 대해 알고 문장의 구조를 파악해야 한다. ● 관용 표현, 부사어와 호응하는 동사나 형용사 등을 익혀야 한다. ● 문장과 문장의 관계를 나타내는 접속어를 잘 파악해야 한다.

52번 문제 | 평가 내용

내용 및 과제 수행	제시된 과제에 맞게 적절한 내용으로 썼는가?
언어사용	어휘와 문법 등의 사용이 정확한가?

유형 ❷ 연습 문제

■ **설명문 완성하기** 【토픽Ⅱ 쓰기 52번 문제】

※ [51~52] 다음 글의 ㉠과 ㉡에 알맞은 말을 각각 쓰시오. (각 10점)

52.
> 건강을 지키기 위해서 운동을 해야 한다는 것을 모르는 사람은 아무도 없다. 하지만 이런저런 일로 바쁜 현대인에게 운동을 할 시간을 (㉠   ). 운동을 하고 싶지만 운동시설을 찾을 여유가 없는 사람들도 많다. 그래서 계단 오르기나 대중교통 이용하기 등 생활 속 운동이 주목을 받고 있다. 전문가들은 어떤 운동을 하든 (㉡   ).

㉠ _____

㉡ _____

유형 ❷ 추가 학습

> **전략** ▶ 한국어 문법에 맞는 글을 쓰기 위해서는 문장의 내용을 정확하게 이해하고 문법을 정확하게 사용해야 한다. 한국어 문장 구조를 정확하게 파악하고 동사와 형용사의 활용 형태, 의미, 기능을 정확하게 이해해야 한다.

1 자동사와 타동사

자동사는 목적어가 필요 없으며 타동사는 목적어가 필요하다. 주어를 써야 하는 문장 구조와 목적어를 써야 하는 문장 구조를 잘 파악해야 한다.

주요 표현

1. 관계가 힘들다/어려움을 힘들어하다
   - 직장인의 대다수가 동료들과의 관계가 제일 힘들다고 말한다.
   - 노인들은 금전적 어려움을 가장 힘들어한다.

2. 물이 흐르다/눈물을 흘리다
   - 주택가에 있는 하천은 생활하수로 인해 악취가 나는 물이 흐르고 있다.
   - 감동적인 장면에서 관객들이 눈물을 흘렸다.

3. 발신자가 확인되다/위치를 확인하다
   - 발신자가 확인되지 않은 우편물은 반입을 금지한다.
   - 경찰이 범인의 위치를 확인하고 있지만 아직 성과는 없는 상태이다.

4. 시간이 나다/시간을 내다
   - 시간이 나면 주머니 사정이 어렵고 주머니 사정이 나아지면 시간이 나지 않는 머피의 법칙 같은 일들이 종종 벌어진다.
   - 시간을 내서 취미를 즐기거나 자기 개발을 위해서 뭔가를 배우려는 사람들이 늘고 있다.

5. 증상이 나타나다/어려움을 나타내다
   - 암은 증상이 나타나기 시작하면 이미 병이 많이 진행된 경우가 많기 때문에 정기적인 검진을 하는 것이 중요하다.
   - 취업 시기에 발표되는 각 기업의 높은 지원율은 치열한 경쟁률과 함께 취업의 어려움을 나타낸다.

6. 직업이 여겨지다/정치를 여기다
   - 예전에는 연예인이라는 직업이 천한 일로 여겨진 적도 있다.
   - 정치를 자신과는 무관한 일로 여기는 사람들이 많아지고 있다.

7. 진료가 끝나다/회의를 끝내다
   - 진료가 끝나면 처방전을 가지고 약국에 가서 약을 받으면 된다.
   - 회장은 회의를 끝내기 전에 회원들에게 질문이 있는지 물었다.

8. 화가 나다/화를 내다
   - 언제 화가 나는지 알면 스스로 조절이 가능하다.
   - 쉽게 화를 내는 것은 분노를 조절하지 못하는 장애일 수도 있다.

연습

알맞은 말을 써서 완성하시오.

아이들은 조심하지 않으면 깨지기 쉬운 그릇과 같다고 한다. 까딱 잘못하면 나쁜 길로 빠지기 쉽다는 의미일 것이다. 그러므로 부모를 비롯한 학교, 사회가 조심스럽고 정성스러운 마음으로 (   ).

답안 예시

아이들을 보호하고 교육하는 데 신경을 써야 한다

2 간접화법

다른 사람의 말을 전달하기 위해서 사용하는 문법이다. 동사와 형용사, 명사의 활용 형태가 다르기 때문에 정확하게 알아야 한다.

주요 표현

1. **동사** : 동사에 '-는다고/ㄴ다고 하다'를 붙여서 간접화법을 만든다.
   - 한 기업이 여러 분야의 사업을 장악하기 위해서 은행 돈을 끌어 쓰고 비자금을 조성하게 되면 부작용이 생기고 결국 경제적, 사회적으로 문제가 발생한다고 한다.
   - 아이가 스스로 선택할 수 있도록 기회를 주고 문제가 발생했을 때 아이 스스로 해결 방법을 찾을 수 있도록 기다려 주어야 한다. 이러한 교육 방법이 독립적인 아이를 만든다고 한다.
   - 명품을 선호하고 맛집을 찾아서 사진을 올리는 것은 모두가 자신을 남에게 과시하려는 행동이다. 전문가들은 넘쳐나는 정보가 사람들의 소비 심리를 자극하고 과소비를 부추긴다고 한다.
   - 수상식에 참석한 배우들은 즉흥적인 연기와 노래로 기립박수를 받았다고 한다.

2. **형용사** : 형용사에 '-다고 하다'를 붙여서 간접화법을 만든다.
   - 개인파산은 채무를 이행할 수 없는 지급 불능 상태에 있을 때 영업자든 비영업자든 신청할 수 있다고 한다.
   - 학교 신문은 일반 신문에서 다룰 수 있는 다양한 내용의 기사나 사건보다는 학문적인 내용을 취급하는 경우가 많다고 한다.
   - 이제 세계는 군사력보다는 경제력으로 그 나라의 국력을 평가하게 되었다. 그러면서 경제적 이권을 사이에 두고 국가 간 갈등과 분쟁이 발생하고 있다. 이에 전문가들은 지나친 경쟁에 대해서는 어느 정도 국제기구의 규제가 필요하다고 한다.
   - 특별법 제정에 반대 의사를 표명한 의원은 한 명도 없었다고 한다.

3. **명사** : 명사에 '-이라고/라고 하다'를 붙여서 간접화법을 만든다.
   - 상대방의 동의 없이 녹음을 하거나 촬영을 하는 것은 불법이기 때문에 처벌 대상이라고 한다.
   - 임차인을 보호하기 위해서 전세 관련법을 만들려는 발걸음이 빨라지고 있다. 하지만 정부의 발표에 의하면 관련법의 적용 시기는 빨라도 내년 초가 될 것이라고 한다.
   - 학자들에 의하면 인류의 대단한 업적을 만들어 낸 것은 지적인 욕구라기보다는 단순한 호기심이라고 한다. 모든 위대한 발견과 발전은 '왜'라는 질문에서 시작된다.
   - 초·중·고등학교를 막론하고 자녀에게 사교육을 시키고 있는 부모가 절반 이상이라고 한다. 이는 공교육에 대한 불신 때문이라는 지적도 있지만 근본적으로는 현재의 공교육이 제 역할을 하지 못하기 때문이다.

연습

알맞은 말을 써서 완성하시오.

직업은 생활을 하기 위해서 필요하지만 어떤 직업을 선택하냐에 따라서 만족스럽고 행복한 삶을 살 수도 있고 평생 일에 매여 살 수도 있다. 직업 선택의 조건이 무엇인지는 개인이 속한 사회의 상황에 따라서 차이가 있다. 하지만 일반적으로는 직업을 선택할 때 (   ).

답안 예시

개인의 적성과 흥미를 고려해야 한다고 말한다

※ **어려운 표현을 적어 두고 복습하세요.**

3 부사어

부사어는 뒤에 연결하는 동사나 형용사의 의미를 더해 주는 문장 성분이다.

주요 표현

1. **결국**
   외견상 아무리 좋아 보이는 물건이라고 해도 생산자나 판매자의 진정성이 없다면 결국 소비자들로부터 외면을 당하게 될 것이다.

2. **공연히**
   사춘기 아이들은 부모의 말에 공연히 어깃장을 놓기도 한다.

3. **과연**
   농산물 시장의 개방을 앞두고 농촌 경제에 대한 우려가 크다. 과연 어떻게 하는 것이 소비자들의 선택권도 보장하면서 농촌을 살릴 수 있는 방법일까?

4. **다행히**
   한밤중 주택가에서 발생한 불로 지역 주민들이 대피하는 등 큰 불편을 겪었다. 하지만 다행히 인명 피해는 없는 것으로 조사됐다.

5. **단지**
   교통의 발달로 전 세계가 하나의 생활권에 있다고 해도 과언이 아니다. 어느 나라에서 전염병이 돌거나 전쟁이 발생하면 이것은 단지 그 나라만의 문제가 아니다. 그러므로 피해를 줄이기 위해서는 세계가 함께 정보를 공유하고 해결책을 강구해야 한다.

6. **대개**
   박물관에 전시된 장신구들은 대개 신분을 나타내기 위해서 착용한 것이 대부분이지만 간혹 여인들의 아름다움을 더하기 위해 사용한 것도 있다.

7. **마침내**
   보다 넓은 세계를 갈망하던 탐험가들은 오랜 항해 끝에 마침내 새로운 육지를 발견했다.

8. **막상**
   악취로 불편을 겪는 주민들의 민원이 빗발쳤지만 막상 관계 기관에서는 원인조차 파악하지 못한 상황이다.

9. **새롭게**
   우리는 외형적이고 가시적인 부분뿐만 아니라 내면적이고 보이지 않는 부분까지 새롭게 변해 가는 사회에 살고 있다.

10. **여전히**
    자원봉사자들과 공무원들의 도움으로 피해 지역은 서서히 제 모습을 찾아가고 있다. 하지만 전기와 수도가 복구되지 않아서 주민들은 여전히 불편함을 호소하고 있다.

11. **정기적으로**
    50대 이상의 장년층을 대상으로 조사한 결과 정기적으로 건강검진을 받는다는 응답이 과반에도 못 미치는 것으로 나타났다.

12. **제대로**
    세대를 막론하고 주식에 투자하는 사람들이 늘고 있으나 해외 투자의 경우 손실규정 등을 제대로 알고 계약하는 사람이 거의 없다.

13. **특히**
    농촌의 인구가 감소하는 현상이 가속화하고 있다. 도시에 비해서 농촌의 생활 환경이 낙후되었기 때문이다. 특히 교육 환경이 도시만 못한 것도 그 이유 중의 하나이다.

14. **함부로**
    정확한 사실을 모르면서 남의 말을 함부로 하면 안 된다.

연습

알맞은 말을 써서 완성하시오.

> 아이가 친구와 싸우고 들어오면 열불이 나지 않은 부모는 없을 것이다. 하지만 자신의 감정을 잠시 억누르고 우선 아이의 행동에 공감을 표하고 아이가 어떤 상황에서, 왜 그랬는지를 들어야 한다. 무턱대고 (   ).

답안 예시

아이를 야단부터 치려고 드는 것은 부모로서 현명한 행동이 아니다

4 관형어

관형어는 뒤에 연결하는 명사 또는 명사에 해당하는 내용을 꾸미는 문장 성분이다.

주요 표현

1. **동사** : 동사에 '-는/은/ㄴ/을/ㄹ'을 붙여서 관형어를 만든다. '-던'과 '-었던'을 붙여서 관형어를 만들기도 한다.
   - 밤늦게 귀가하는 여성들의 안전을 지키기 위해서 안심동행서비스를 시행하는 지역이 늘고 있다. 서비스를 신청하면 두 명의 경찰이 집까지 동행한다.
   - 우리가 날마다 먹고 마시는 것들이 어디에서 왔는지 생각해 본 적이 있는가? 무수히 많은 사람들의 노고와 자연의 도움 없이는 물 한 방울, 쌀 한 톨도 얻기가 어렵다.
   - 종이로 만든 책의 수요가 줄고 휴대폰이나 컴퓨터로 책을 읽는 사람들이 늘고 있다. 종이책은 보관도 번거롭고 가격도 비싸기 때문이다.
   - 사회에 큰 피해를 준 죄를 짓고도 벌을 받지 않은 사람들에 대한 비난이 쏟아지고 있다. 돈이 없으면 죄가 있고 돈이 있으면 죄가 없어진다는 '무전유죄 유전무죄'라는 말이 사람들을 씁쓸하게 만든다.
   - 대통령은 아시아 지역을 순방하고 각국의 정상을 만나 두 나라의 협력 관계를 제안할 예정이다.
   - 자신의 실력을 발휘할 기회를 얻었을 때 망설이거나 주저하지 않고 행동하려면 평소에 준비가 되어 있어야 한다.
   - 감기에 걸렸을 때 배와 꿀을 달여서 먹는 것은 오래전부터 사용해 오던 민간요법이다.
   - 오징어 값이 뉴스가 되었다. 왜냐하면 예전에는 흔했던 생선이 기후 변화로 서식지가 바뀌면서 이제는 구경하기도 힘든 생선이 되었기 때문이다.

2. **형용사** : 형용사에 '-은/ㄴ/을/ㄹ'을 붙여서 관형어를 만든다. '-던'과 '-었던'을 붙여서 관형어를 만들기도 한다.
   - 잊을 만하면 발생하는 마약 범죄가 우려를 낳고 있다. 마약의 유통을 차단하고 마약 복용 범죄를 예방할 수 있도록 강력한 대책이 나와야 할 것이다.
   - 광고 제작은 다양한 매체를 활용한 첨단기술과 제작자의 창의력이 필요한 작업이다.
   - 도움이 필요하거나 궁금한 것이 있으면 사무실에 문의하는 것이 제일 빠르다.
   - 앞으로 하고 싶은 것을 묻는 질문에 없다거나 모르겠다고 대답하는 청소년들이 많다.
   - 운전자가 필요 없는 자동차, 로봇 반려동물 등 우리의 상상을 넘어서는 변화가 시작됐다. 앞으로 다가올 미래가 어떤 모습일지 두렵기도 하고 기대가 되기도 한다.
   - 쉽게 포기하지 않고 끝까지 해 보려는 끈기가 있는 사람이 성공의 달콤한 열매를 맛볼 수 있다.
   - 정신과 상담실을 찾는 어린이들의 대부분은 학업에 대한 스트레스를 호소한다. 부모의 지나친 기대와 학교에서의 과도한 경쟁 속에서 어린이는 어린이다운 모습을 잃어가고 있다.

- 얼마 전까지만 해도 30도를 오르내릴 정도로 덥던 날씨가 갑자기 쌀쌀해졌다. 갑작스러운 일기 변화 또한 이상기후 현상의 하나라고 한다.

3. **명사** : 명사에 '-인/일'을 붙여서 관형어를 만든다. '-이던'과 '-이었던'을 붙여서 관형어를 만들기도 한다.
    - 주민등록번호가 없는 외국인인 경우에 인터넷으로 물건을 구매할 때 제약을 받을 수 있다.
    - 환상적인 장면과 호화로운 배우들로 주목을 받고 있는 뮤지컬이 관객들의 성원에 보답하기 위해서 장기공연에 들어간다고 밝혔다.
    - 정책이 처음 발표되었을 때는 전체적으로 회의적인 분위기였다. 하지만 반대하던 사람들이 공청회를 통해서 점차 정책의 취지를 이해하기 시작했다.
    - 박물관이 임시 휴일인 관계로 급하게 관람 일정을 변경해야 했다.
    - 아무리 가족이라고 해도 결국 자신의 문제는 자신이 해결해야 한다. 가족이든 친구든 모두가 이방인일 뿐이다.
    - 하루에 한두 번 시외버스가 다니고 마을 전체가 겨우 10가구뿐이던 오지마을이 개발로 몰라보게 달라졌다.
    - 당시에는 널리 알려진 유명한 시인이던 그가 이제는 일부러 찾아보지 않으면 작품을 쉽게 접하기가 어려운 작가가 되었다.
    - 왕족을 비롯한 귀족들이나 즐길 수 있는 음식이었던 구절판이 이제는 한식집에서 누구나 즐길 수 있는 대중적인 음식이 되었다.

연습

알맞은 말을 써서 완성하시오.

> 모든 이기적인 행동은 자기중심적인 사고에서 시작된다. 주변을 살피지 않고 자신의 목표를 향해 앞만 보고 달려가거나 물불을 가리지 않고 뛰어든다면 반드시 피해자가 생길 것이다. 자신의 행동으로 피해를 볼 사람이 있다면 그런 행동은 자제해야 한다.
> 개인의 이익보다는 (   ).

답안 예시

공동체를 먼저 생각하는 의식이 필요하다

5 접속어

접속어는 문장과 문장을 연결하는 기능을 한다.

주요 표현

1. **그 때문에**
   오폐수를 관리하는 법이 마련되어 있지만 지키는 않는 사람들이 있다. 공장에서 나온 산업용 폐수를 정화 과정 없이 강물에 흘려보내거나 화학약품을 함부로 버리기도 한다. 그 때문에 오염된 하수를 정화하는 데 엄청난 비용이 들고 있다.

2. **그래서**
   현대인들은 전자기기를 이용하면서 많은 시간을 보낸다. 그래서 대부분은 휴대전화나 컴퓨터가 없는 세상은 상상도 못한다.

3. **그래야**
   무슨 상품이든 양으로 승부하던 시대는 지났다. 소비자들의 심리를 읽고 선호하는 디자인을 개발하고 품질을 향상시켜야 한다. 그래야 소비자들의 관심을 끌 수 있다.

4. **그러나**
   교육부는 지역의 균형발전을 내세우며 수도권 대학의 지방 이전을 추진하고 있다. 그러나 대학 당국이 비협조적인 데다가 재학생과 졸업생들까지 반대하고 있어서 계획을 실행하기까지는 시간이 걸릴 듯하다.

5. **그러므로**
   생산 과정의 자동화는 생산직 직원들의 대량 해고로 이어질 수 있다. 이러한 문제는 한 개인이나 한 기업이 해결할 수 있는 문제가 아니다. 그러므로 정부와 모든 기업의 경영자들이 나서야 한다.

6. **그런데**
   방송사들은 시청자들의 제보로 뉴스를 만든다고 광고한다. 그런데 시청자들이 제보한 내용의 대부분은 무시되거나 제보자의 의도와는 다른 방향으로 이용된다.

7. **그런데도**
   음주운전의 위험성을 알리는 현수막이 곳곳에 붙어 있고 방송을 통해서 공익광고도 한다. 또 경찰이 불시에 음주단속을 하고 있다. 그런데도 음주운전 사례는 여전히 늘고 있고 이로 인한 인명 피해도 잇따르고 있다.

8. **그렇지만**
가요콘서트 입장권이 발매 5분 만에 매진되어 인기를 실감케 했다. 그렇지만 한편에서는 표를 사지 못한 사람들이 발매에 문제가 있다고 항의하기도 했다.

9. **그리고**
장거리 운전을 할 때는 졸음운전을 예방하기 위해서 누군가 옆에 있는 것이 좋다. 그리고 졸음이 온다 싶으면 반드시 가벼운 운동을 해서 몸을 풀고 잠시라도 휴식을 취해야 한다.

10. **그만큼**
의학의 발달로 인간의 평균 수명은 연장되었고 기대 수명은 점점 길어지고 있다. 그만큼 노후 생활 기간도 길어졌으며 노후 대책을 마련해야 할 필요성도 커졌다.

11. **따라서**
대형 유통업체들이 매장을 확장하고 저렴한 가격을 내세우며 시장을 점유하고 있다. 따라서 재래시장이나 골목의 소형 매장들은 생존의 위기에 몰리고 있다.

12. **뿐만 아니라**
좋은 부모가 되기 위해서는 아이의 입장에서 생각하고 대화할 줄 알아야 한다. 뿐만 아니라 아이의 생각을 억누르려는 권위주의적인 태도를 버리고 아이의 의견을 존중할 줄 알아야 한다.

13. **이로 말미암아**
도시에는 부드러운 흙보다는 딱딱한 시멘트와 아스팔트가 대부분이다. 이로 말미암아 도시의 아이들은 자연을 접할 기회가 줄고 우리의 성격도 각박해지는 것 같다.

14. **하지만**
피로가 쌓이면 큰 병을 불러올 수 있다. 하지만 피로를 대수롭지 않게 여기는 사람들이 많다.

연습

알맞은 말을 써서 완성하시오.

대도시에 인구가 집중하면서 많은 문제가 발생하고 있다. 주택 문제, 교통 문제, 교육 문제 등이 그것이다. 특히 (   ). 그래서 도시마다 쓰레기를 어디에, 어떻게 버려야 할지에 대해서 고민하고 있다.

답안 예시

쓰레기 문제는 여러 도시의 골칫거리이다

※ **어려운 표현을 적어 두고 복습하세요.**

6 피동 표현

피동 표현은 문장의 주어가 행동을 하는 주체가 아니라 행동의 영향을 받는 대상이다.

> 주요 표현

- 화산이 폭발하면 국토의 절반 이상이 화산재로 뒤덮일 것이라는 예상이 나왔다.
- 과제의 내용을 정리한 최종보고서에는 문제에 대한 다양한 해결책이 담길 것이다.
- 많은 사업장에서 작업 환경을 바꾸려는 움직임이 일고 있다. 작업 환경이 바뀌면 생산량도 늘고 효율성도 높아지기 때문이다.
- 대다수가 플라스틱 병에 담긴 물을 마시게 되면서 소비자들을 중심으로 플라스틱 병의 유해성에 대한 논란이 끊이지 않고 있다.
- 남부지역에 폭우가 집중되면서 저지대에 있는 마을과 농토가 물에 잠겼다.
- 전문가들의 의견에 의존해서 제작 연대를 추정했던 기존의 탑과 달리 새로 발견된 탑은 정면에 제작 연대와 제작자가 선명하게 쓰여 있어서 유적으로서의 가치를 더한다.
- 의식주를 비롯한 모든 생활 영역에서 인공지능을 활용할 수 있는 기술이 개발되고 있다. 이제 누구나 인공지능의 편리함을 생활 속에서 누릴 수 있는 시대가 열렸다.
- 어른들은 아이들의 감정을 섬세하게 살펴야 한다. 어려서 받은 상처는 오래도록 지워지지 않기 때문이다.
- 마음의 상처는 크든 작든 사람들에게 아픔을 주지만 시간이 지나면 기억이 흐려지고 결국 잊혀질 것이다.
- 쓰레기 매립지로 선정된 지역의 주민들은 자신들의 재산권이 침해되었다고 항의했다.
- 공연 30분 전에는 공연장에 도착하는 것이 안전하다. 왜냐하면 공연이 시작된 후에는 입장이 불가하기 때문이다.
- 인간의 부주의나 자연재해로 인해 상처를 입은 자연환경이 완전히 회복되려면 오랜 시간이 걸린다.
- 직장인들은 지연이나 혈연, 학연과 같은 조건으로 동료들에게 소외를 당한 경우가 제일 많았다.
- 연구에 필요한 재원을 제대로 확보하지 못한 개발도상국들은 재정적 부담을 나누려는 선진국들의 압력을 받았다.

연습

알맞은 말을 써서 완성하시오.

화가 날 때 화를 내는 것이 좋은지, 화를 참는 것이 좋은지에 대한 의견이 분분하다. 화를 내면 여과 없이 자신의 감정을 보이게 되고 다른 사람들과의 관계가 나빠질 수 있다. 그러나 화를 꾹꾹 눌러 참으면 (   ).

답안 예시

스트레스가 쌓이고 정신적, 신체적으로 문제가 발생할 수 있다

※ **어려운 표현을 적어 두고 복습하세요.**

7 사동 표현

사동 표현은 주어가 행동의 주체가 되어서 대상인 목적어에 영향을 미치는 문장을 만든다.

주요 표현

- 단순하고 반복적인 일에서뿐만 아니라 수술과 같이 정교한 기술이 필요한 일에서도 인공지능 로봇이 인간의 빈자리를 채우고 있다.
- 공원 조성 사업에 대한 주민들의 반응이 엇갈리고 있다. 긍정적인 반응을 보이는 사람들은 공원을 조성함으로써 생활환경이 개선되리라고 기대하고 있다.
- 기상청은 폭우를 예보하고 비상시의 대피장소와 대피요령을 긴급문자로 전 국민에게 알렸다.
- 최근 줄줄이 인상된 식품 가격이 소비자들을 놀라게 한다. 가격이 큰 폭으로 오른 데다가 양까지 줄어들어서 서민들을 두 번 울리고 있다.
- 아기들의 건강한 성장을 기원하는 산모들은 아기들이 음식을 먹을 시기가 되면 유기농 재료로 만든 이유식을 먹이겠다고 말한다.
- 종로구에서는 지역 주민들이 자원봉사로 만든 털목도리로 나무에 겨울옷을 입히는 작업을 진행했다.
- 입시 때가 되면 각 시험장에는 자녀의 합격을 기원하며 떡이나 엿을 교문에 붙이려는 학부모들과 이것을 막으려는 학교 관리인들 사이에 웃지 못할 실랑이가 벌어진다.
- 전 세계의 평화와 자유를 위해 4년마다 열리는 세계대회는 개최될 때마다 감동적인 이야기로 수많은 화제를 남겼다.
- 최근 지구가 몸살을 앓고 있다는 것이 전문가들의 진단이다. 이들은 지구의 기후 변화를 늦추기 위해서 모두가 동참해야 한다고 강조한다.
- 개인적으로 또는 직장이나 단체에서 헌혈을 하는 사람들이 많다. 이렇게 헌혈로 공급된 혈액은 환자를 살리고 다양한 의약품 개발에 활용된다.
- 음료 업계 전반에 대한 비판 여론을 잠재우기 위해서 음료 회사들이 기업의 이미지 개선에 나섰다.
- 자신의 직업은 물론 성별까지 속이고 사기결혼을 한 범인의 얼굴이 공개되자 순진하고 앳된 모습에 많은 사람들이 놀랐다.
- 지구온난화로 바다의 생태계가 달라지고 있다. 흔히 볼 수 있던 물고기가 자취를 감추고 바닷물의 높이가 높아졌다. 이것은 따뜻해진 기온이 바닷물을 덥히고 북극의 빙하를 녹이기 때문이다.
- 회사 내 흡연을 반대하는 사람들의 논리는 담배를 피우려고 자리를 비우는 시간이 길어지면 일의 능률이 저하된다는 것이다.

연습

알맞은 말을 써서 완성하시오.

기업의 최대 목표는 생산 원가를 낮추고 판매가를 높여서 이윤을 많이 남기는 것이다. 기업들은 더 많은 (　　　　　　　　　　　　　　　　) 가능하면 값싼 원료를 찾고 인건비를 낮추려고 애를 쓴다.

답안 예시

이윤을 남기기 위해서

※ **어려운 표현을 적어 두고 복습하세요.**

8 관용 표현

관용 표현은 두 개 이상의 단어로 이루어지며 그 단어들의 의미만으로 설명되지 않는 특별한 의미로 사용되는 표현이다. 한국어에서 습관적으로 같이 사용하는 두 단어 이상으로 만들어진 표현이다.

주요 표현

1. 극성을 부리다
   무더운 날씨가 계속되면서 전국에서 모기가 극성을 부리고 이로 인한 전염병을 우려해 보건 당국이 방역작업을 펼치고 있다.

2. 눈치를 채다
   치매를 앓는 인구가 증가하고 있으나 이들을 조기에 치료하는 데 어려움이 있다. 치매는 특성상 병이 상당히 진행될 때까지 가족이나 주변인들이 눈치를 채기가 어렵기 때문이다.

3. 몸으로 때우다
   경제 상황이 악화되면서 벌금형을 선고받고도 벌금을 낼 수 없는 범법자가 늘고 있다. 재판부는 이들에게 일정 시간 봉사활동을 하게 하는 등 몸으로 때우는 노동형을 선고하고 있다.

4. 문턱이 높다
   은행들은 서민들의 어려움을 덜어 주기 위해서 대출이자를 낮추고 신용등급에 따라서 다양한 혜택을 제공하고 있다. 하지만 서민들에게 은행의 문턱은 여전히 높아서 돈을 빌리기가 어렵다.

5. 바가지를 쓰다
   생산에 필요한 일부 부품이 품귀현상을 빚자 중소기업들이 터무니없이 비싼 가격으로 수입을 해야 했으며 전문 인력과 해외 정보가 부족해 무려 30배나 바가지를 쓴 것으로 드러났다.

6. 발 디딜 틈이 없다
   생필품 가격이 최고 30%까지 치솟고 있는 가운데 한 대형마트에서 생필품의 파격 세일을 실시해 소비자들이 몰리면서 발 디딜 틈이 없었다.

7. 보조를 맞추다
   대북정책의 방향을 놓고 의견이 분분하지만 기본적인 방침은 우방국들과 보조를 맞추는 것이다.

8. 풀이 죽다
   늘 자신감이 넘치던 사람도 한두 번 실패를 하고 나면 풀이 죽기 마련이다.

9. 피해를 입다

갑작스럽게 몰아닥친 한파로 농작물들이 큰 피해를 입으면서 물가 인상을 주도하고 있다.

10. 흐름을 타다

국내 라면 업계의 대표 상품들이 한식 세계화의 흐름을 타고 매출이 급성장하고 있다.

연습

알맞은 말을 써서 완성하시오.

> 인간은 혼자서 살아가기 어려운 사회적 동물이다. 그래서 자의에서든 타의에서든 다양한 목적의 모임에 참여한다. 그것은 단순히 (　　　　　　　　　　) 모임처럼 보일 때도 있지만 사회적 관계를 맺고자 하는 인간의 욕구를 충족시켜 준다. 그리고 소속감과 안도감을 주는 역할을 한다.

답안 예시

친목을 도모하는

9 격식체

설명하는 글이나 주장하는 글을 쓸 때는 격식체 반말 형태를 사용해서 글을 작성해야 한다.

> 주요 표현

1. **동사** : 동사에 '-는다/ㄴ다'를 붙여서 격식체 반말을 만든다.
   - 우리는 살면서 성공으로 기뻐하기도 하고 실패로 슬퍼하기도 한다.
   - 결혼식에서 하객들은 축의금을 내서 새 출발하는 신랑신부를 축하하고 신랑신부는 기쁜 마음으로 하객들의 축하를 받는다.
   - 부모의 지나친 간섭이 아이들을 의존적이고 나약하게 만든다.
   - 자신의 약점을 다른 사람이 장난 삼아 이야기하면 누구나 기분이 나빠진다.
   - 이제 인공지능은 단순하고 기계적인 업무를 넘어서 복잡하고 창의적인 작업에서도 적극적으로 활용된다.
   - 산업혁명 이후 사람들은 대량 생산을 할 수 있는 공장을 세웠고 이 공장에서 배출하는 유해 가스가 대기 오염에 큰 영향을 주었다.

2. **형용사** : 형용사에 '-다'를 붙여서 격식체 반말을 만든다.
   - 모르는 사람을 위해서 기부금을 내거나 봉사활동을 한다는 것은 큰 용기가 필요하다.
   - 인간관계를 좋게 하기 위해서는 대화를 통해서 상대방을 이해하고 배려하는 것이 제일 중요하다.
   - 친구 관계에서든 직장에서든 마음이 맞는 사람들과 함께 할 때 마음이 편하다.
   - 특별한 가르침이 아니라 부모가 옳은 행동을 보여 주기만 해도 아이들에게는 큰 교육이 된다. 윗물이 맑아야 아랫물이 맑다.
   - 아무리 좋은 음식이라고 해도 지나치게 섭취하면 건강에 해롭다.
   - 건강은 건강할 때 지켜야 한다. 지금 괜찮다고 해서 자신의 건강을 과신하다가는 건강을 잃을 수도 있다.

3. **명사** : 명사에 '-이다'를 붙여서 격식체 반말을 만든다.
   - 규칙적으로 식사를 하고 운동을 하면 살이 빠진다는 것은 대부분의 사람들이 알고 있는 상식 중의 하나이다.
   - 현재 우리가 누리고 있는 편리함과 풍족함은 부모 세대들의 노력과 희생 덕분이다.
   - 남의 말을 안 듣고 자기 뜻대로만 하려는 사람들은 대개 자기중심적인 성격의 소유자이다.
   - 모두가 바라는 것은 거창한 무엇이 아니라 가족의 행복 같은 소박한 것이다.
   - 일자리가 부족해서 매년 실업자가 늘고 있지만 많은 노동력이 필요한 분야에서는 오히려 인력난을 겪고 있다. 누구나 편하고 쉬운 일을 원하고 힘든 일은 안 하려고 들기 때문이다.

- 지구온난화로 인해 발생할 수 있는 무서운 결과를 모르는 사람은 없지만 모른 척하는 사람들은 많다. 자신이 스스로 뭔가를 하겠다는 생각보다는 누군가가 적극적으로 나서서 해결해 주기를 바랄 뿐이다.

연습

알맞은 말을 써서 완성하시오.

경제적 발전만을 내세워 무분별하게 개발을 지속한다면 우리의 자연환경은 서서히 파괴될 것이다. 이러한 문제를 심도 있게 논의하기 위해서 지역자치단체에서는 비상대책위원회를 만들어서 (   ).

답안 예시

정부와 주민이 소통할 수 있는 장을 마련하기로 했다

※ **어려운 표현을 적어 두고 복습하세요.**

10 문형

문형은 특정한 맥락에 사용되는 문법 덩어리이다. 문형의 의미와 제약, 같이 사용해야 하는 문법 등을 익혀야 정확한 문장을 만들 수 있다.

주요 표현

1. __기 때문에
   초등학교를 비롯한 중고등학교에 여교사 편중 현상이 심화되고 있기 때문에 임용 때 일정 비율을 남성으로 뽑는 제도를 도입하려는 것이다.

2. __기도 하고 __기도 하다
   기업들이 이윤을 사회에 환원하기 위해서 다양하게 노력하고 있다. 사회 약자를 돕는 행사를 벌이기도 하고 자연환경을 보존하는 활동을 하기도 한다.

3. __기 위해서는
   사립학교의 재정난을 해소하기 위해서는 정부의 지원도 필요하지만 무엇보다 사립학교 자체의 생존 전략이 있어야 한다.

4. __다고 조언하다
   최근 건강보조식품에 대한 관심이 높아지면서 다양한 제품들이 출시되고 있다. 그런데 전문가들은 건강보조식품도 식품이기 때문에 과용하면 좋지 않다고 조언한다.

5. 만일 __으면
   발신자를 알 수 없는 문자메시지나 이메일은 열어 보지 않는 것이 좋다. 만일 돈을 부탁하는 내용이면 반드시 본인에게 연락해서 진위를 확인해야 한다.

6. 실제로는
   살을 뺄 목적으로 운동을 시작하는 사람들이 있다. 그러나 실제로는 열심히 운동을 해도 전혀 살이 빠지지 않는 경우가 허다하다.

7. __으로 인해
   자신이 남보다 못하거나 부족하다는 느낌을 열등감이라고 한다. 이러한 열등감으로 인해 부정적인 사고가 형성되고 비정상적인 행동을 하는 사람들도 있다.

8. 하나는 __ 다른 하나는
   출산율이 감소하는 이유는 분명하다. 하나는 경제적인 문제로 자녀 양육을 부담스러워하기 때문이며 다른 하나는 개인 생활을 우선시하기 때문이다.

연습

알맞은 말을 써서 완성하시오.

사춘기 청소년들은 기존의 질서에 대한 반발심이 많다. 이런 점이 걱정이 되어서 부모들은 아이들의 생활에 더 관여하고 구속한다. 하지만 부모가 아이들의 행동에 간섭을 하면 할수록 (   ).

답안 예시

아이들은 더 반항적인 행동을 하게 된다

※ **어려운 표현을 적어 두고 복습하세요.**

MEMO

유형 ❸ 그래프와 정보 설명하기

■ 풀이 전략

	그래프와 정보 설명하기
쓰기 53번 문제	● 제시된 글자 수 200~300자에 맞춰 글을 작성해야 한다. ● 도표에 나오는 자료를 활용하여 설명문을 작성해야 한다. ● 도표에 나와 있는 수치를 적절히 활용하여 설명해야 한다. ● 원고지 사용 방법에 맞춰 정확하게 써야 한다.

53번 문제 평가 내용

구분	채점 근거	내용
내용 및 과제 수행	과제 수행	도표 설명
	주제 관련 내용 구성	스마트폰 사용 시간과 스마트폰 중독 추이, 해결 방안 설명
	내용의 풍부성, 다양성	도표가 의미하는 변화의 해결 방안에 대한 설명이 다양한 표현으로 구성
글의 전개 구조	글의 구성	도표의 설명과 도표가 나타내는 의미에 대한 논리적인 구성
	단락 구성	〈도표 1〉과 〈도표 2〉의 설명과 해결 방안이 유기적으로 연결
	담화 표지 사용	'__로 나타나다, 결과를 보면, __은 반면, __음을 알 수 있다' 등 도표 설명과 해결 방법에 대한 담화 표지를 적절히 사용
언어 사용	문법과 어휘 사용	적절한 문법과 어휘의 사용
	맞춤법	정확한 맞춤법을 사용하여 글을 구성
	기능과 격식	도표와 해결 방안에 대한 설명문에 맞는 글의 구성

유형 ❸ 연습 문제

■ 그래프와 정보 설명하기 【토픽Ⅱ 쓰기 53번 문제】

53. 다음은 '유통채널별 매출 추이'에 대한 자료이다. 이 내용을 200~300자의 글로 쓰시오. 단, 글의 제목은 쓰지 마시오. (30점)

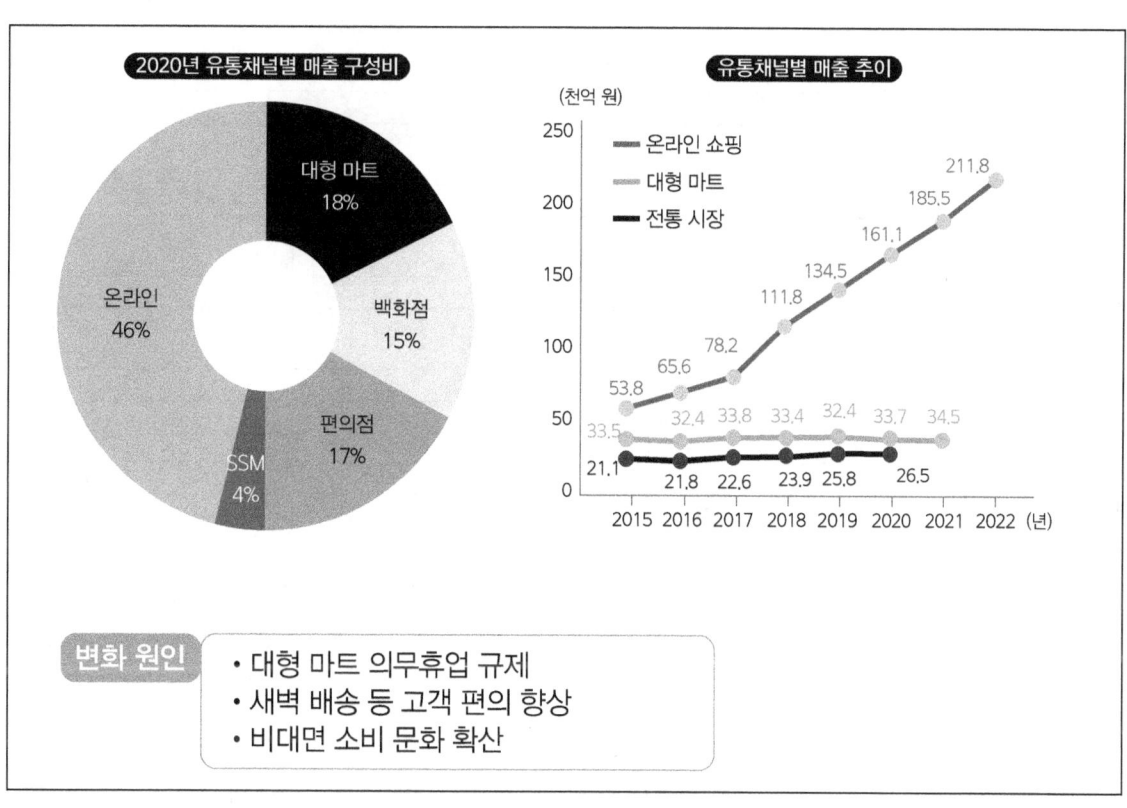

유형 ❸ 추가 학습 1

원고지 쓰는 연습

▶ 원고지 사용의 방법을 정확하게 익혀 원고지 쓰는 방법에 맞게 써야 한다.

1 첫 문단이 시작될 때 한 칸을 띄우고 쓴다.

예시

	지	구	온	난	화	로		바	다	의		생	태	계	가		달	라	지
고		있	다	.	흔	히		볼		수		있	던		물	고	기	가	
자	취	를		감	추	고		바	닷	물	의		높	이	가		높	아	졌
다	.																		

2 원고지 한 칸에 한 글자를 쓴다.

예시

	개	인	적	으	로		또	는		직	장	에	서	,	단	체	에	서	
헌	혈	을		하	는		사	람	들	이		많	다	.	이	렇	게		헌
혈	로		공	급	된		혈	액	은		환	자	를		살	리	고		다
양	한		의	약	품		개	발	에		활	용	된	다	.				

3 물음표(?), 느낌표(!), 쉼표(,), 마침표(.) 등의 문장 부호는 한 칸에 쓴다.

예시

	화	를		내	는		것	이		좋	은	지	,	화	를		참	는	
것	이		좋	은	지	에		대	한		의	견	이		분	분	하	다	.

4 물음표와 느낌표는 다음 칸을 비운다. 그러나 쉼표와 마침표는 다음 칸을 비우지 않는다.

예시

	아	이	들	의		감	정	을		섬	세	하	게		살	펴	야		하
는		이	유	는		무	엇	일	까	요	?		그		이	유	는		어
려	서		받	은		상	처	는		오	래	도	록		지	워	지	지	
않	기		때	문	입	니	다	.											

예시

	피	로	가		쌓	이	면		큰		병	을		불	러	올		수	
있	다	.	하	지	만		피	로	를		대	수	롭	지		않	게		여
기	는		사	람	들	이		많	다	.									

5 한 문단이 끝나고 새로운 문단이 시작될 때 다음 줄로 넘어가서 첫 칸을 띄우고 쓴다.

예시

  오폐수를 관리하는 법이 마련되어 있지만 지키지 않는 사람들이 있다. 공장에서 나온 산업용 폐수를 강물에 흘려보내거나 화학약품을 함부로 버리기도 한다. 그 때문에 오염된 하수를 정화하는 데 엄청난 비용이 들고 있다. 오폐수 문제를 해결하기 위해서는 다음의 정책들이 시행되어야 한다.
  첫째, 오폐수를 불법으로 내보내는 업체를 철저하게 조사하고 그에 따른 법적인 처벌을 강화해야 한다.

6 문단을 처음 시작할 때를 제외하고는 첫 칸을 띄우지 않는다. 줄의 끝에 띄울 칸이 없는 경우에 다음 줄의 첫 칸을 띄우지 않고 쓴다.

예시

	오	폐	수	를		관	리	하	는		법	이		마	련	되	어		있
지	만		지	키	지		않	는		사	람	들	이		있	다	.	이	런
사	람	들																	

7 숫자는 한 칸에 두 자씩 쓴다.

예시

	20	20	년	에		비	해		60	대	의		취	업	률	이		2	배
증	가	한		것	으	로		나	타	났	다	.							

유형 ❸ 추가 학습 2

▶ 도표의 내용을 잘 파악하여 글의 내용을 잘 구성해야 한다. 도표를 설명할 때 많이 활용되는 표현들을 익혀 단락을 구성해야 한다. 두 개의 도표를 비교하여 설명하고 제시되어 있는 원인이나 해결 방법 등에 대해 정확한 표현을 사용하여 글을 일관성 있게 구성해야 한다. 주제문 작성하기 → 개요 작성하기 → 단락 작성하기의 순서로 연습하면 된다.

예시

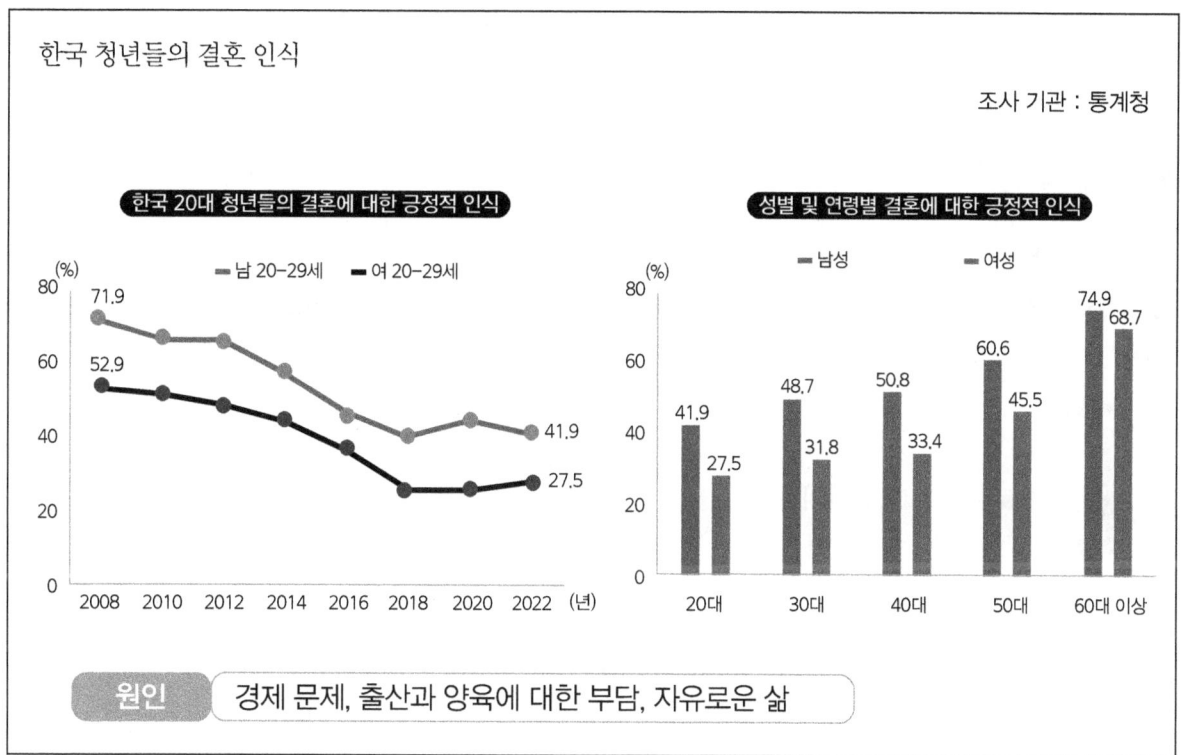

1 주제문 작성하기

전체 글의 중심 내용을 정확하게 이해해야 한다. 무엇에 대한 글을 쓸지 명확하게 파악하여 주제문을 구성한다.

> 20대 한국 청년들은 결혼에 대해서 부정적이다.

2 개요 작성하기

전체적인 글의 중심 내용인 주제문을 작성한 후 글의 내용에 들어갈 개요를 작성한다. 전체의 글이 일관성 있게 구성될 수 있도록 글에 포함되어야 할 내용을 정리한다.

> 20대 청년들의 결혼에 대해 긍정적인 인식이 낮다.
> 성별과 연령에 따라 결혼에 대한 인식이 차이가 있다.
> 결혼에 대한 부정적 인식의 원인은 경제적인 문제와 자녀에 대한 부담, 자유로운 삶을 추구하기 때문으로 나타났다.

3 단락 쓰기

3-1. 도표 설명하기

도표에서 의미하는 내용을 정확하게 이해해야 한다. 도표에 나타난 변화 추이나 비교 분석 등을 정확하게 파악하는 것이 중요하다.

주요 표현

1. __는 것으로 나타나다/밝혀지다
   초중고 사교육비는 해마다 큰 폭으로 증가한 것으로 나타났다.

2. __에 따르면
   통계청 조사 결과에 따르면 올해 청소년들의 흡연율은 소폭 감소한 것으로 나타났다.

3. __은 결과
   화재의 원인을 분석한 결과 담뱃불로 인한 화재임이 밝혀졌다.

4. __의 경우
   초등학생의 경우 조기 유학 비율이 10년 전에 비해 감소했다.

5. __을 살펴보면
   올해 서울시 청년들을 대상으로 조사한 결과를 살펴보면 다음과 같다.

6. __임을 알 수 있다
   많은 청년들이 취업에 어려움을 겪고 있음을 알 수 있다.

도표 설명하기

	올	해		통	계	청		조	사		결	과	에		따	르	면		20
대		한	국		청	년	들	의		결	혼	에		대	한		인	식	은
부	정	적	인		것	으	로		나	타	났	다	.		20	08	년	에		비
해		남	성	의		경	우		71	.9	%	에	서		41	.9	%	로	,
여	성	은		52	.9	%	에	서		27	.5	%	로		긍	정	적	인	
인	식	이		낮	아	졌	다	.											

3-2. 도표 현황 비교 설명하기

주어진 〈도표 1〉과 〈도표 2〉를 정확하게 파악하여 유기적으로 연결해서 설명해야 한다. 〈도표 1〉과 〈도표 2〉가 의미하는 내용을 일관성 있게 기술해야 한다.

주요 표현

1. __에 따라 차이를 보이다
   취업률은 성별과 연령에 따라 차이를 보이고 있다.

2. __에 비해
   작년에 비해 올해 청년들의 취업률이 소폭 증가한 것으로 알려졌다.

3. __와 달리
   20대와 달리 60대는 취업률이 증가한 것으로 나타났다.

4. __와 마찬가지로
   작년과 마찬가지로 올해도 20대 청년들의 취업률은 저조한 상태이다.

5. __은 반면
   20대 취업률은 감소한 반면 60대 취업률은 증가했다.

6. __을수록
   가정 경제 상황이 좋지 않을수록 고도 비만율이 증가했다.

도표를 현황 비교하여 설명하기

올해 통계청 조사 결과에 따르면 한국 20대 청년들의 결혼에 대한 인식은 부정적인 것으로 나타났다. 2008년에 비해 남성의 경우 71.9%에서 41.9%로, 여성은 52.9%에서 27.5%로 긍정적인 인식이 낮아졌다. 성별과 연령별에 따라 구체적으로 살펴보면 남성이 여성보다, 연령이 높을수록 결혼에 대해서 긍정적인 것으로 나타났다.

3-3 설명하기

도표 아래에 제시되어 있는 원인, 문제점, 해결 방안 등의 내용을 잘 파악하여 정리해야 한다. 도표와 제시되어 있는 내용이 유기적으로 연결되도록 단락을 완성해야 한다.

주요 표현

1. __등이 있다
   저출산의 원인으로는 양육에 대한 부담, 경제적인 문제, 개인의 자유로운 삶 추구 등이 있다.

2. __면 다음과 같다
   지방 소도시 인구 감소의 주요 원인을 살펴보면 다음과 같다.

3. __문제가 되고 있다
   이상 기후 현상이 전 세계적으로 문제가 되고 있다.

4. __뿐만 아니라
   소방서에서는 화재 진압에 대한 교육뿐만 아니라 응급 처치에 대한 교육도 실시하고 있다.

5. __에서 나타난 것처럼
   올해 통계 결과에서 나타난 것처럼 청소년 폭력 문제가 심각하다고 볼 수 있다.

6. 왜냐하면 __기 때문이다
   왜냐하면 전체적으로 소득이 감소했기 때문이다.

7. __원인으로 분석된다
   정부의 미흡한 대책이 청년 실업 문제의 원인으로 분석된다.

8. __이라는 점이다
   중요한 점은 저출산 문제가 개인의 선택을 넘어 국가적인 문제가 되고 있다는 점이다.

원인 설명하기

올해 통계청 조사 결과에 따르면 한국 20대 청년들의 결혼에 대한 인식은 부정적인 것으로 나타났다. 2008년에 비해 남성의 경우 71.9%에서 41.9%로, 여성은 52.9%에서 27.5%로 긍정적인 인식이 낮아졌다. 성별과 연령별에 따라 구체적으로 살펴보면 남성이 여성보다, 연령이 높을수록 결혼에 대해서 긍정적인 것으로 나타났다. 경제적인 문제뿐만 아니라 자녀의 출산과 양육에 대한 부담이 결혼에 대해 부정적으로 생각하는 원인으로 분석된다. 그리고 자유롭게 살고자 하는 젊은이들의 사고방식도 하나의 원인이라고 볼 수 있다.

연습

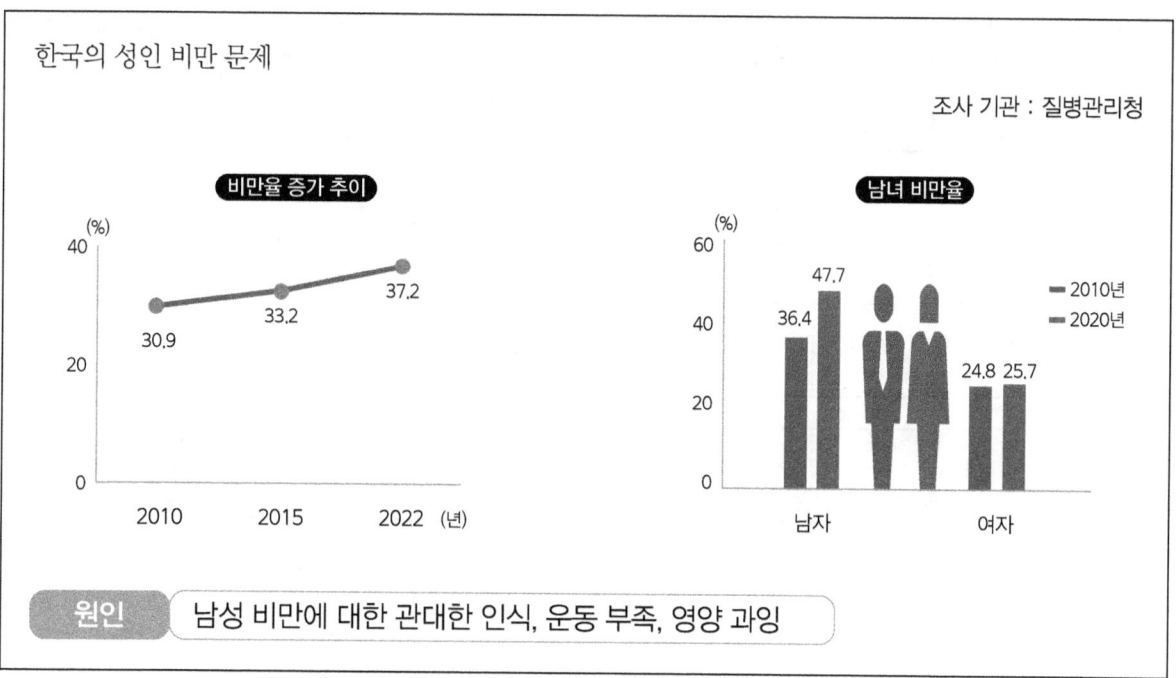

위 자료에 대한 글을 200~300자로 써 보십시오.

답안 예시

한국의 성인 비만 인구가 지속적으로 증가하고 있다. 질병관리청 조사 결과에 의하면 2010년 30.9%였던 성인 비만율이 2022년에는 37.2%로 증가한 것으로 나타났다. 특히 남성 비만율이 눈에 띄게 증가했다. 여성은 약 10년간 비만율이 소폭 증가했다. 하지만 남성의 경우 여성에 비해 비만율의 증가세가 가파른 것으로 나타났다. 남성의 비만이 증가하는 이유는 다음과 같다. 먼저 남성 비만에 대한 사회적 인식이 관대하다는 점이다. 또한 바쁜 생활로 인한 운동 부족과 현대인의 영양 과잉도 하나의 원인으로 분석된다.

유형 ④ 논리적인 글쓰기

■ 풀이 전략

	논리적인 글쓰기
쓰기 54번 문제	● 글의 주제를 정확하게 파악한다. ● 소주제에 포함될 내용으로 개요를 작성한다. ● 논리적인 글이 되도록 작성한다. ● 원고지 사용 방법에 맞춰서 정확하게 써야 한다.

54번 문제 평가 내용

구분	채점 근거	내용
내용 및 과제 수행	과제 수행	인공지능의 장점, 문제점, 효과적인 활용 방안
	주제 관련 내용 구성	인공지능의 장점과 위험성
	내용의 다양성	다양한 예를 제시
글의 전개 구조	논리적 구성	인공지능의 장점과 문제점, 해결방안에 대한 논리적인 주장
	단락 구성	소주제로 단락 구성
	담화 표지 사용	문단과 문단을 연결할 수 있는 담화 표지 사용
언어 사용	문법과 어휘의 다양성과 적절성	다양한 문법과 어휘 사용
	문법, 어휘, 맞춤법의 정확성	어미 활용, 조사 사용, 맞춤법의 정확한 사용
	기능과 격식	논리적인 글에 맞는 종결어미 사용

유형 ❹ 연습 문제

■ 논리적인 글쓰기 【토픽Ⅱ 쓰기 54번 문제】

54. 다음을 참고하여 600~700자로 글을 쓰시오. 단, 문제를 그대로 옮겨 쓰지 마시오. (50점)

> 인공지능은 인간의 지능과 연결된 인지 문제를 다루는 과학 분야이다. 최근 모든 분야에서 인공지능을 활용하려는 연구가 활발하다. 아래 내용을 중심으로 '인공지능의 장점과 위험성'에 대한 자신의 생각을 쓰라.

- 인공지능의 장점은 무엇인가?
- 인공지능을 활용했을 때 발생할 수 있는 문제는 무엇인가?
- 인공지능을 효과적으로 활용하기 위해서 어떤 노력이 필요한가?

유형 ❹ 추가 학습 1

> ▶ 논리적인 글을 구성할 때 자주 사용되는 문장의 유형을 알아야 한다. 또한 다양한 문법을 기능과 의미에 맞게 사용해야 하며 다양한 어휘를 정확한 맞춤법으로 적절하게 사용해야 한다.

1. __다고 경고하다
   전문가들은 지속적으로 스트레스를 받는 것이 건강에 치명적인 악영향을 줄 수 있다고 경고한다.

2. __다고 말하다
   주민의 선택으로 뽑힌 기관장은 취임사에서 남의 눈치를 보지 않고 소신껏 일을 추진하겠다고 말했다.

3. __다고 믿다
   대다수의 사람들은 예술성보다는 관객들의 공감을 얻을 수 있는 작품이라야 성공할 수 있다고 믿고 있다.

4. __다고 밝히다
   세계 경제가 활성화되면서 국내 경기가 살아나고 있다. 경제부 관계자는 무역 수지에서 수입과 수출이 동반 상승했다고 밝혔다.

5. __다고 생각하다
   만족감을 느끼며 행복하게 살기 위해서는 겉으로 드러난 자신의 모습이 아니라 숨어 있는 자신의 잠재력을 개발하는 것이 더 중요하다고 생각한다.

6. __다고 설명하다
   결혼과 출산을 기피하는 젊은이가 늘고 있는 것은 특정 국가에서만 발생하고 있는 현상이 아니다. 전문가들은 나라마다 놓인 상황은 다르지만 근본적으로는 여성의 교육 수준과 지위가 높아졌기 때문이라고 설명한다.

7. __다고 약속하다
   새로 출시된 제품에 하자가 있다는 민원이 제기되자 업체 측은 판매된 모든 제품을 교환하거나 환불해 주겠다고 약속했다.

8. __다고 조언하다
   전문가들은 부모가 자녀들과 대화할 시간을 늘리고 그들의 생각을 청취할 기회를 마련해야 한다고 조언한다.

9. __다고 지적하다
사회적인 분위기도 영향이 있겠지만 무엇보다도 부모들의 과잉보호가 아이들을 더 나약하고 의존적으로 만든다고 전문가들이 지적했다.

10. __다고 해명하다
다수결 방식에 반대하는 목소리가 높아지자 지지자들은 다수결의 원칙이 공정성을 보장하고 민주적 절차에 따라 결정한다는 점에서 탁월한 결정 방식이라고 해명한다.

11. __다는 것이
70대가 20대보다 많다는 것은 우리 사회의 저출산 문제가 얼마나 심각한지를 보여 주는 사례라고 하겠다.

12. __다는 계획이다
국토교통부는 수도권의 주택 문제를 해결하기 위해서 외곽 지역에 주택단지를 조성하고 고속전철을 확장해서 출퇴근 시간을 줄인다는 계획이다.

13. __다는 사실
고객들의 휴면계좌에 남아 있는 소액을 빼돌린 사건은 다수의 은행 직원들이 공모했다는 사실로 밝혀졌다.

14. __다는 의견이다
정부는 가맹점이 지급하는 휴대전화의 지원금을 제한하기로 했다. 이러한 결정으로 과열 경쟁에서 오는 업체의 피해가 줄어들 수 있다는 의견이다.

15. __다는 의미에서
입학 연령을 낮추자는 의견은 저출산과 고령화 상황에서 취업 연령을 낮출 수 있다는 의미에서 긍정적으로 평가되고 있다.

16. __다는 이유로
희귀 동식물을 보호해야 한다는 이유로 개발제한구역을 지정하고 일반인의 출입을 금지하고 있다.

17. __다는 점에서
인간이 자신의 연명 치료를 중단하고 품위 있게 죽음을 맞이할 수 있다는 점에서 존엄사의 합법화에 찬성한다.

18. __다는 점을
석유를 비롯해 원자재 값이 오르면서 줄줄이 물가 인상을 예고하고 있는 상황이다. 정부는 기업들에게 물가 인상에 대한 자제를 당부하면서 생산자와 소비자가 함께 고통을 분담해야 한다는 점을 강조했다.

19. __다는 주장이다

축구협회는 대표팀의 저조한 성적이 감독의 무능력 때문이라고 판단하고 위약금을 물고서라도 감독을 해임해야 한다는 주장이다.

연습

알맞은 말을 써서 완성하시오.

마약의 효능과 사용 범위에 대해서는 오랫동안 논란이 되어 왔다. 최근에도 의학계를 중심으로 (   ) 주장이 나오고 있다. 마약은 통증을 줄여 주고 심리적으로 안정을 줄 수 있기 때문에 환자들에게 도움이 될 수 있다. 이러한 주장과 함께 이미 일부 국가에서는 마약 사용을 합법화하거나 마약에 관한 정책을 바꾸고 있다.

답안 예시

마약 사용을 허용해야 한다는

유형 ❹ 추가 학습 2

> ▶ 문제에서 요구하는 내용을 포함해서 단락을 구성하고 담화 표지 등을 적절하게 사용해서 논리적으로 글을 전개해야 한다.

1 제목 보고 주제 정하기

– 제목: 1인 가구 증가
– 주제: 1인 가구의 증가로 인해 사회가 변화하고 있다.

2 주제 구체화하기

– 1인 가구가 무엇인가?
– 1인 가구가 증가한 원인은 무엇인가?
– 1인 가구의 증가로 생긴 사회 현상은 무엇인가?
– 1인 가구의 증가로 생긴 문제점은 무엇인가?
– 1인 가구의 증가로 생긴 문제를 해결하기 위해 어떻게 해야 하는가?

3 내용 채우기

– **1인 가구가 무엇인가?**

> 1인 가구는 구성원이 한 명인 가구를 말하는데 다양한 이유로 증가하는 추세이다.

– **1인 가구가 증가한 원인은 무엇인가?**

> 1인 가구가 증가하는 주요 원인은 경제적인 문제이다. 일자리를 찾아 옮겨 다니면서 가족과 함께 살 수 없는 경우가 많고 높은 물가로 생활비가 증가하면서 젊은 사람들이 결혼을 회피하는 경우도 늘고 있다. 결혼을 원하지 않는 이유로 고용 불안정이나 양육비 부담 등 경제적인 이유를 꼽고 있으며 결과적으로 혼자 사는 1인 가구가 많아지고 있는 것이다. 그 밖에 독립적인 삶을 추구하는 문화도 1인 가구의 증가 추세를 부추기고 있다.

- 1인 가구의 증가로 생긴 사회 현상은 무엇인가?

1인 가구는 혼자서 모든 일을 처리해야 하기 때문에 빠르고 간편함을 추구한다. 온라인 서비스, 휴대용 가전제품, 배달 음식 등을 이용하는 가구가 늘자 유통업계와 대형매장들이 1인 가구를 겨냥한 판매 전략을 펼치고 있다. 기업들이 앞다퉈 소형가전 상품을 출시하고 소비재의 소량판매를 시작하고 있으며 주택시장에서는 혼자 살 수 있는 크기의 주택을 건설하고 기숙사 개념의 공공주택을 보급하기도 한다.

- 1인 가구의 증가로 생긴 문제점은 무엇인가?

1인 가구의 증가로 출산율이 저하되면서 경제 활동 인구가 감소되어 국가 경제에 타격을 미치고 있다. 결국 미래에는 세금을 낼 사람도, 소비자도 줄어들게 되므로 경제 붕괴로 이어질 수 있다. 또 노년층의 경우에는 혼자 살면서 외부와의 교류가 줄어들고 고립감을 느끼게 되어 삶에 대한 만족도가 떨어질 수 있다.

- 1인 가구의 증가로 생긴 문제를 해결하기 위해 어떻게 해야 하는가?

1인 가구의 증가로 생기는 문제는 사회적, 국가적 차원에서 대응방안을 찾아야 한다. 국민들은 1인 가구가 증가하는 사회적인 변화를 반영한 정책과 기업 서비스를 요구하고 있다. 출산율을 높이기 위한 지원 정책, 노인들을 위한 돌봄 서비스, 사회적 관계 형성을 돕는 교류망 구축 등 새로운 정책과 사회적 대응이 필요하다.

4 논리적으로 전체 글 구성하기

1인 가구가 증가하는 주요 원인은 경제적인 문제이다. 일자리를 찾아 옮겨 다니면서 가족과 함께 살 수 없는 경우가 많고 그로 인해 부모 세대인 노인들도 1인 가구를 이루게 된다. 또 물가가 오르고 생활비가 증가하면서 부양에 대한 부담감 때문에 결혼을 회피하는 경우도 늘고 있어서 1인 가구의 증가를 부추기고 있다.

1인 가구는 혼자서 모든 가사 일을 처리해야 하기 때문에 빠르고 간편함을 추구한다. 그 결과 온라인 서비스, 휴대용 가전제품, 배달 음식 등을 이용하는 가구가 늘고 유통업계와 대형 매장들은 이들을 겨냥한 판매 전략을 펼치고 있다. 그리고 기업들은 앞다퉈 소형가전 상품을 출시하고 주택시장에서는 혼자 살 수 있는 크기의 주택을 건설하고 기숙사 개념의 공공 주택을 보급하기도 한다.

한편 1인 가구의 증가로 출산율이 저하되고 경제 활동 인구가 줄면서 국가 경제가 타격을 입고 있다. 결국 미래에는 세금을 낼 납세자도, 물건을 살 소비자도 줄어들게 되므로 경제 붕괴로 이어질 수 있다.

이러한 문제의 대응방안은 사회적, 국가적 차원에서 모색되어야 한다. 국민들은 1인 가구가 증가하는 사회적인 변화를 반영한 정책과 기업의 서비스를 요구하고 있다. 출산율을 높이기 위한 지원 정책, 노인들을 위한 돌봄 서비스, 사회적 관계 형성을 돕는 교류망 구축 등 새로운 정책과 사회적 대응이 필요하다.

5 원고지 쓰기

　1인 가구가 증가하는 주요 원인은 경제적인 문제이다. 일자리를 찾아 옮겨 다니면서 가족과 함께 살 수 없는 경우가 많고 그로 인해 부모 세대인 노인들도 1인 가구를 이루게 된다. 또 물가가 오르고 생활비가 증가하면서 부양에 대한 부담감 때문에 결혼을 회피하는 경우도 늘고 있어서 1인 가구의 증가를 부추기고 있다.

　1인 가구는 혼자서 모든 가사 일을 처리해야 하기 때문에 빠르고 간편함을 추구한다. 그 결과 온라인 서비스, 휴대용 가전제품, 배달 음식 등을 이용하는 가구가 늘고 유통업계와 대형매장들은 이들을 겨냥한 판매 전략을 펼치고 있다. 그리고 기업들은 앞다퉈 소형 가전 상품을 출시하고 주택시장에서는 혼자 살 수 있는 크기의 주택을 건설하고 기숙사 개념의 공공주택을 보급하기도 한다.

 한편 1인 가구의 증가로 출산율이 저하되고 경제 활동 인구가 줄면서 국가 경제가 타격을 입고 있다. 결국 미래에는 세금을 낼 납세자도, 물건을 살 소비자도 줄어들게 되므로 경제 붕괴로 이어질 수 있다.

 이러한 문제의 대응방안은 사회적, 국가적 차원에서 모색되어야 한다. 국민들은 1인 가구가 증가하는 사회적인 변화를 반영한 정책과 기업의 서비스를 요구하고 있다. 출산율을 높이기 위한 지원 정책, 노인들을 위한 돌봄 서비스, 사회적 관계 형성을 돕는 교류망 구축 등 새로운 정책과 사회적 대응이 필요하다.

연습

1 제목 보고 주제 정하기

- 제목: 올바른 가치관의 형성
- 주제: 올바른 가치관을 형성하기 위한 노력이 필요하다.

2 주제 구체화하기

- 가치관은 무엇인가?
- 가치관의 형성 과정은 무엇인가?
- 올바른 가치관의 중요성은 무엇인가?
- 올바른 가치관을 형성하기 위해서 어떻게 해야 하는가?

3 내용 채우기

- 가치관은 무엇인가?

- 가치관의 형성 과정은 무엇인가?

- 올바른 가치관의 중요성은 무엇인가?

- 올바른 가치관을 형성하기 위해서 어떻게 해야 하는가?

4 논리적으로 전체 글 구성하기

5 원고지 쓰기

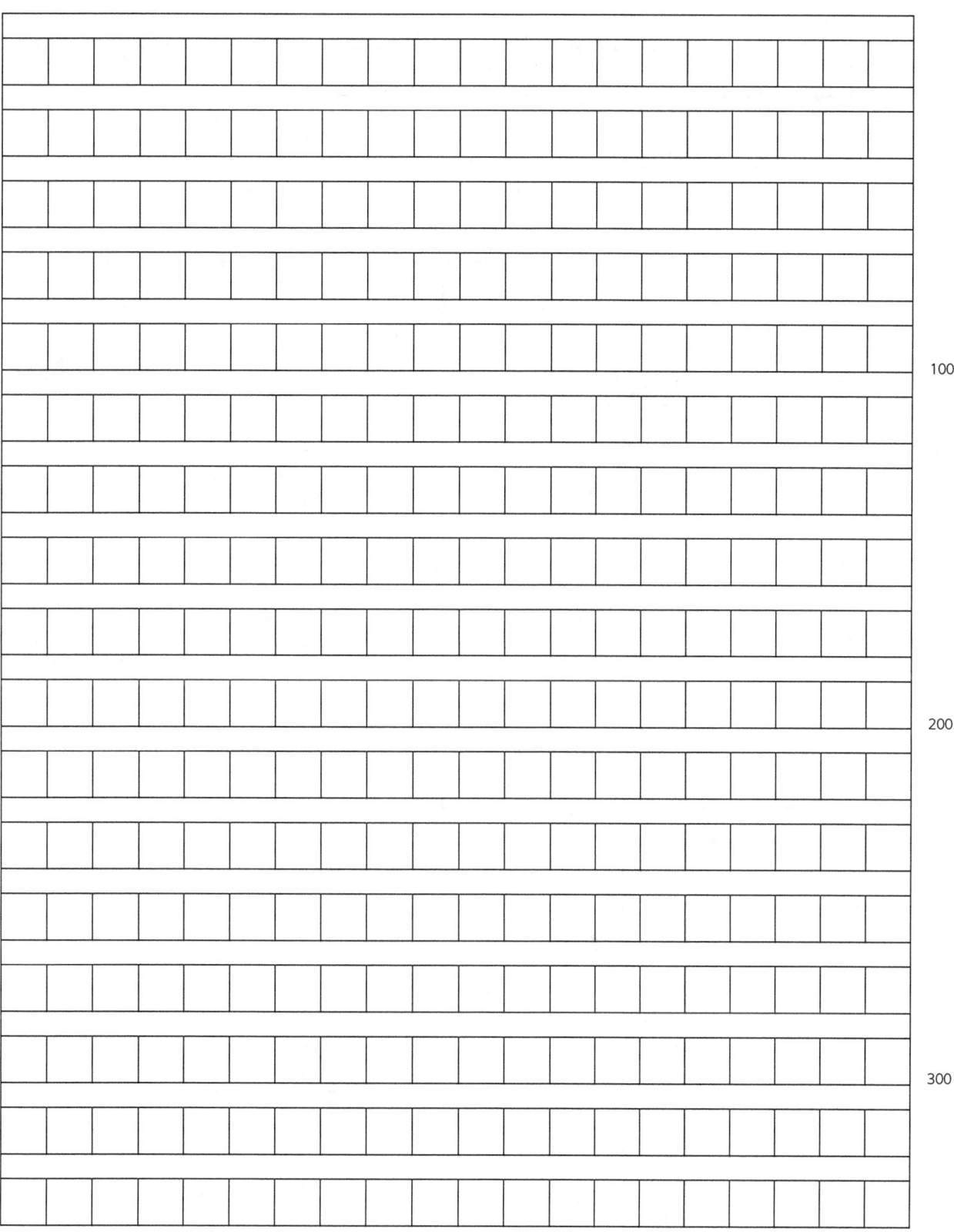

답안 예시

　　가치관이란 무엇이 옳고 그른지, 무엇을 해야 하고 무엇을 하지 말아야 하는지를 결정하는 기준이라고 할 수 있다. 인간은 접촉하는 모든 대상에 대해서 가치관을 기준으로 판단하는데 이 기준은 가정, 학교, 사회 등 주위의 모든 환경으로부터 영향을 받아서 형성된다. 하지만 자신의 판단이 타인의 판단과 대립되거나 판단이 어려운 상황에 부딪쳤을 때 가치관의 혼란을 겪는다. 이 과정에서 가치 판단의 기준은 수정되고 새로운 가치관이 자리 잡게 되면서 가치관을 확립하는 단계에 이르게 된다.
　　그러나 올바른 가치관이 무엇인가에 대한 판단은 그리 쉽지 않다. 절대적으로 옳거나 절대적으로 그른 가치관은 있을 수 없기 때문이다. 그렇지만 많은 사람들이 존경하는 인물, 사회를 위해서 일하고 공헌한 사람들의 업적을 살펴보면 올바른 가치관이 무엇인지 이해할 수 있다.

　가치관을 형성하는 데 가장 먼저 기여하는 것은 가정환경이다. 그러므로 부모는 자녀들이 올바른 가치관을 확립할 수 있도록 도와야 한다. 그러기 위해서는 먼저 부모 자신의 가치관부터 올바르게 세워야 한다. 그 외에 학교를 비롯한 사회의 역할도 중요하다. 남에게 피해를 주지 않게 행동하고 공익을 위해 행동하도록 가르침으로써 올바른 가치관을 형성하도록 도와야 한다. 사회적으로 합의된 옳은 가치를 공유하고 올바른 행동을 존중할 때 안정되고 건강한 사회가 유지될 것이다.

MEMO

읽기 학습 방법

01 읽기 시험 파악하기

TOPIK Ⅱ 읽기 문제는 PBT의 경우 중·고급 수준의 읽기 50문항을 70분 안에 풀어야 한다. 읽기 문제는 대부분 지문을 읽고 풀어야 하는 문제가 많기 때문에 제한된 시간 안에 긴 지문을 빠르게 읽고 문제에서 요구하는 답을 찾는 연습을 해야 한다.

02 읽기 문제 유형 학습하기

이 책에서는 읽기 시험에서 출제되는 50문제를 4개의 유형으로 나누어 시험 문제를 분석하였다. 읽기 문제는 알맞은 표현을 찾아 문장을 완성하는 문제, 문장을 순서대로 나열하여 글을 완성하는 문제, 제시된 글을 읽고 주제·의미 등을 파악하는 문제, 안내문·그래프·기사·수필·설명문·소설·칼럼 등 글을 읽고 세부 내용을 파악하는 문제 유형이 있다. 각 유형의 문제를 풀 때 도움이 되는 전략을 통해 읽기 문제의 정답을 어떻게 찾아야 하는지 학습하도록 한다.

03 문법 및 표현 익히기

읽기 시험에서는 문법과 어휘의 확장성을 확인하는 문제가 출제되기도 한다. 따라서 유사한 의미의 표현, 반대 의미의 표현, 호응하는 명사나 서술어 등 문장 구조도 잘 알아야 한다. 제시된 지문을 읽고 푸는 문제에서는 지문의 전반적인 내용이나 세부 내용을 잘 이해했는지 확인하는 문제가 출제되므로 생소한 어휘나 표현 등을 별도로 학습하도록 한다.

04 읽기 지문 복습하기

실제 읽기 시험의 지문 내용은 사회, 경제, 문화 등 다양한 주제에서 출제된다. 이 책에서도 다양한 주제의 글을 익히고 학습할 수 있도록 구성했으며 개인적인 상황과 공적인 상황의 내용을 모두 담았다. 지문 내용에서 모르는 어휘나 표현은 추가적으로 학습하고, 〈주요 표현〉 부분의 어휘와 예문도 꼼꼼하게 익히도록 한다.

PART 3
읽기

- **유형 1** 알맞은 표현 찾기
- **유형 2** 글의 순서 파악하기
- **유형 3** 전체 내용 이해하기
- **유형 4** 세부 내용 이해하기

문제 풀이 무료 동영상 강의가 제공됩니다.

유형 ❶ 알맞은 표현 찾기

■ 풀이 전략

	알맞은 연결어미 찾기
읽기 1번 문제	● 앞 문장과 뒤에 나오는 문장을 연결하는 문제이다. ● 앞 문장과 뒤 문장의 의미를 정확하게 이해해야 한다.
	알맞은 종결어미 찾기
읽기 2번 문제	● 문장의 종결어미를 선택하는 문제이다. ● 문장의 의미를 정확하게 파악하는 것이 중요하다.
	유사한 문법 표현 찾기
읽기 3번 문제	● 의미가 비슷한 문법 표현을 선택하는 문제이다. ● 문맥의 의미를 정확하게 이해해야 유사 표현을 찾을 수 있다.
	유사한 종결어미 찾기
읽기 4번 문제	● 의미가 비슷한 종결어미를 선택하는 문제이다. ● 문맥의 의미를 정확하게 이해해야 유사 표현을 찾을 수 있다.
	문장성분 찾기
읽기 19번 문제	● ( ) 안에 들어갈 적당한 부사를 찾는 문제이다. ● 자주 출제되는 부사를 정리하여 익히는 것이 도움이 된다.
	관용 표현 찾기
읽기 21번 문제	● 글의 내용에 맞는 관용 표현을 찾는 문제이다. ● 앞과 뒤의 문장을 정확하게 이해하여 적절한 관용 표현을 찾아야 한다.

맥락에 맞는 표현 찾기

읽기 16번 문제	• ( ) 안에 들어갈 적절한 표현을 찾는 문제이다. • 앞부분에 ( )가 있으므로 뒤에 나오는 내용을 잘 파악해야 한다. • 전체의 내용을 잘 파악하여 적절한 표현을 선택하는 것이 중요하다.
읽기 17번 문제	• ( ) 안에 들어갈 적절한 표현을 찾는 문제이다. • 중간 부분에 ( )가 있으므로 앞과 뒤에 나오는 내용을 잘 파악해야 한다. • 전체의 내용을 잘 파악하여 적절한 표현을 선택하는 것이 중요하다.
읽기 18번 문제	• ( ) 안에 들어갈 적절한 표현을 찾는 문제이다. • 뒷부분에 ( )가 있으므로 앞에 나오는 내용을 잘 파악해야 한다. • 접속사에 유의하여 앞 문장과의 관계를 파악하는 것이 중요하다.
읽기 28~31번 문제	• ( )에 들어갈 적당한 표현을 찾는 문제이다. • 세부적인 내용 이해와 함께 글의 논리적인 구조를 파악해야 한다. • 접속사에 유의해서 내용을 이해하는 것이 도움이 된다.
읽기 44번 문제	• 설명문이나 논설문을 읽고 ( )에 들어갈 적당한 표현을 찾는 문제이다. • 글 전체의 내용을 잘 파악하는 것이 중요하다.
읽기 49번 문제	• ( )에 들어갈 적당한 표현을 찾는 문제이다. • 글 전체의 내용을 잘 파악하는 것이 중요하다.

유형 ❶ 연습 문제

1 알맞은 연결어미 찾기 【토픽Ⅱ 읽기 1번 문제】

- ▶ 앞 문장과 뒤에 나오는 문장을 연결하는 문제이다.
- ▶ 앞 문장과 뒤 문장의 의미를 정확하게 이해해야 한다.

※ [1~2] (　　)에 들어갈 말로 가장 알맞은 것을 고르십시오. (각 2점)

1. 오늘 아침에 병원에 (　　　) 회사에 좀 늦게 출근했어요.

    ① 다녀오지만
    ② 다녀오려고
    ③ 다녀오자마자
    ④ 다녀오느라고

2 알맞은 종결어미 찾기 【토픽Ⅱ 읽기 2번 문제】

- ▶ 문장의 종결어미를 선택하는 문제이다.
- ▶ 문장의 의미를 정확하게 파악하는 것이 중요하다.

※ [1~2] (　　)에 들어갈 말로 가장 알맞은 것을 고르십시오. (각 2점)

2. 밀린 일이 많아서 오늘은 야근을 (　　　　).

    ① 해야겠어요
    ② 하면 안 돼요
    ③ 할 줄 알아요
    ④ 한 적이 있어요

3 유사한 문법 표현 찾기 【토픽Ⅱ 읽기 3번 문제】

▶ 의미가 비슷한 문법 표현을 선택하는 문제이다.
▶ 문맥의 의미를 정확하게 이해해야 유사 표현을 찾을 수 있다.

※ [3~4] 밑줄 친 부분과 의미가 가장 비슷한 것을 고르십시오. (각 2점)

3. 도로 <u>공사로 인해</u> 이번 주까지 통행이 금지됩니다.
   ① 공사 때문에
   ② 공사 대신에
   ③ 공사를 하느라고
   ④ 공사를 하는 날엔

4 유사한 종결어미 찾기 【토픽Ⅱ 읽기 4번 문제】

▶ 의미가 비슷한 종결어미를 선택하는 문제이다.
▶ 문맥의 의미를 정확하게 이해해야 유사 표현을 찾을 수 있다.

※ [3~4] 밑줄 친 부분과 의미가 가장 비슷한 것을 고르십시오. (각 2점)

4. 생각이 바뀌면 행동도 <u>달라지기 마련이다</u>.
   ① 달라질 수 있다
   ② 달라지는 법이다
   ③ 달라질 리가 없다
   ④ 달라졌는지 모른다

5 문장성분 찾기 【토픽 II 읽기 19번 문제】

▶ (   ) 안에 들어갈 적당한 부사를 찾는 문제이다.
▶ 자주 출제되는 부사를 정리하여 익히는 것이 도움이 된다.

※ [19~20] 다음을 읽고 물음에 답하십시오. (각 2점)

> 최근 배달 음식 시장의 성장과 함께 플라스틱 용기의 사용도 급증했다. 배달 음식 이용자 1명이 연간 사용한 배달 음식 용기가 (   ) 1,300여 개, 무게는 10.8kg이나 되는 것으로 나타났다. 그러나 배달 음식에 사용되는 플라스틱의 재활용은 45% 정도밖에 되지 않아 플라스틱 용기를 대체할 수 있는 대체물의 개발이 시급하다.

19. (   )에 들어갈 말로 가장 알맞은 것을 고르십시오.
   ① 오직   ② 겨우   ③ 무려   ④ 오히려

• 20번 문제는 [유형 3] ❷에 있습니다.

6 관용 표현 찾기 【토픽 II 읽기 21번 문제】

▶ 글의 내용에 맞는 관용 표현을 찾는 문제이다.
▶ 앞과 뒤의 문장을 정확하게 이해하여 적절한 관용 표현을 찾아야 한다.

※ [21~22] 다음을 읽고 물음에 답하십시오. (각 2점)

> 요즘 백화점이 변화하고 있다. 특히 (   ) 달라진 것은 콧대 높던 백화점들이 지역 맛집 유치에 공을 들이고 있다는 점이다. 백화점 매출의 핵심으로 식품이 떠오르며 유명 맛집을 입점시키기 위한 경쟁이 치열해졌다. 젊은 세대들 사이에서 줄 서는 맛집으로 알려진 가게를 백화점 매장으로 입점시켜 고객들을 모으려는 전략이다.

21. (   )에 들어갈 말로 가장 알맞은 것을 고르십시오.
   ① 눈에 띄게   ② 눈이 뒤집히게
   ③ 눈코 뜰 새 없이   ④ 눈 깜짝할 사이에

• 22번 문제는 [유형 4] ❸에 있습니다.

7 맥락에 맞는 표현 찾기 【토픽Ⅱ 읽기 16번 문제】

- ▶ ( ) 안에 들어갈 적절한 표현을 찾는 문제이다.
- ▶ 앞부분에 ( )가 있으므로 뒤에 나오는 내용을 잘 파악해야 한다.
- ▶ 전체의 내용을 잘 파악하여 적절한 표현을 선택하는 것이 중요하다.

※ [16~18] ( )에 들어갈 말로 가장 알맞은 것을 고르십시오. (각 2점)

16.
> 우리는 일상생활 속에서 유독 ( ) 느낄 때가 많다. 내가 계산하려고 서 있는 줄만 줄어들지 않거나 내가 공부하지 않은 내용이 시험에 많이 나온다고 생각한다. 그러나 이것은 사람들의 불완전한 사고에서 나오는 오류이다. 확률적으로 보면 그리 이상한 결과가 아니다.

① 나만 운이 없다고
② 나만 최선을 다한다고
③ 나만 상황을 이해하지 못한다고
④ 나만 노력의 결과가 나오지 않는다고

7 맥락에 맞는 표현 찾기 【토픽Ⅱ 읽기 17번 문제】

- ▶ ( ) 안에 들어갈 적절한 표현을 찾는 문제이다.
- ▶ 중간 부분에 ( )가 있으므로 앞과 뒤에 나오는 내용을 잘 파악해야 한다.
- ▶ 전체의 내용을 잘 파악하여 적절한 표현을 선택하는 것이 중요하다.

※ [16~18] ( )에 들어갈 말로 가장 알맞은 것을 고르십시오. (각 2점)

17.
> 일반 대중들은 자신이 믿고 싶은 대로 믿는 경향이 있다. 그래서 뉴스가 확산되고 나면 가짜 뉴스라고 해도 ( ) 쉽지 않다. 가짜 뉴스가 사회에 미치는 영향을 무시할 수 없지만 사전에 판단할 수 있는 방법이 없다. 우리는 검증되지 않은 정보의 홍수 시대에 살고 있는 것이다.

① 방송하지 않기가
② 진실을 밝히기가
③ 가짜 뉴스의 해결책을 찾기가
④ 뉴스의 사실 여부를 확인하기가

7 맥락에 맞는 표현 찾기 【토픽Ⅱ 읽기 18번 문제】

- ( ) 안에 들어갈 적절한 표현을 찾는 문제이다.
- 뒷부분에 ( )가 있으므로 앞에 나오는 내용을 잘 파악해야 한다.
- 접속사에 유의하여 앞 문장과의 관계를 파악하는 것이 중요하다.

※ [16~18] (　　)에 들어갈 말로 가장 알맞은 것을 고르십시오. (각 2점)

18.
　　울릉도의 오징어는 밤새도록 잡아서 태양열로 빠른 시간 내에 건조시키므로 맛이 좋기로 유명하다. 밤새 작업하는 특성상 울릉도 부근은 밤이 되면 오징어잡이 배에서 반짝이는 불빛들이 장관을 이룬다. 오징어는 밝은 빛이 있는 곳으로 모이는 습성이 있다. 그래서 오징어잡이 배는 (　　　　　) 밝은 빛으로 오징어를 유인해서 잡는다.

① 배들이 모여서
② 강한 조명을 설치하여
③ 아름다운 야경을 감상하면서
④ 대량으로 오징어를 잡기 위해서

7 맥락에 맞는 표현 찾기 【토픽Ⅱ 읽기 28번 문제】

- ( )에 들어갈 적당한 표현을 찾는 문제이다.
- 세부적인 내용 이해와 함께 글의 논리적인 구조를 파악해야 한다.
- 접속사에 유의해서 내용을 이해하는 것이 도움이 된다.

※ [28~31] (　　)에 들어갈 말로 가장 알맞은 것을 고르십시오. (각 2점)

28.
　　한적했던 시골 마을이 밀려드는 관광객들로 몸살을 앓고 있다. 이 시골 마을을 배경으로 한 드라마가 인기를 끌면서 드라마 촬영지도 (　　　　　　) 때문이다. 관광객이 많아지면서 교통체증, 안전사고, 환경오염 등 다양한 문제가 생겨 지역 주민과 갈등이 끊이지 않는다. 주민들은 한적한 시골 분위기를 유지하기 위한 대책을 마련하라고 요구하고 있다.

① 주목받게 되었기
② 관광지로 개발되었기
③ 경제적인 효과가 커졌기
④ 지역 주민 숫자가 증가했기

7 맥락에 맞는 표현 찾기 【토픽Ⅱ 읽기 29번 문제】

- ( )에 들어갈 적당한 표현을 찾는 문제이다.
- 세부적인 내용 이해와 함께 글의 논리적인 구조를 파악해야 한다.
- 접속사에 유의해서 내용을 이해하는 것이 도움이 된다.

※ [28~31] (   )에 들어갈 말로 가장 알맞은 것을 고르십시오. (각 2점)

29.
> 그린피스는 세계적으로 유명한 민간 환경보호 단체이다. 초기에는 핵실험을 반대하기 위해서 모인 단체였으나 현재는 자연환경 보호를 위해 광범위하게 활동하고 있다. 그린피스의 활동은 (   ) 진행하는 것이 원칙이다. 그러므로 자연환경을 위협하는 행위가 벌어지는 장소에 가서 폭력을 사용하지 않는 방법으로 항의한다.

① 전 세계적으로
② 환경오염을 막기 위해
③ 개인 및 기업의 후원으로
④ 직접적이고 비폭력적으로

7 맥락에 맞는 표현 찾기 【토픽Ⅱ 읽기 30번 문제】

- ( )에 들어갈 적당한 표현을 찾는 문제이다.
- 세부적인 내용 이해와 함께 글의 논리적인 구조를 파악해야 한다.
- 접속사에 유의해서 내용을 이해하는 것이 도움이 된다.

※ [28~31] (   )에 들어갈 말로 가장 알맞은 것을 고르십시오. (각 2점)

30.
> 골프공은 표면이 매끄럽지 못하고 움푹 파여 있다. 골프가 처음 시작되었을 때는 표면이 평평한 공을 사용했다. 그러나 골프공이 골프 클럽에 맞아 (   ) 비거리가 더 늘어난다는 사실을 알게 되었다. 골프공이 날아가면 공기의 저항을 받게 되는데 공의 표면이 파인 경우 공기의 저항이 분산되어 표면이 매끄러운 공에 비해 훨씬 멀리 날아가는 것이다.

① 평평해지면
② 공이 높이 뜨면
③ 표면이 거칠어지면
④ 공이 가볍게 날아가면

7 맥락에 맞는 표현 찾기 【토픽 II 읽기 31번 문제】

▶ ( )에 들어갈 적당한 표현을 찾는 문제이다.
▶ 세부적인 내용 이해와 함께 글의 논리적인 구조를 파악해야 한다.
▶ 접속사에 유의해서 내용을 이해하는 것이 도움이 된다.

※ [28~31] (   )에 들어갈 말로 가장 알맞은 것을 고르십시오. (각 2점)

31.
'반사회적 인격 장애'는 다른 사람의 권리를 무시하거나 침해하면서 자신의 이익을 추구하고자 하는 인격 장애이다. 이러한 인격 장애를 앓고 있는 사람은 (   ) 전혀 후회하거나 죄책감을 느끼지 않는다. 타인의 고통이나 아픔에 공감하지 못하기 때문이다. 이 질환은 보통 청소년기 이후에 나타난다.

① 타인을 용서하지 못해도
② 타인을 해치는 행동을 해도
③ 타인과 공감하지 못한다고 해도
④ 타인과 관계가 회복되지 않는다고 해도

7 맥락에 맞는 표현 찾기 【토픽Ⅱ 읽기 44번 문제】

>
> ▶ 설명문이나 논설문을 읽고 ( )에 들어갈 적당한 표현을 찾는 문제이다.
> ▶ 글 전체의 내용을 잘 파악하는 것이 중요하다.

※ [44~45] 다음을 읽고 물음에 답하십시오. (각 2점)

> 인공위성은 사람이 만든 위성이다. 인공위성은 대부분 지구 주변을 돌면서 목적에 따라 통신 위성, 군사 위성, 기상 위성 등으로 활동을 한다. 인공위성이라는 단어는 우리의 (   ) 여겨지지만 네비게이션, 인터넷 통신, TV, 기상 관측 등 우리 생활의 많은 부분들이 인공위성 기술과 밀접하게 관련되어 있다. 인공위성 기술의 발전은 우리 생활에 많은 변화를 가져오기도 했지만 인공위성에 문제가 생기거나 수명이 다한 경우에 발생하는 문제도 심각하다. 인공위성이 고장이 났을 때 사실상 수리하기가 쉽지 않다. 또한 인공위성이 수명을 다하면 지구와 통신이 불가능하고 궤도 조정이 되지 않는다. 수명이 다해 제어가 되지 않는 인공위성은 초속 8km의 빠른 속도로 우주 궤도를 떠돌아다니는 위험한 우주 쓰레기가 된다.

44. (   )에 들어갈 말로 가장 알맞은 것을 고르십시오.
    ① 위성 기술이 발전해야 하는 것처럼
    ② 삶과 직접적인 연관이 없는 것처럼
    ③ 우주 산업이 큰 변화를 가져온 것처럼
    ④ 과학적인 발전이 빠른 속도로 이루어진 것처럼

• 45번 문제는 [유형 3] ❷에 있습니다.

7 맥락에 맞는 표현 찾기 【토픽Ⅱ 읽기 49번 문제】

▶ ( )에 들어갈 적당한 표현을 찾는 문제이다.
▶ 글 전체의 내용을 잘 파악하는 것이 중요하다.

※ [48~50] 다음을 읽고 물음에 답하십시오. (각 2점)

인공지능이란 인간의 인지, 판단, 추론 등을 컴퓨터로 구현하는 기술을 의미한다. 이러한 인공지능 기술은 급속도로 발전하여 현재 의료, 교육 등 다양한 영역에서 널리 활용되고 있다. 인공지능 기술의 발달이 인간의 삶을 더욱 편리하게 만든 것은 사실이나 인공지능이 인간의 능력을 뛰어넘어 ( ) 상황이 올 수도 있다는 경고도 무시할 수가 없다. 특히 최근에 인공지능 기술을 활용하여 사진이나 영상 등의 이미지를 합성한 딥페이크가 문제로 떠오르고 있다. 딥페이크 기술이 갈수록 정교해지면서 진짜인지 가짜인지 진위 여부를 식별하기 어려워졌기 때문이다. 딥페이크 기술은 실제처럼 재현해 낼 수 있기 때문에 영화를 제작할 때 흥미로운 영상을 제공할 수 있고 의료계에서는 질병에 대한 연구와 진단에 사용되는 등 장점도 많다. 그러나 딥페이크 기술을 악용하여 정치, 경제, 사회 등의 영역에서 큰 혼란을 야기시키거나 타인을 음해하는 등 부작용이 속출하고 있으므로 이에 대한 정부 차원의 제도적인 대응이 필요하다.

49. ( )에 들어갈 말로 가장 알맞은 것을 고르십시오.
   ① 인간들이 통제할 수 없는
   ② 인간들이 스스로 사고할 수 없는
   ③ 인공지능 기술을 사용할 수 없는
   ④ 인공지능이 없이는 생활할 수 없는

• 48번 문제는 [유형 3] **2**에 있습니다.
• 50번 문제는 [유형 4] **7**에 있습니다.

유형 ❶ 주요 표현

※ 앞에서 학습한 내용에서 주요 어휘를 예문 및 확장 표현과 함께 익혀 보세요.

어휘	예문	확장 표현
갈등	어느 사회나 세대 차이로 인한 갈등은 존재한다.	• 노사 갈등 • 갈등을 겪다
검증	새로 나온 충전기가 초고속 충전이 가능하다고 해서 제가 직접 검증해 봤습니다.	• 검증을 받다 • 인사 검증
경쟁	요즘은 경쟁에서 살아남아야 하는 오디션 프로그램이 많다.	• 경쟁력 • 경쟁률
경향	9월에 실시되는 모의평가가 수능 출제 경향의 기준이 될 것 같습니다.	• 경향이 있다 • 경향이 강하다
공사	아파트 근처에서 도로 공사를 하고 있어서 소음이 심하다.	• 공사 중 • 공사 현장
관측	한 달 동안 달의 변화를 관측한 결과를 기록하였다.	• 관측하다 • 관측소
광범위	올해 독감이 지역과 연령을 가리지 않고 광범위하게 확산되고 있습니다.	• 광범위하다 • 광범위하게
권리	장애인의 권리 보장을 위한 정책을 수립해 달라고 요구하고 있다.	• 권리와 의무 • 권리가 있다
금지	여기는 주차 금지 구역입니다. 차량을 이동해 주십시오.	• 촬영 금지 • 사용 금지
급증하다	세계적인 경제 불황으로 젊은 세대들의 실업률이 급증하고 있다.	• 급등하다 • 급감하다
늦게	오늘 아침에 늦게 일어나서 수업에 지각했다.	• 늦다 • 느리다
달라지다	옛날과 비교해 보면 달라진 풍습과 문화가 많다.	• 시대가 달라지다 • 분위기가 달라지다
대중	대중들을 위한 편의시설을 확충해서 살기 좋은 도시를 만들겠습니다.	• 대중교통 • 대중매체

어휘	예문	확장 표현
대책	학교 폭력 문제가 심각해지자 교육부에서 폭력을 예방하기 위한 대책을 마련했다.	• 대책을 세우다 • 대책 없다
대체	버스기사들이 파업을 하자 정부는 대체 인력을 파견했다.	• 대체 불가 • 대체 공휴일
마련	간단한 다과가 마련되어 있으니 드시기 바랍니다.	• 내 집 마련 • 마련하다
매끄럽다	이 화장품은 1회 사용으로도 피부가 촉촉하고 매끄러워집니다.	• 머릿결이 매끄럽다 • 문장이 매끄럽다
매출	경기가 좋지 않아서 우리 가게도 매출이 많이 줄었다.	• 매출액 • 연 매출
몸살을 앓다	전 세계가 기후 변화로 몸살을 앓고 있다.	• 감기 몸살을 앓다 • 몸살이 나다
무시	부장님은 내가 의견을 제시하면 늘 무시하는 경향이 있다.	• 무시하다 • 무시를 당하다
민간	국가나 정부에서 주도한 사업이 아니라 민간이 주도한 사업이다.	• 민간 기업 • 민간 투자
밀리다	밀린 과제가 많아서 오늘 친구들 모임에는 안 가기로 했다.	• 주문이 밀리다 • 월세가 밀리다
밀접	김영수는 이번 사건과 밀접하게 관련이 있는 인물로 밝혀졌다.	• 밀접하다 • 밀접한
바뀌다	여러 번 말씀드렸지만 부모님의 생각은 바뀌지 않았다.	• 계절이 바뀌다 • 바꾸다
반사회적	반사회적인 성격을 지닌 사람들이 사회적인 문제가 되고 있다.	• 반사회적 행동 • 반사회적 성향
배경	바다를 배경으로 사진을 찍었다.	• 배경 음악 • 배경 화면

어휘	예문	확장 표현
분산	재산을 분산해서 관리하는 것이 합리적인 방법이다.	• 분산되다 • 인구 분산
불완전	인간은 모두 불완전한 존재라고 생각한다.	• 불완전하다 • 완전하다
사고	책을 많이 읽어서 사고의 폭과 깊이를 키워야 한다.	• 사고방식 • 사고력
습성	고양이는 높은 곳과 상자를 좋아하는 습성이 있다.	• 습성이 있다 • 동물의 습성
시급하다	생존자를 구출하기 위해서 지진 피해 지역에 인력 지원이 시급합니다.	• 시급히 • 시급한 문제
식별	위조지폐를 정교하게 만들어서 진짜와 식별하기가 힘들 정도이다.	• 식별하다 • 식별이 불가능하다
야근	회사에서 야근을 하면 야근 수당을 받는다.	• 야식 • 야간
여기다	저는 지금까지 교직을 천직으로 여기고 살아왔습니다.	• 소홀히 여기다 • 중요하게 여기다
오류	인주은행은 인터넷 접속 오류로 피해를 입은 사람들의 신고를 받고 있다.	• 오류를 범하다 • 오류 해결
용기	요즘 화장품 용기는 독특한 디자인이 많아 눈길을 끈다.	• 포장 용기 • 밀폐 용기
원칙	법 앞에서는 누구도 예외가 없다는 기본 원칙을 지킨 것입니다.	• 원칙주의 • 원칙적
위협	살해 위협을 당하고 있다는 신고가 들어와서 조사 중입니다.	• 위협하다 • 위협적
유독	여름에 피서를 가면 유독 나만 모기에 물려서 고생하곤 했다.	• 유난히 • 두드러지게

어휘	예문	확장 표현
유인	사람이 다니지 않는 한적한 곳으로 여성을 유인해 폭행한 범인이 잡혔다.	• 유인하다 • 유인되다
유치	다음 올림픽을 유치하기 위해서 정부가 노력하고 있다.	• 유치하다 • 투자 유치
음해	선거철이 되면 상대 후보를 음해하는 정보가 떠돌아다닌다.	• 음해하다 • 음해 공작
이루다	건물과 주변 환경이 완벽한 조화를 이루는 곳입니다.	• 목표를 이루다 • 꿈을 이루다
인격	아무리 능력이 뛰어나도 인격을 갖추고 있지 않으면 협업하기가 어렵습니다.	• 인격 모독 • 다중 인격
인지	원대한 꿈을 꾸는 것도 좋지만 현실을 인지하는 것도 필요하다.	• 인지하다 • 인지 능력
입점	아직 상가에 가게가 다 입점하지 않아서 썰렁하다.	• 입점하다 • 신규 입점
장관	온 들판이 해바라기로 가득해 장관이다.	• 장관이다 • 장관을 이루다
장애	장애 등급에 따라 병원비가 차등 부과됩니다.	• 장애인 • 장애가 되다
재현	1950년대 서울 동네의 모습을 그대로 재현했다.	• 재현하다 • 재현되다
재활용	일반 쓰레기와 재활용 쓰레기를 분리해서 배출해야 합니다.	• 재활용하다 • 재활용품
저항	회사가 폐업한다고 하자 사원들이 온몸으로 저항했다.	• 저항하다 • 저항 세력
전략	여윳돈을 어떻게 해야 할지 몰라서 투자 전략에 대한 상담을 받기로 했다.	• 전략을 세우다 • 판매 전략

어휘	예문	확장 표현
정교하다	정교하게 그려서인지 실제처럼 느껴지는 그림이다.	• 정교한 기술 • 정교하게 만들다
제어	브레이크가 고장이 나서 자동차가 제어되지 않는다.	• 제어하다 • 감정 제어
주목	새로 나온 휴대전화가 젊은 세대의 주목을 끌고 있다.	• 주목하다 • 주목을 받다
추구	인간은 누구나 행복을 추구할 권리가 있다.	• 추구하다 • 영리 추구
추론	증거가 없는데 추론만으로 범인이라고 단정할 수는 없다.	• 추론하다 • 논리적인 추론
출근하다	요즘은 회사에 출근하지 않고 집에서 재택근무를 하는 사람들이 많다.	• 퇴근하다 • 야근하다
침해	외모에 대한 발언은 인권 침해에 해당될 수 있으니 자제해 주십시오.	• 침해하다 • 사생활 침해
통신	산골로 들어가면 통신 상태가 좋지 않아서 휴대전화 연결이 잘 안된다.	• 통신 수단 • 통신망
통행	고속도로를 이용하면 통행료를 내야 한다.	• 일방 통행 • 통행 금지
파이다	어젯밤 폭우로 도로가 파인 곳이 많으니 주의해서 운전하십시오.	• 땅이 파이다 • 파다
판단	누가 옳고 그른지 판단하기가 쉽지 않다.	• 판단 기준 • 판단력
평평하다	옛날에는 지구는 둥글지 않고 평평하다고 생각했다.	• 바닥이 평평하다 • 평평하게
폭력	이유를 불문하고 폭력은 정당화될 수 없다.	• 폭력적 • 폭력배

어휘	예문	확장 표현
표면	나무의 표면을 매끄럽게 하기 위해서 여러 번 작업을 했다.	• 지구 표면 • 표면적
합성	사진을 합성하여 재미있는 이미지를 만들어 냈다.	• 합성하다 • 합성 섬유
핵심	시간이 없으니까 핵심만 설명해 주십시오.	• 핵심을 찌르다 • 핵심 기술
행동	영수는 말과 행동이 일치하지 않아서 믿음이 가지 않는다.	• 행동을 조심하다 • 행동하다
행위	지나친 호객 행위는 불쾌감을 줄 수 있다.	• 폭력 행위 • 부정행위
확률	확률적으로는 우리 팀의 승리가 예상되지만 결과는 누구도 알 수 없다.	• 확률이 높다 • 당첨 확률
확산	수도권을 중심으로 한 부동산 가격 상승세가 전국으로 확산되고 있습니다.	• 확산하다 • 전염병이 확산되다

MEMO

유형 ❷   글의 순서 파악하기

■ 풀이 전략

각각의 문장을 순서에 맞게 배열하기	
읽기 13~15번 문제	● 글의 내용을 순서에 맞게 배열하는 문제이다. ● 두 문장을 연결하는 접속사를 정확하게 이해해야 한다. ● 반복되는 어휘가 있는지 잘 확인하는 것도 중요하다.

주어진 문장이 들어갈 적당한 위치 찾기	
읽기 39~41번 문제	● 제시되어 있는 문장이 들어갈 적절한 위치를 파악해야 한다. ● 전체 내용을 정확하게 이해하여 〈보기〉의 문장이 들어갈 위치를 찾아야 한다.

유형 ❷ 연습 문제

1 각각의 문장을 순서에 맞게 배열하기 【토픽Ⅱ 읽기 13번 문제】

전략
▶ 글의 내용을 순서에 맞게 배열하는 문제이다.
▶ 두 문장을 연결하는 접속사를 정확하게 이해해야 한다.
▶ 반복되는 어휘가 있는지 잘 확인하는 것도 중요하다.

※ [13~15] 다음을 순서에 맞게 배열한 것을 고르십시오. (각 2점)

13.
(가) 귀지는 이물질을 막아 주는 역할을 한다.
(나) 그러므로 귀지는 제거하지 않아도 된다.
(다) 평소에 습관적으로 귀를 후비는 사람이 의외로 많다.
(라) 귀지를 제거하려고 면봉 등을 이용해 귀를 후비는 것이다.

① (가)-(나)-(다)-(라) ② (가)-(다)-(나)-(라)
③ (다)-(라)-(가)-(나) ④ (다)-(가)-(라)-(나)

1 각각의 문장을 순서에 맞게 배열하기 【토픽Ⅱ 읽기 14번 문제】

전략
▶ 글의 내용을 순서에 맞게 배열하는 문제이다.
▶ 두 문장을 연결하는 접속사를 정확하게 이해해야 한다.
▶ 반복되는 어휘가 있는지 잘 확인하는 것도 중요하다.

※ [13~15] 다음을 순서에 맞게 배열한 것을 고르십시오. (각 2점)

14.
(가) 동료들보다 먼저 승진을 해야 한다는 압박감이 강했기 때문이다.
(나) 그렇게 건강에 문제가 생기고 나서야 건강의 중요성을 깨닫고 휴가를 냈다.
(다) 너무 무리를 한 탓인지 건강에 문제가 생겨 병원 신세를 지게 되었다.
(라) 입사한 지 10년이 지났지만 지금까지 제대로 된 휴가를 가 본 적이 없다.

① (다)-(나)-(가)-(라) ② (다)-(가)-(나)-(라)
③ (라)-(다)-(나)-(가) ④ (라)-(가)-(다)-(나)

1 각각의 문장을 순서에 맞게 배열하기 【토픽Ⅱ 읽기 15번 문제】

- 글의 내용을 순서에 맞게 배열하는 문제이다.
- 두 문장을 연결하는 접속사를 정확하게 이해해야 한다.
- 반복되는 어휘가 있는지 잘 확인하는 것도 중요하다.

※ [13~15] 다음을 순서에 맞게 배열한 것을 고르십시오. (각 2점)

15.
(가) 인간은 대부분 사회적인 관계를 유지하려는 본능이 있다.
(나) 최근 이러한 은둔형 외톨이가 급증하고 있으나 대책은 아직 초기 단계 수준이다.
(다) 개인적으로 극복하기 어려운 경우는 정부나 지역 사회의 적극적인 조치가 필요하다.
(라) 그러나 은둔형 외톨이는 사회적인 관계를 단절하거나 접촉을 회피하며 혼자 생활한다.

① (가)-(나)-(다)-(라) ② (가)-(라)-(나)-(다)
③ (나)-(다)-(가)-(라) ④ (나)-(가)-(다)-(라)

2 주어진 문장이 들어갈 적당한 위치 찾기 【토픽Ⅱ 읽기 39번 문제】

- 제시되어 있는 문장이 들어갈 적절한 위치를 파악해야 한다.
- 전체 내용을 정확하게 이해하여 〈보기〉의 문장이 들어갈 위치를 찾아야 한다.

※ [39~41] 주어진 문장이 들어갈 곳으로 가장 알맞은 것을 고르십시오. (각 2점)

39.
실제 치매를 앓고 있는 어머니를 간병한 작가의 경험을 담담하게 그려내고 있다.

이수미 작가가 5년 만에 신작 소설을 발표했다. (㉠) 신작 소설 '기억을 잃어가는 엄마와의 일상'은 치매에 걸린 어머니와의 동행을 그린 작품이다. (㉡) 어렸을 때 삶의 버팀목이었던 어머니가 어린아이가 되어 가는 모습을 보며 느끼게 되는 안쓰러움과 간병에 대한 무게로 자신의 삶이 서서히 없어져 가는 상황을 잘 묘사하고 있다. (㉢) 우리의 일상에 많이 파고든 치매 환자의 일상에 대한 이해와 간병의 무게로 힘들어하는 사람들에게 작은 위안이 될 것이다. (㉣)

① ㉠ ② ㉡ ③ ㉢ ④ ㉣

2 주어진 문장이 들어갈 적당한 위치 찾기 【토픽Ⅱ 읽기 40번 문제】

- 제시되어 있는 문장이 들어갈 적절한 위치를 파악해야 한다.
- 전체 내용을 정확하게 이해하여 〈보기〉의 문장이 들어갈 위치를 찾아야 한다.

※ [39~41] 주어진 문장이 들어갈 곳으로 가장 알맞은 것을 고르십시오. (각 2점)

40.
비흡연자의 경우에는 폐암의 발병 원인을 명확하게 규명하기가 어렵다.

폐암은 의학의 발전으로 생존율이 증가했지만 여전히 모든 암 중에서 사망률이 가장 높은 암이다. (㉠) 폐암의 가장 큰 원인은 흡연으로 전체 폐암 환자의 약 85%가 흡연과 관련이 있는 것으로 나타났다. (㉡) 특정한 유전자의 변이가 원인일 것으로 추정하고 있으며 그 외에는 간접흡연, 대기오염 등이 원인일 것으로 추정하고 있다. (㉢) 폐암은 초기에 발견하여 치료하면 생존율이 70% 이상이므로 특별한 증상이 없더라도 정기적으로 검진을 하는 것이 좋다. (㉣)

① ㉠ ② ㉡ ③ ㉢ ④ ㉣

2 주어진 문장이 들어갈 적당한 위치 찾기 【토픽Ⅱ 읽기 41번 문제】

- 제시되어 있는 문장이 들어갈 적절한 위치를 파악해야 한다.
- 전체 내용을 정확하게 이해하여 〈보기〉의 문장이 들어갈 위치를 찾아야 한다.

※ [39~41] 주어진 문장이 들어갈 곳으로 가장 알맞은 것을 고르십시오. (각 2점)

41.
이러한 사실적인 묘사와 더불어 그의 그림은 유머와 해학이 담겨 있는 것으로 유명하다.

김홍도는 조선시대의 대표적인 화가 중 한 명으로 서민들의 삶을 반영한 풍속화를 그린 화가이다. (㉠) 김홍도는 주로 서민들이 살아가는 모습을 있는 그대로 화폭에 담았다. (㉡) 그의 그림은 인물들이 살아 움직이는 듯한 느낌이 들 정도로 사실적으로 생동감 있게 표현한 것이 특징이다. (㉢) 대표적인 그림인 '서당'을 보면 혼이 나는 아이와 주위에 웃고 있는 아이들의 모습 등 서당의 재미나는 모습을 담고 있다. (㉣)

① ㉠ ② ㉡ ③ ㉢ ④ ㉣

유형 ❷ 주요 표현

※ 앞에서 학습한 내용에서 주요 어휘를 예문 및 확장 표현과 함께 익혀 보세요.

어휘	예문	확장 표현
간병	어머니가 쓰러지신 후 어머니를 간병하기 위해서 회사를 그만두었다.	• 간병하다 • 간병인
규명	국민들은 이번 사건에 대한 철저한 진상 규명을 요구하고 있다.	• 규명하다 • 원인 규명
극복하다	지금의 경제 위기를 극복하기 위해서는 모두 한마음으로 힘을 모아야 합니다.	• 한계를 극복하다 • 고난을 극복하다
급증하다	계속되는 폭염으로 전력 수요가 급증하고 있습니다.	• 급감하다 • 급등하다
깨닫다	더운 여름날 갑자기 정전이 되자 전기의 소중함을 깨달았다.	• 잘못을 깨닫다 • 깨달음
단절	인간관계를 모두 단절하고 산속으로 들어가서 홀로 생활하고 있다.	• 단절하다 • 대화 단절
담담하다	최선을 다했기 때문에 담담하게 결과를 기다리는 중입니다.	• 담담한 목소리 • 담담한 표정
대책	청년 실업 문제에 대한 근본적인 대책을 수립해야 합니다.	• 대책을 마련하다 • 대책이 없다
동행	한국말이 서투른 외국인을 위해 병원까지 동행했다.	• 동행하다 • 동행자
막다	피부 노화를 막을 수 있는 좋은 방법이 있으면 알려 주세요.	• 길을 막다 • 막히다
묘사	이 소설은 청소년들의 정신적인 성장 과정을 잘 묘사했다는 평을 받고 있다.	• 묘사되다 • 심리 묘사
반영	이 드라마는 서민들의 현실을 잘 반영하여 인기를 끌고 있다.	• 반영하다 • 내신 성적 반영

어휘	예문	확장 표현
발병	올해 독감은 젊은 층에서 많이 발병되는 것이 특징이다.	• 발병하다 • 발병률
변이	코로나19의 새로운 변이가 확산될 조짐을 보이고 있다.	• 유전자 변이 • 돌연변이
본능	어미 새가 새끼를 보호하는 행동은 본능이다.	• 본능적으로 • 모성 본능
사실적	자기소개서는 감상적으로 쓰는 것보다 사실적으로 쓰는 것이 좋다.	• 사실적이다 • 사실적으로
생동감	이 작가의 그림은 사람이 살아 움직이는 듯한 생동감이 느껴진다.	• 생동감이 있다 • 생동감이 넘치다
승진	그는 초고속 승진으로 30대에 대기업 임원이 되었다.	• 승진하다 • 승진자 명단 발표
신세	숙소를 예약하지 못해서 친구 집에서 신세를 지게 되었다.	• 신세를 끼치다 • 신세를 갚다
신작	최근 온라인 게임이 인기를 끌면서 신작 게임을 개발하는 회사가 늘었다.	• 신작 영화 • 신작을 발표하다
안쓰럽다	늦게까지 야근으로 힘들어하는 아이의 모습이 너무 안쓰러웠다.	• 안쓰러운 마음이 들다 • 안쓰러워 보이다
압박	빨리 결혼하라는 부모님의 압박이 너무 심해서 힘들다.	• 압박하다 • 압박이 심하다
유전자	키 성장에 영향을 미치는 유전자를 밝혀냈다.	• 유전자 검사 • 유전자 조작
은둔	은둔형 외톨이 문제는 개인적인 문제를 넘어 사회적인 문제가 되고 있다.	• 은둔하다 • 은둔 생활
의외	정상 체온은 사람마다 다르다는 의외의 결과가 발표되었습니다.	• 의외로 • 의외의

어휘	예문	확장 표현
이물질	눈에 이물질이 들어갔을 때 비비거나 문지르면 안 된다.	• 이물질을 제거하다 • 이물감
제거	화장실 배수구 냄새를 제거하기 위해서는 먼저 원인을 찾아야 합니다.	• 습기 제거 • 제거되다
제대로	어제 늦게까지 친구들과 노느라고 잠을 제대로 못 잤더니 너무 피곤하다.	• 제대로 하다 • 제대로 알다
추정	이번 지진으로 인한 사망자가 100명이 넘을 것으로 추정됩니다.	• 추정하다 • 추정되다
해학	이 책은 인간적인 유머와 해학이 뛰어난 작품이다.	• 해학이 넘치다 • 해학적
회피	나는 힘든 일이 생겼을 때 회피하는 것보다 정면 돌파하는 성격이다.	• 책임 회피 • 시선 회피
후비다	귀에 물이 들어갔을 때 면봉으로 귀를 후비지 말고 그냥 두는 것이 좋습니다.	• 귀를 후비다 • 코를 후비다

MEMO

유형 ③ 전체 내용 이해하기

■ 풀이 전략

	광고문의 의미 파악하기
읽기 5번 문제	● 광고 문구를 보고 어떤 물건의 광고인지를 찾는 문제이다. ● 광고 문구에 들어 있는 어휘를 확인하는 것이 중요하다.
읽기 6번 문제	● 광고 문구를 보고 광고하는 장소를 찾는 문제이다. ● 장소를 추측할 수 있는 어휘를 찾는 것이 중요하다.
읽기 7번 문제	● 무엇에 대한 공익 광고문인지를 찾는 문제이다. ● 어휘를 정확하게 이해해야 어떤 공익 광고인지 알 수 있다.
읽기 8번 문제	● 어떤 안내문인지를 파악하는 문제이다. ● 문장을 정확하게 이해해야 무엇에 대한 안내문인지 찾을 수 있다.

	글의 주제 파악하기
읽기 20번 문제	● 글의 주제를 찾는 문제이다. ● 내용을 정확하게 이해해서 전체적인 글의 주제를 찾는 것이 중요하다.
읽기 35~38번 문제	● 글의 주제를 찾는 문제이다. ● 글의 전체적인 내용을 정확하게 이해해야 주제를 찾을 수 있다.
읽기 45번 문제	● 설명문이나 논설문을 읽고 글의 주제를 찾는 문제이다. ● 글의 전체적인 내용을 정확하게 파악하여 글을 쓴 목적을 이해해야 한다.
읽기 48번 문제	● 글을 쓴 목적을 파악하는 문제이다. ● 글의 내용을 정확하게 이해하여 글을 쓴 목적을 찾아야 한다.

	머리기사의 의미 파악하기
읽기 25~27번 문제	● 신문 머리기사의 의미를 찾는 문제이다. ● 어휘의 의미를 정확하게 파악하는 것이 중요하다.

유형 ❸ 연습 문제

1 광고문의 의미 파악하기 【토픽Ⅱ 읽기 5번 문제】

▶ 광고 문구를 보고 어떤 물건의 광고인지를 찾는 문제이다.
▶ 광고 문구에 들어 있는 어휘를 확인하는 것이 중요하다.

※ [5~8] 다음은 무엇에 대한 글인지 고르십시오. (각 2점)

5.
내 몸에 맞는 높이 조절
이젠 편하게 공부하세요!

① 침대　　　② 가방　　　③ 책상　　　④ 안경

1 광고문의 의미 파악하기 【토픽Ⅱ 읽기 6번 문제】

▶ 광고 문구를 보고 광고하는 장소를 찾는 문제이다.
▶ 장소를 추측할 수 있는 어휘를 찾는 것이 중요하다.

※ [5~8] 다음은 무엇에 대한 글인지 고르십시오. (각 2점)

6.
예약 없이 전문의에게 진료를~
당일에 진료와 검사를 받을 수 있습니다.

① 호텔　　　② 회사　　　③ 약국　　　④ 병원

1 광고문의 의미 파악하기 【토픽Ⅱ 읽기 7번 문제】

- ▶ 무엇에 대한 공익 광고문인지를 찾는 문제이다.
- ▶ 어휘를 정확하게 이해해야 어떤 공익 광고인지 알 수 있다.

※ [5~8] 다음은 무엇에 대한 글인지 고르십시오. (각 2점)

7.
**낮은 속도, 높은 안전
속도를 줄이면 생명을 지킵니다.**

① 교통 안전   ② 환경 보호   ③ 학교 폭력   ④ 인권 보호

1 광고문의 의미 파악하기 【토픽Ⅱ 읽기 8번 문제】

- ▶ 어떤 안내문인지를 파악하는 문제이다.
- ▶ 문장을 정확하게 이해해야 무엇에 대한 안내문인지 찾을 수 있다.

※ [5~8] 다음은 무엇에 대한 글인지 고르십시오. (각 2점)

8.
❶ 알약은 개봉하지 말고 포장지 그대로 버려 주세요.
❷ 물약과 연고는 마개를 잘 잠그고 버려 주세요.

① 사용 규칙   ② 구입 방법   ③ 배출 방법   ④ 판매 안내

2 글의 주제 파악하기 【토픽Ⅱ 읽기 20번 문제】

▶ 글의 주제를 찾는 문제이다.
▶ 내용을 정확하게 이해해서 전체적인 글의 주제를 찾는 것이 중요하다.

※ [19~20] 다음을 읽고 물음에 답하십시오. (각 2점)

> 최근 유명 연예인들까지 참여하면서 유튜브 시장에 대한 관심이 뜨겁다. 그런데 많은 유튜브 운영자들이 대중들의 관심을 끌기 위해서 자극적이고 사실 확인이 되지 않은 발언으로 논란을 일으키기도 한다. 비록 초기에는 이런 자극적인 영상들이 인기를 끈다고 해도 콘텐츠의 질이 보장되지 않는 한 지속되기는 쉽지 않다.

20. 윗글의 주제로 가장 알맞은 것을 고르십시오.
① 유튜브는 콘텐츠의 질이 좋아야 오래 지속될 수 있다.
② 유튜브 운영자들의 생명이 짧은 것이 문제가 되고 있다.
③ 유튜브 운영자들은 대중들의 관심을 끌기 위해서 노력한다.
④ 유튜브를 하려면 초기에는 자극적인 영상을 올리는 것이 효과적이다.

2 글의 주제 파악하기 【토픽Ⅱ 읽기 35번 문제】

▶ 글의 주제를 찾는 문제이다.
▶ 글의 전체적인 내용을 정확하게 이해해야 주제를 찾을 수 있다.

※ [35~38] 다음을 읽고 글의 주제로 가장 알맞은 것을 고르십시오. (각 2점)

35.
> 예금자 보호법은 금융기관이 파산 등의 사유로 고객의 돈을 돌려주지 못할 상황이 발생했을 때 예금보호공사가 대신해서 고객에게 돈을 지급하는 제도이다. 1인당 보호 한도액은 원금과 이자를 포함해서 최대 5천만 원이다. 이는 2001년 2천만 원에서 5천만 원으로 상향된 이후 현재까지 그대로 묶여 있는 실정이다. 국민의 재산권 보호를 위해서라도 시대에 맞춰 한도액을 인상해야 한다.

① 1인당 예금자 보호 한도액을 늘려야 한다.
② 변화하는 시대에 맞게 예금자 보호법을 신설해야 한다.
③ 예금보호공사는 금융기관이 파산하지 않도록 관리해야 한다.
④ 예금자 보호 대상 금융기관을 늘려 국민의 재산권을 보호해야 한다.

글의 주제 파악하기 【토픽 II 읽기 36번 문제】

> 전략
> ▶ 글의 주제를 찾는 문제이다.
> ▶ 글의 전체적인 내용을 정확하게 이해해야 주제를 찾을 수 있다.

※ [35~38] 다음을 읽고 글의 주제로 가장 알맞은 것을 고르십시오. (각 2점)

36.
> 　유명한 인기 가수 공연 티켓은 예매를 시작하자마자 바로 매진이 되는 경우가 많다. 이는 암표상들이 컴퓨터 프로그램을 이용하여 대량으로 구매하는 것이 하나의 원인으로 지목되고 있다. 불법 암표 거래를 막지 못한다면 건전한 공연 문화를 확립할 수 없다. 암표 거래 실태를 조사하여 부정적인 암표 거래를 시급히 근절해야 한다.

① 암표 거래에 대한 인식의 변화가 필요하다.
② 암표 거래를 막을 수 있는 대책을 마련해야 한다.
③ 인기 가수의 공연 티켓 예매 방법이 달라져야 한다.
④ 유명한 인기 가수의 공연을 늘려 암표를 근절해야 한다.

 글의 주제 파악하기 【토픽 II 읽기 37번 문제】

> 전략
> ▶ 글의 주제를 찾는 문제이다.
> ▶ 글의 전체적인 내용을 정확하게 이해해야 주제를 찾을 수 있다.

※ [35~38] 다음을 읽고 글의 주제로 가장 알맞은 것을 고르십시오. (각 2점)

37.
> 　'노시보 효과'는 환자의 증상에 맞게 적절한 약을 처방했음에도 환자의 의심과 불신으로 인해 효과가 나타나지 않는 현상을 의미한다. 긍정적인 믿음이 치료 효과를 가져오는 '플라시보 효과'에 대한 반대 개념이다. 실제로 의사가 환자에게 최악의 상황을 설명하거나 부정적인 진단 결과를 내렸을 때 환자의 상태가 악화되는 경우가 있다. 환자의 심리 상태가 병을 악화시키기도 하고 호전시키기도 하는 것이다.

① 환자의 심리 상태가 치료에 영향을 미친다.
② 긍정적인 믿음을 가지면 병을 완치할 수 있다.
③ 환자는 약의 처방에 대해 의심하고 불신하는 경향이 있다.
④ 의사는 환자에게 부정적인 진단 결과를 알리지 않아야 한다.

2 글의 주제 파악하기 【토픽Ⅱ 읽기 38번 문제】

▶ 글의 주제를 찾는 문제이다.
▶ 글의 전체적인 내용을 정확하게 이해해야 주제를 찾을 수 있다.

※ [35~38] 다음을 읽고 글의 주제로 가장 알맞은 것을 고르십시오. (각 2점)

38.
> 유전자 변형 식품은 유전자를 인위적으로 재조합한 재료로 만든 식품이다. 우리가 인지하든 인지하지 못하든 유전자 변형 식품은 이미 우리의 식탁을 점령하고 있다. 그러나 유전자 변형 식품에 대한 안전성 논란은 지금도 지속되고 있다. 유전자 변형 식품에 대해 부정적으로만 인식할 것이 아니라 유전자 변형 식품의 장점을 살려 식량 부족 문제를 해결하는 대안으로 활용하는 등 바람직한 방안을 모색해야 한다.

① 유전자 변형 식품을 많이 먹는 것은 문제이다.
② 유전자 변형 식품에 대한 인식의 전환이 필요하다.
③ 유전자 변형 식품에 대한 안전성 논란은 지속되어야 한다.
④ 유전자 변형 식품은 유전자를 인위적으로 조작한 식품이다.

2 글의 주제 파악하기 【토픽Ⅱ 읽기 45번 문제】

▶ 설명문이나 논설문을 읽고 글의 주제를 찾는 문제이다.
▶ 글의 전체적인 내용을 정확하게 파악하여 글을 쓴 목적을 이해해야 한다.

※ [44~45] 다음을 읽고 물음에 답하십시오. (각 2점)

한옥은 한국의 전통주택이다. 한옥은 자연과의 조화를 가장 중요시했기 때문에 자연을 거스르지 않고 자연 속에 순응하도록 건축되었다. 한옥은 흙과 나무를 주재료로 사용하여 인위적이지 않고 친환경적으로 지어졌다. 한옥은 지역에 따라 형태가 다양하다. 지역의 특성에 맞게 북부 지방은 추위를 막기 위한 효율적인 구조로, 남부 지방은 더위를 피하기 위해 바람이 잘 통하는 구조로 건축되었다. 이 외에도 한옥의 황토벽은 습도 조절이 잘 되므로 쾌적한 실내공간을 유지하는 장점이 있다. 한옥의 가장 큰 특징은 온돌과 마루를 통해 난방과 냉방이 균형 있게 결합되어 있다는 점이다. 열전도를 활용하여 방바닥을 골고루 데워 주는 온돌과 바람이 잘 통하도록 만든 대청마루는 건강하게 추위와 더위를 이길 수 있도록 도와준다. 아파트에 밀려 현대의 주거 형태에서 멀어졌던 한옥이 환경친화적인 건축으로 재조명을 받으며 관심을 끌고 있다.

45. 윗글의 주제로 가장 알맞은 것을 고르십시오.
① 한옥은 장점이 많은 한국의 전통주택이다.
② 한옥은 자연과의 조화를 이루기 위해서 건축되었다.
③ 한옥은 환경친화적인 건축물로 재조명을 받을 것이다.
④ 한옥은 지역의 환경적 특성을 잘 반영하여 건축되었다.

2 글의 주제 파악하기 【토픽Ⅱ 읽기 48번 문제】

▶ 글을 쓴 목적을 파악하는 문제이다.
▶ 글의 내용을 정확하게 이해하여 글을 쓴 목적을 찾아야 한다.

※ [48~50] 다음을 읽고 물음에 답하십시오. (각 2점)

전 세계가 이상 고온 현상으로 인해 극심한 몸살을 앓고 있다. 한국에서도 수은주가 최고 섭씨 40도까지 치솟는 등 전례 없는 폭염으로 온열 질환자가 속출하고 있다. 정부 관계 부처에서는 야외에서 근무하는 사람들이나 빈곤층이 폭염으로 피해를 입지 않도록 대책을 마련하고 있다. 이러한 기후 변화에 대해 과학자들은 예상을 뛰어넘는 이례적인 현상이라고 한다. 특히 과학자들이 우려하는 것은 북대서양의 해수면 온도 상승과 남극 대륙의 빙하 감소이다. 북대서양의 해수면 온도는 지난달 평균에 비해 섭씨 10도가 오른 것으로 밝혀졌다. 탄소 배출과 온실 효과 등으로 인해 해수면 온도가 상승한다고 해도 올여름의 상승 속도는 이례적이다. 과학자들은 이러한 지구 온난화 추세가 멈추지 않고 지속된다면 아마존 열대 우림 등의 중요한 자연 생태계가 파괴되는 등 심각한 문제가 초래될 것이라고 경고했다.

48. 윗글을 쓴 목적으로 가장 알맞은 것을 고르십시오.
① 기후 위기의 심각성을 알리기 위해서
② 기후 위기의 사례를 제시하기 위해서
③ 기후 위기의 원인을 분석하기 위해서
④ 기후 위기의 해결 방안을 알리기 위해서

3 머리기사의 의미 파악하기 【토픽II 읽기 25번 문제】

- 신문 머리기사의 의미를 찾는 문제이다.
- 어휘의 의미를 정확하게 파악하는 것이 중요하다.

※ [25~27] 다음 신문 기사의 제목을 가장 잘 설명한 것을 고르십시오. (각 2점)

25.
> 심상찮은 독감 환자 확산, 여름에도 안심할 수 없다.

① 여름에 발생하는 독감은 증세가 심각하다.
② 여름에도 독감 환자가 많이 발생하니까 조심해야 한다.
③ 여름에 발생하는 독감 환자를 위한 치료제를 개발하고 있다.
④ 여름에도 안심할 수 있도록 독감 예방 접종을 꼭 해야 한다.

3 머리기사의 의미 파악하기 【토픽II 읽기 26번 문제】

- 신문 머리기사 제목의 의미를 찾는 문제이다.
- 어휘의 의미를 정확하게 파악하는 것이 중요하다.

※ [25~27] 다음 신문 기사의 제목을 가장 잘 설명한 것을 고르십시오. (각 2점)

26.
> 관광지 바가지요금 극성, 정부의 단속도 실효성 없어

① 관광지에서 요금을 책정하지 않은 가게를 단속했다.
② 관광지에서 요금을 비싸게 받는 것을 정부가 허용했다.
③ 관광지에서 바가지를 파는 가게가 너무 많아서 문제이다.
④ 관광지에서 비싼 요금을 받는 가게를 단속했지만 효과가 없다.

3 머리기사의 의미 파악하기 【토픽Ⅱ 읽기 27번 문제】

- ▶ 신문 머리기사 제목의 의미를 찾는 문제이다.
- ▶ 어휘의 의미를 정확하게 파악하는 것이 중요하다.

※ [25~27] 다음 신문 기사의 제목을 가장 잘 설명한 것을 고르십시오. (각 2점)

27.
> 물가 인상은 쑥, 월급 인상은 찔끔

① 물가가 인상되자마자 월급이 인상되었다.
② 물가 인상률을 반영하여 월급을 인상했다.
③ 물가와 월급이 모두 올라서 생활하기에는 문제가 없다.
④ 물가는 많이 오른 반면 월급은 조금밖에 오르지 않았다.

유형 ❸ 주요 표현

※ 앞에서 학습한 내용에서 주요 어휘를 예문 및 확장 표현과 함께 익혀 보세요.

어휘	예문	확장 표현
결합	휴대전화 요금을 가족 결합 요금제로 하면 할인을 받을 수 있다.	• 결합하다 • 결합되다
개봉	물품을 개봉한 후에는 교환이나 환불이 되지 않습니다.	• 개봉하다 • 개봉 박두
거래	요즘 젊은이들 사이에 저렴한 가격으로 구입할 수 있는 중고 거래가 인기를 끌고 있다.	• 거래가 활발하다 • 거래명세서
거스르다	어렸을 때는 아버지의 말은 거스를 수가 없어서 무조건 따랐다.	• 운명을 거스르다 • 신경을 거스르다
건축되다	여기에 주민들을 위한 도서관이 건축될 예정이다.	• 건축하다 • 건축가
검사	오늘 검사하시면 검사 결과는 다음 주에 알 수 있습니다.	• 검사하다 • 혈액 검사
극성	은퇴자를 대상으로 하는 사기가 극성을 부리고 있으니 주의하시기 바랍니다.	• 극성을 부리다 • 극성맞다
근절	교육부는 학교 폭력을 근절하기 위한 대책을 발표했다.	• 근절하다 • 근절 방안
금융	한국은 1997년에 금융 위기를 겪었다.	• 금융기관 • 금융 거래
논란	유명 정치인이 불법으로 정치 자금을 받은 사실이 알려져 논란이 되고 있다.	• 논란을 벌이다 • 논란거리
논란	여객선 침몰 사고 관련 논란이 끊이지 않고 있다.	• 논란에 휩싸이다 • 논란의 여지가 있다
높이	산의 높이는 어떻게 재는 거예요?	• 크기 • 넓이
단속	연말연시에 음주 운전 단속을 대대적으로 실시한다.	• 단속하다 • 단속에 걸리다

어휘	예문	확장 표현
당일	오전에 주문하시면 당일에 물건을 받으실 수 있습니다.	• 당일치기 • 당일 배송
독감	어린아이나 노약자들은 독감 예방 주사를 접종하시기 바랍니다.	• 독감 주사 • 호흡기 질환
마개	입마개를 하지 않은 큰 개가 내 옆으로 와서 무서웠다.	• 마개를 따다 • 입마개
맞다	색상은 마음에 드는데 몸에 맞는 사이즈가 없어서 못 샀어요.	• 몸에 맞다 • 입에 맞다
모색하다	요즘 가수들은 해외 진출을 모색하고 있다.	• 해결 방안을 모색하다 • 살길을 모색하다
물가	요즘은 물가가 너무 올라서 장보기가 무섭다.	• 가격 • 소비자 물가
바가지요금	인주시는 축제 때 바가지요금을 없애기 위해서 사전에 가격을 공개하기로 했다.	• 바가지를 씌우다 • 바가지를 쓰다
발언	여성 비하 발언으로 물의를 일으킨 회사 대표가 물러났다.	• 소신 발언 • 발언권
배출	몸속에 있는 독소를 잘 배출해야 건강을 유지할 수 있다.	• 배출하다 • 가스 배출
변형	어렸을 때 자동차가 로봇으로 변형되는 장난감이 인기였다.	• 변형하다 • 변형되다
보장	국가 안보가 보장되지 않으면 국민들은 불안할 수밖에 없다.	• 보장하다 • 수익 보장
불신	검찰 수사에 대한 국민들의 불신이 깊다.	• 불신하다 • 불신감
사유	영수가 이혼한 사유는 성격 차이인 것으로 밝혀졌다.	• 사유를 밝히다 • 퇴직 사유

어휘	예문	확장 표현
생명	헌혈을 하면 소중한 생명을 구할 수 있습니다. 동참해 주세요.	• 생명을 구하다 • 생명 보험
속도	속도를 제한하지 않는 고속도로가 있다고 한다.	• 속도위반 • 속도 제한
속출하다	불경기가 지속되자 폐업하는 가게가 속출하고 있다.	• 신기록이 속출하다 • 피해가 속출하다
순응하다	주어진 환경에 순응하기보다는 새로운 것에 도전하는 것을 즐긴다.	• 현실에 순응하다 • 자연에 순응하다
실태	정부가 기업을 대상으로 장애인 고용 실태 조사에 나섰다.	• 실태 파악 • 실태 조사
실효성	청년 취업 문제에 대한 실효성 있는 대책을 세워야 한다.	• 실효성이 적다 • 실효성이 없다
심리	요즘 가볍게 재미로 심리 테스트를 하는 젊은이들이 많다.	• 심리 검사 • 심리 상태
심상찮다	이틀 연속으로 주가의 상승세가 심상치 않습니다.	• 예사롭지 않다 • 범상하다
쑥	갑자기 성적이 쑥 오른 비결이 뭐야?	• 쑥 내밀다 • 쑥 나오다
악화	아버지는 병세가 점점 악화되어 결국 병원에 입원하시게 되었다.	• 악화시키다 • 국제 수지 악화
안전	어린이들의 안전을 위하여 초등학교 주위에서는 속도 제한을 실시하고 있다.	• 안전하다 • 안전히
알약	아이들은 알약을 잘 삼키지 못해서 보통 물약이나 가루약을 먹는다.	• 가루약 • 물약
암표	최근 유명 가수의 공연 티켓이 20배나 높은 가격으로 암표 거래가 되고 있다.	• 암표상 • 암표 판매 단속

어휘	예문	확장 표현
연고	칼에 베인 상처에 이 연고를 바르면 흉터가 생기지 않습니다.	• 연고를 바르다 • 화상 연고
예약	이번 주말 예약은 마감되었습니다.	• 예약하다 • 예약석
원금	집을 사느라고 은행에서 대출을 받았는데 언제쯤 원금을 갚을 수 있을지 막막하다.	• 원금 상환 • 투자 원금
유전자	친자 확인을 위해 유전자 검사를 의뢰했다.	• 유전자 검사 • 유전자 조작
이례적	회사 대표가 직접 나와서 사과를 하는 것은 이례적인 일이다.	• 이례적이다 • 이례적으로
인상	다음 달 1일부터 버스 요금이 300원 인상된다.	• 인상하다 • 인하하다
인위적	이렇게 거대한 호수가 인위적으로 만들어졌다니 믿기가 힘들다.	• 인위적으로 • 자연적
인지	부모님의 치매 여부를 확인하기 위해서 인지 검사를 실시하였다.	• 인지하다 • 인지 능력
자극적	위가 좋지 않을 때는 자극적인 음식을 피하셔야 합니다.	• 자극적이다 • 자극하다
재산권	정부가 토지 거래를 제한하자 해당 지역 주민들이 재산권을 침해하지 말라고 항의했다.	• 재산권 침해 • 지식 재산권
재조명되다	한 유명 배우의 이혼 사실이 밝혀지면서 과거의 발언이 재조명되고 있다.	• 재조명하다 • 과거사가 재조명되다
전례	무조건 전례를 따르는 것보다 상황의 변화에 따라 달라지는 것이 맞다.	• 전례가 없다 • 전례를 따르다
전문의	우울증이 있으면 정신과 전문의와 상담하는 것이 좋다.	• 전문가 • 전문직

어휘	예문	확장 표현
점령	국경 근처 지역은 적군에게 이미 점령을 당한 상태입니다.	• 점령하다 • 점령군
조절	운동도 중요하지만 식사량을 조절하지 않으면 체중은 줄지 않습니다.	• 온도 조절 • 음식 조절
줄이다	월급이 적더라도 근무 시간을 줄일 수 있으면 좋겠어요.	• 소리를 줄이다 • 크기를 줄이다
지목	범인의 얼굴을 보자 아이는 손가락으로 범인을 지목했다.	• 지목하다 • 지목을 당하다
진단	폐암이라는 의사의 진단 결과를 듣자마자 주저앉았다.	• 진단을 받다 • 진단서
진료	의료보험제도가 잘 되어 있어서 병원 진료비가 많이 들지 않는다.	• 진료하다 • 진료실
찔끔	국제 유가는 많이 내렸지만 주유소 기름값은 찔끔 내렸다.	• 찔끔 오르다 • 찔끔 주다
처방	이 약은 의사의 처방 없이는 살 수 없는 약이다.	• 처방하다 • 처방전
초래	한순간의 잘못된 선택이 인생의 파멸을 초래했다.	• 초래하다 • 초래되다
파괴	지진으로 인해 대부분의 건물이 파괴되었다.	• 파괴하다 • 파괴력
파산	사업으로 진 빚을 도저히 갚을 수가 없어서 파산 신청을 했다.	• 파산하다 • 파산 위기
한도액	이번 달 카드 한도액이 초과되어 사용할 수 없다.	• 대출 한도액 • 한도액 증액
호전되다	좋다는 약을 다 써 봤지만 병세가 호전되지 않았다.	• 호전이 없다 • 병세 호전

어휘	예문	확장 표현
확립	청소년기는 정체성이 확립되는 시기이다.	• 확립하다 • 질서 확립
확산	산불의 확산을 막기 위해서 최선을 다하고 있지만 아직 불길이 잡히지 않았습니다.	• 확대 • 확장

유형 ❹ 세부 내용 이해하기

■ 풀이 전략

	안내문의 내용 파악하기
읽기 9번 문제	● 안내문을 정확하게 이해하는 문제이다. ● 안내문은 문맥의 내용보다는 주요 어휘를 정확하게 이해하는 것이 중요하다.
	그래프의 내용 파악하기
읽기 10번 문제	● 그래프를 보고 내용을 파악하는 문제이다. ● 그래프의 제목을 먼저 확인하여 무엇에 대한 그래프인지 이해한다. ● 어휘를 정확하게 이해해야 그래프의 내용을 알 수 있다.
	기사의 내용 파악하기
읽기 11, 12, 22번 문제	● 기사 형식의 글에 대한 구체적인 내용을 확인하는 문제이다. ● 글의 내용과 비교하면서 문제를 푸는 것이 좋다.
	수필의 내용 파악하기
읽기 23번 문제	● 수필에 나오는 등장인물의 감정, 기분 등을 파악하는 문제이다. ● 등장인물이 처해 있는 상황을 정확하게 이해해야 한다.
읽기 24번 문제	● 수필 형식의 글을 파악하는 문제이다. ● 전체의 내용과 함께 세부적인 내용을 정확하게 이해해야 한다.
	설명문의 내용 파악하기
읽기 32, 33번 문제	● 글의 세부적인 내용을 파악하는 문제이다. ● 문장을 꼼꼼하게 읽어 내용을 정확하게 이해해야 한다.
읽기 34번 문제	● 글의 세부적인 내용을 파악하는 문제이다. ● 어휘의 수준이 높으므로 문장을 꼼꼼하게 읽어 정확하게 이해해야 한다.
읽기 46번 문제	● 신문 사설 형식의 글을 읽고 필자의 태도를 찾는 문제이다. ● 전체적인 내용을 정확하게 이해하여 필자의 태도를 파악해야 한다.

소설의 내용 파악하기	
읽기 42번 문제	● 소설의 일부를 읽고 인물의 심정을 찾는 문제이다. ● 전체적인 내용을 이해하여 인물이 느끼는 감정을 파악해야 한다.
읽기 43번 문제	● 소설의 일부를 읽고 내용을 파악하는 문제이다. ● 전체적인 글의 흐름을 정확하게 파악하는 것이 중요하다.

칼럼의 내용 파악하기	
읽기 47번 문제	● 신문 사설 형식의 글을 읽고 내용을 파악하는 문제이다. ● 전체적인 내용 이해와 함께 세부적인 내용을 구체적으로 파악해야 한다.
읽기 50번 문제	● 글의 내용을 정확하게 파악했는지 확인하는 문제이다. ● 전체적인 내용과 함께 세부적인 내용을 정확하게 파악하는 것이 중요하다.

유형 ❹ 연습 문제

1 안내문의 내용 파악하기 【토픽Ⅱ 읽기 9번 문제】

▶ 안내문을 정확하게 이해하는 문제이다.
▶ 안내문은 문맥의 내용보다는 주요 어휘를 정확하게 이해하는 것이 중요하다.

※ [9~12] 다음 글 또는 그래프의 내용과 같은 것을 고르십시오. (각 2점)

9.
```
                    서울 수목원 이용 안내

   ▲ 입장권 예매 : 입장 30일 전부터 예매
      ※ 당일 예매 불가
   ▲ 주차 : 사전 예약한 차량만 주차장 이용 가능
   ▲ 예약 방법 : 인터넷 예약
      ※ 단체 관람은 전화 예약 가능
   ▲ 문의 전화 : 031-123-4567
```

① 서울 수목원은 매달 30일에 예매할 수 있다.
② 서울 수목원 주차장은 선착순으로 이용할 수 있다.
③ 단체로 수목원에 가는 경우에는 전화로 예약할 수 있다.
④ 수목원에 입장하는 당일에 인터넷으로 입장권을 예매하면 된다.

2 그래프의 내용 파악하기 【토픽Ⅱ 읽기 10번 문제】

전략
▶ 그래프를 보고 내용을 파악하는 문제이다.
▶ 그래프의 제목을 먼저 확인하여 무엇에 대한 그래프인지 이해한다.
▶ 어휘를 정확하게 이해해야 그래프의 내용을 알 수 있다.

※ [9~12] 다음 글 또는 그래프의 내용과 같은 것을 고르십시오. (각 2점)

10.

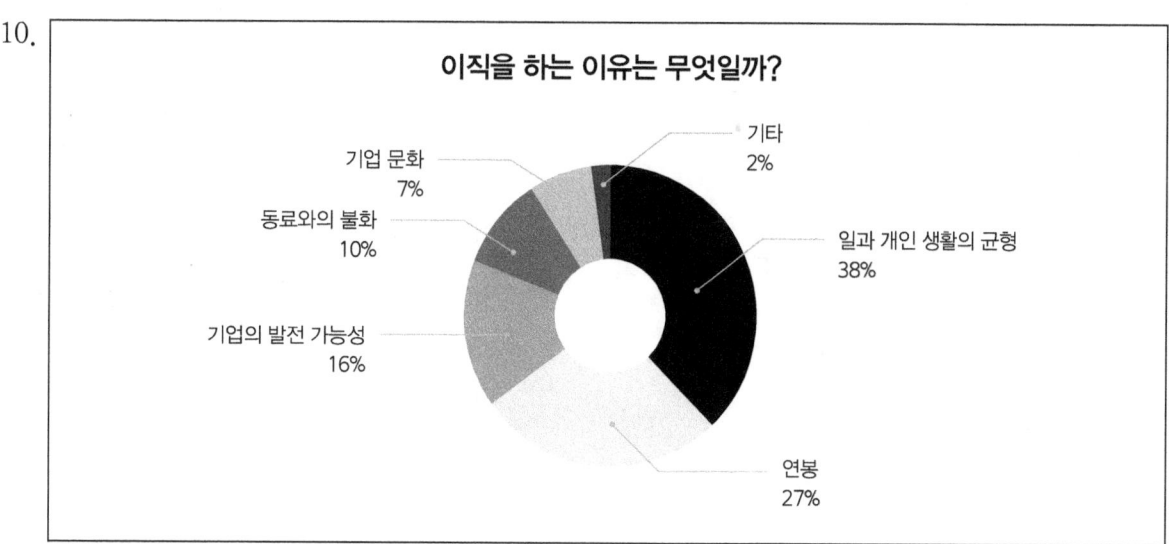

① 이직을 하는 가장 큰 이유는 연봉으로 나타났다.
② 이직의 이유로 연봉이 기업의 발전 가능성보다 2배 이상 많았다.
③ 이직의 이유로 동료와의 불화가 연봉보다 많은 것으로 나타났다.
④ 돈보다 일과 개인 생활의 균형을 맞추기 위해서 이직을 하는 경우가 많았다.

3 기사의 내용 파악하기 【토픽II 읽기 11번 문제】

- ▶ 기사 형식의 글에 대한 구체적인 내용을 확인하는 문제이다.
- ▶ 글의 내용과 비교하면서 문제를 푸는 것이 좋다.

※ [9~12] 다음 글 또는 그래프의 내용과 같은 것을 고르십시오. (각 2점)

11.
> 피아니스트 김수미가 올해의 세계 예술인상 수상자로 선정되었다. 역대 최연소 수상자인 김수미는 2023년 국제 피아노 대회에서 우승하면서 세계적인 주목을 받았다. 해외 공연 일정으로 시상식에 불참한 그는 끊임없이 노력하고 있는 젊은 예술인들에게 용기를 주는 상이라고 생각한다는 소감을 밝혔다.

① 세계 예술인상은 올해 처음으로 신설되었다.
② 수상자는 해외 공연을 미루고 시상식에 참석했다.
③ 세계 예술인상은 젊은 예술인들에게 용기를 주기 위해 만든 상이다.
④ 수상자는 지금까지 이 상을 받은 사람들 중에서 가장 나이가 어리다.

3 기사의 내용 파악하기 【토픽II 읽기 12번 문제】

- ▶ 기사 형식의 글에 대한 구체적인 내용을 확인하는 문제이다.
- ▶ 글의 내용과 비교하면서 문제를 푸는 것이 좋다.

※ [9~12] 다음 글 또는 그래프의 내용과 같은 것을 고르십시오. (각 2점)

12.
> 때 이른 기습적인 폭설로 인주시 산간 마을에 있는 10여 가구가 고립되었다. 어제 오전부터 내린 폭설로 마을 진입로가 막혀 차량 진입이 통제되고 있다. 인주시에 이틀 동안 70cm가량의 눈이 내리면서 인근의 딸기 농가가 큰 피해를 입었다. 오늘 오후부터 눈이 그치면서 제설 작업을 시작했지만 아직은 역부족인 상태이다.

① 눈이 갑자기 많이 와서 농가의 피해가 컸다.
② 눈이 많이 내렸지만 차량 통행에는 별로 문제가 없다.
③ 눈이 계속 내려서 눈을 치우는 작업을 시작하지 못했다.
④ 눈이 많이 내렸지만 제설 작업이 잘 진행되어 문제가 없다.

3 기사의 내용 파악하기 【토픽Ⅱ 읽기 22번 문제】

- 기사 형식의 글에 대한 구체적인 내용을 확인하는 문제이다.
- 글의 내용과 비교하면서 문제를 푸는 것이 좋다.

※ [21~22] 다음을 읽고 물음에 답하시오. (각 2점)

> 올해 초에 인주 제과에서 출시한 신제품이 날개 돋친 듯이 팔리고 있다. 어른들의 간식이라는 평가를 받으며 아이들보다는 중년층 수요가 많은 것이 특징이다. 달지 않고 짭짤해서 안주 대용으로도 손색이 없다는 입소문이 나면서 품귀 현상까지 일어나고 있다. 인주 제과는 다음 달부터 생산량을 2배로 늘리겠다고 발표했다.

22. 윗글의 내용과 같은 것을 고르십시오.
① 인주 제과의 신제품은 중년층에게 인기가 많다.
② 인주 제과의 신제품은 매체를 통한 광고로 인기를 끌었다.
③ 인주 제과의 신제품은 어른들의 안주용으로 만든 과자이다.
④ 인주 제과의 신제품은 생산량을 늘려서 구매하기가 어렵지 않다.

4 수필의 내용 파악하기 【토픽 II 읽기 23번 문제】

- 수필에 나오는 등장인물의 감정, 기분 등을 파악하는 문제이다.
- 등장인물이 처해 있는 상황을 정확하게 이해해야 한다.

※ [23~24] 다음을 읽고 물음에 답하십시오. (각 2점)

> 아침에 눈을 뜨면 습관적으로 출근 준비를 하고 회사에 간다. 바쁘게 돌아가는 회사 업무를 처리하다 보면 어느새 퇴근 시간이다. 직장 동료들과 맥주 한잔을 하고 지친 몸을 이끌고 집으로 돌아와 잠자리에 든다. 이렇게 쳇바퀴 돌듯 사는 나의 하루를 생각하면 숨이 막힌다. 나는 일과 삶의 균형을 잘 맞추고 있는 건가? 요즘 젊은 세대들을 보면 직장 생활과 개인적인 삶의 영역을 정확하게 분리하여 생활하는 것 같다. 직장에서의 몰입과 일의 성과에 대한 보람도 중요하지만 개인적인 삶의 가치도 무시할 수 없다. 지속적으로 건강하게 직장 생활을 유지하려면 근무 시간 이외의 나의 시간 관리에 대한 점검이 필요한 시기라는 생각이 든다. 피곤하다는 핑계로 아무것도 하지 않고 빈둥거리는 주말을 좀 더 생산적으로 보낸다면 삶의 활력을 찾는 데 도움이 되지 않을까?

23. 밑줄 친 부분에 나타난 '나'의 심정으로 가장 알맞은 것을 고르십시오.
① 지치고 걱정스럽다
② 불편하고 짜증스럽다
③ 답답하고 불만스럽다
④ 안타깝고 고통스럽다

4 수필의 내용 파악하기 【토픽Ⅱ 읽기 24번 문제】

- 수필 형식의 글을 파악하는 문제이다.
- 전체의 내용과 함께 세부적인 내용을 정확하게 이해해야 한다.

※ [23~24] 다음을 읽고 물음에 답하십시오. (각 2점)

> 서류 심사와 필기시험을 통과한 후 마지막 관문인 면접을 위해서 준비를 정말 많이 했다. 이제는 나도 떳떳한 직장인으로 성장하는 모습을 상상하면서 최선을 다했다. 그러나 나의 예측이 빗나갔다. 불합격이라는 결과를 보고 가슴이 내려앉았다. 자식 뒷바라지하느라고 고생하고 계시는 부모님을 생각하니 가슴이 답답해져 온다. 사실 같이 취업을 준비하던 친구의 합격 소식을 듣고 내심 나도 될 거라고 기대했었다. 취업 준비를 시작한 지 벌써 3년. 서른이 다가오는데 아직 부모님에게 용돈을 받아 생활하는 내가 한심스럽기까지 하다. 어렸을 때부터 꿈이었던 방송 기자의 꿈을 접어야 하는 걸까? 나름 취업하기 위해서 최선을 다했다고 생각하는데 뭐가 부족한 것일까? 내가 하고 싶은 일이 아니더라도 일단 취업을 해야 하는 걸까? 목적지도 없이 걷고 있는데 눈물이 하염없이 줄줄 흐른다.

24. 윗글의 내용과 같은 것을 고르십시오.
   ① 나는 서른이 넘었지만 아직 취업을 하지 못하고 있다.
   ② 나는 이번에 합격할 수 있으리라고 기대를 하지 않았다.
   ③ 나의 경제력은 스스로 용돈을 해결할 수 있는 정도이다.
   ④ 나는 지금까지 방송 기자가 되기 위한 취업 준비를 해 왔다.

5 설명문의 내용 파악하기 [토픽II 읽기 32번 문제]

- ▶ 글의 세부적인 내용을 파악하는 문제이다.
- ▶ 문장을 꼼꼼하게 읽어 내용을 정확하게 이해해야 한다.

※ [32~34] 다음을 읽고 글의 내용과 같은 것을 고르십시오. (각 2점)

32.
> 커피의 신맛을 의미하는 산미는 한마디로 정의하기 어렵다. 산미는 커피의 풍미를 향상시키는 역할을 하는데 다양한 형태로 나타나기 때문이다. 보통 산미가 강하면 시큼한 맛이 나고 약하면 부드럽고 고소하다. 커피의 산미는 커피 원두, 재배 환경, 가공 과정 등에 따라 달라진다. 고도가 높으면 산미가 뚜렷하게 나타나고 기온이 낮고 강수량이 많으면 산미가 풍부해진다.

① 커피의 산미는 커피 맛을 향상시킨다.
② 커피의 산미가 강하면 부드럽고 고소한 맛이 난다.
③ 높은 곳에서 재배되는 커피는 산미가 약한 편이다.
④ 커피 원두가 같으면 가공 과정이 달라도 산미는 동일하다.

5 설명문의 내용 파악하기 [토픽II 읽기 33번 문제]

- ▶ 글의 세부적인 내용을 파악하는 문제이다.
- ▶ 문장을 꼼꼼하게 읽어 내용을 정확하게 이해해야 한다.

※ [32~34] 다음을 읽고 글의 내용과 같은 것을 고르십시오. (각 2점)

33.
> 신약을 개발할 때 동물을 대상으로 유효성과 독성을 확인하는 단계를 거친다. 이 단계를 통과하게 되면 임상시험 허가 신청을 한다. 임상시험 승인이 나면 사람을 대상으로 임상시험을 진행한다. 엄격한 임상시험 단계를 통과한 후 의약품으로 판매할 수 있는 판매 허가를 받아야 판매가 가능하다. 현재까지도 많은 제약 회사에서 신약을 개발하고 있으나 성공률은 그리 높지 않다.

① 최근에는 신약 개발에 성공하는 제약 회사가 많이 증가했다.
② 임상시험을 모두 통과하면 바로 의약품으로 판매가 가능하다.
③ 신약을 개발할 때 사람을 대상으로 하는 임상시험은 선택 사항이다.
④ 임상시험 허가 승인이 나야 사람을 대상으로 임상시험을 할 수 있다.

5 설명문의 내용 파악하기 【토픽 II 읽기 34번 문제】

- 글의 세부적인 내용을 파악하는 문제이다.
- 어휘의 수준이 높으므로 문장을 꼼꼼하게 읽어 정확하게 이해해야 한다.

※ [32~34] 다음을 읽고 글의 내용과 같은 것을 고르십시오. (각 2점)

34.
> 집착형 불안정 애착은 다른 사람에게 지나치게 의존하고 집착하는 성향을 보인다. 대부분 초기 양육 환경에 의해 이러한 불안정 애착이 형성된다. 집착형 불안정 애착은 상대방과의 관계 중심적인 성향이 강하므로 특별하지 않은 상대방의 행동에도 과도하게 의미를 부여하거나 상대방을 의심하고 눈치를 보며 불안해한다. 개인의 상황에 따라 맞춤형 치료가 필요하며 방치해 두면 증상이 심해지므로 초기에 전문가의 치료를 받는 것이 좋다.

① 집착형 불안정 애착은 부모의 양육 방법과 관련이 없다.
② 집착형 불안정 애착은 성인이 되면 자연스럽게 해결된다.
③ 집착형 불안정 애착이 있는 사람은 타인에게 관심이 없다.
④ 집착형 불안정 애착의 치료 방법은 개인의 상황에 따라 다르다.

5 설명문의 내용 파악하기 [토픽II 읽기 46번 문제]

▶ 신문 사설 형식의 글을 읽고 필자의 태도를 찾는 문제이다.
▶ 전체적인 내용을 정확하게 이해하여 필자의 태도를 파악해야 한다.

※ [46~47] 다음을 읽고 물음에 답하십시오. (각 2점)

올림픽이나 아시안 게임 등에서 메달을 딴 스포츠 선수는 병역 특례 대상자가 된다. 그러나 대중 예술인은 병역 특례 대상자가 아니다. 세계적으로 인기를 끌고 있는 대중 가수의 팬들을 중심으로 대중 예술인들도 병역 특례 대상자가 되어야 한다고 주장하고 있다. 한국을 넘어 세계적인 인기를 끌고 있는 월드 스타들도 각종 메달을 딴 스포츠 선수들만큼 국위를 선양하고 한국의 인지도를 높인 점 등을 그 이유로 꼽고 있다. 그러나 대중 예술인은 나라의 명예나 국익을 위해서 활동하는 것이 아니라 개인의 영리나 인기를 위해서 활동한다. 해외에서 인기가 있는 스포츠 선수에게 병역 특례를 주는 것이 아니라 국가를 대표하여 출전한 대회에서 메달을 딴 선수에게 병역 특례를 주는 이유이기도 하다. 그러므로 대중 예술인들이 한국을 알리고 한국의 인지도를 높인 공은 인정하지만 병역 특례 대상자가 되어야 하는 것은 아니다.

46. 윗글에 나타난 필자의 태도로 가장 알맞은 것을 고르십시오.
   ① 병역 특례 대상자의 기준 선정이 필요함을 강조하고 있다.
   ② 스포츠 선수들의 병역 특례에 대해서 반대 의견을 제시하고 있다.
   ③ 대중 예술인들이 병역 특례 대상자가 될 수 없음을 주장하고 있다.
   ④ 국위를 선양한 스포츠 선수들과 대중 예술인들에게 감사를 표하고 있다.

• 47번 문제는 [유형 4] 7 에 있습니다.

6 소설의 내용 파악하기 【토픽II 읽기 42번 문제】

>
> ▶ 소설의 일부를 읽고 인물의 심정을 찾는 문제이다.
> ▶ 전체적인 내용을 이해하여 인물이 느끼는 감정을 파악해야 한다.

※ [42~43] 다음을 읽고 물음에 답하십시오. (각 2점)

> 환갑을 맞이하는 기준은 태어나면서부터 청각 장애를 앓았다. 장애인이 살아가기에 쉽지 않은 세상을 견뎌 내며 취직도 하고 결혼도 했다. 기준은 가족들에게 특히 자식들에게 아주 엄격했다. 본인의 결핍으로 인해 자식들이 다른 사람들에게 무시당할까 하는 걱정 때문이었다. (중략) 다행스럽게 기준의 자녀들은 남의 손을 빌리지 않고 생활할 수 있을 정도로 성장했다. 오늘은 자식들이 준비한 기준의 환갑잔치가 열렸다. 평소에는 자식들에게 미소도 아끼며 무뚝뚝하게 대했지만 오늘은 입가에 번져 나오는 미소를 숨길 수가 없었다. (중략)
> "아버지, 환갑 축하드려요. 지금처럼 늘 건강하세요."
> "……"
> 기준은 한동안 아무 움직임도 없더니 떨리는 손으로 수화를 시작했다.
> "아버지가 장애인이라서 너희들이 많이 힘들었을 거야. 다른 부모처럼 넉넉하게 키우지도 못했는데 이렇게 잘 자라줘서 고맙다."
> 장애인으로 평생을 살아야 했던 아픔과 슬픔이 눈 녹듯 사라지며 기준은 자신도 모르게 <u>뜨거운 눈물이 흘러내렸다</u>.

42. 밑줄 친 부분에 나타난 '기준'의 심정으로 가장 알맞은 것을 고르십시오.
   ① 담담하다
   ② 안타깝다
   ③ 걱정스럽다
   ④ 감격스럽다

6 소설의 내용 파악하기 【토픽Ⅱ 읽기 43번 문제】

▶ 소설의 일부를 읽고 내용을 파악하는 문제이다.
▶ 전체적인 글의 흐름을 정확하게 파악하는 것이 중요하다.

※ [42~43] 다음을 읽고 물음에 답하십시오. (각 2점)

> 올해 서른이 되는 수철은 어렸을 때부터 몸이 약하고 체격이 작아서 아이들의 놀림감이 되기 일쑤였다. 초등학교와 중학교 때 자신을 괴롭히는 친구들에게 반항도 해보고 선생님에게 도움을 요청하기도 했지만 변화는 없었다. (중략) 고등학교에 진학하면서 수철은 철저하게 자신을 숨기며 살기로 했다. 그때부터 그의 존재를 인식하는 사람은 그리 많지 않았다. 자신을 드러내는 행동을 거의 하지 않았기 때문이다. 다행히 공부를 잘해서 무난히 대학에 들어갔다. (중략) 대학을 졸업하고 수철은 재택근무가 가능한 직장을 선택했다. 수철은 집 밖으로 나가는 일이 거의 없었으며 이제는 자신의 방을 벗어나려고 하지도 않는다.
> "수철아, 주말인데 나가서 친구들도 만나고 해. 왜 이렇게 방안에 틀어박혀 사니?"
> "엄마, 제발 좀 저를 가만히 놔 두세요."
> "왜 나가지 않는지 이유라도 말을 해야 할 거 아니야?"
> "꼭 말로 설명해야 돼요?"
> 더 이상 엄마의 잔소리를 견딜 수 없는 수철은 자신의 방문을 쾅 닫은 후 문을 잠가 버렸다. 밖에서 들려 오는 엄마의 한숨 소리가 오늘따라 더 크게 들린다.

43. 윗글의 내용으로 알 수 있는 것을 고르십시오.
① 수철은 친구들이 무서워서 반항도 못했다.
② 수철은 공부를 못해서 친구들에게 괴롭힘을 당했다.
③ 수철은 취업에 실패한 후 집에서 생활하기 시작했다.
④ 수철은 고등학교 때부터 자신을 드러내지 않고 생활했다.

7 칼럼의 내용 파악하기 [토픽Ⅱ 읽기 47번 문제]

>
> ▶ 신문 사설 형식의 글을 읽고 내용을 파악하는 문제이다.
> ▶ 전체적인 내용 이해와 함께 세부적인 내용을 구체적으로 파악해야 한다.

※ [46~47] 다음을 읽고 물음에 답하십시오. (각 2점)

> 다이아몬드는 가장 아름다운 보석으로 꼽히며 오랜 기간 동안 많은 여성들의 사랑을 받아왔다. 사실 천연 다이아몬드는 땅속 깊은 곳에서 수억 년 동안 열과 압력에 의해 만들어진 탄소 덩어리이다. 다이아몬드가 뿜어내는 아름다운 빛과 희소성으로 고가임에도 불구하고 인기가 높은 보석이다. 이제는 이러한 다이아몬드를 연구실에서 생산을 하고 있다. 인공 다이아몬드는 연구실에서 천연 다이아몬드가 만들어지는 과정을 그대로 구현하여 제작하고 있다. 인공 다이아몬드는 천연 다이아몬드와 육안으로 구별하기 힘든 정도가 아니라 현미경으로 관찰해도 구별이 쉽지 않을 만큼 제조 기술이 발전했다. 게다가 인공 다이아몬드도 천연 다이아몬드와 동일한 감정 기준으로 감정서를 발급받을 수 있다. 그러나 가격은 천연 다이아몬드에 비해 30~70% 정도 저렴한 수준이다. 인공 다이아몬드는 천연 다이아몬드와 달리 채굴 과정에서 일어나는 노동력 착취나 환경오염 문제가 없으므로 굳이 마다할 이유가 없을 것이다.

47. 윗글의 내용과 같은 것을 고르십시오.
① 다이아몬드는 탄소 덩어리로 만들어진 보석이다.
② 인공 다이아몬드는 천연 다이아몬드와 감정 기준이 다르다.
③ 천연 다이아몬드와 인공 다이아몬드는 쉽게 구별할 수 있다.
④ 인공 다이아몬드 제작은 노동력 착취와 환경오염 문제를 일으킨다.

7 칼럼의 내용 파악하기 【토픽Ⅱ 읽기 50번 문제】

전략
▶ 글의 내용을 정확하게 파악했는지 확인하는 문제이다.
▶ 전체적인 내용과 함께 세부적인 내용을 정확하게 파악하는 것이 중요하다.

※ [48~50] 다음을 읽고 물음에 답하십시오. (각 2점)

벼락을 맞을 확률보다 복권에 당첨될 확률이 낮다는 표현처럼 사실 복권에 당첨되는 것은 확률적으로 아주 낮다. 그럼에도 불구하고 많은 사람들이 복권을 사는 이유는 무엇일까? 그것은 당첨에 대한 기대심리 때문이다. 당첨금액이 높을수록 사람들의 기대심리는 높아지면서 판매율도 증가한다. 한 번만 당첨되면 엄청난 이익을 얻게 된다는 기대심리가 복권을 구매하게 만든다. 이처럼 복권은 사행심을 조장하고 일확천금을 노리게 되는 문제를 안고 있다. 자신의 노력으로 인한 결과보다는 운에 의한 한탕을 꿈꾸게 되므로 복권 구입에 대해 부정적으로 보는 사람들이 많다. 그러나 복권 판매로 인한 수익금은 저소득층이나 소외 계층을 위해 사용되는 사회적, 경제적 순기능이 있다. 게다가 적은 금액으로 당첨을 꿈꾸며 일주일의 소소한 행복을 누릴 수도 있다. 복권이 사행심을 전제로 하고 있다는 것은 부인할 수 없는 사실이지만 사행성과 공공성의 균형을 잘 잡는다면 우리의 삶을 풍요롭게 만드는 하나의 수단이 될 것이다.

50. 윗글의 내용과 같은 것을 고르십시오.
① 복권은 저소득층이나 소외 계층에서 구매를 많이 한다.
② 복권 당첨에 대한 기대심리 때문에 사람들은 복권을 구입한다.
③ 복권 당첨금이 낮을수록 당첨 확률이 높아서 판매율이 증가한다.
④ 복권 판매의 수익금을 제대로 관리하지 않아서 사회적으로 문제가 되고 있다.

유형 ❹ 주요 표현

※ 앞에서 학습한 내용에서 주요 어휘를 예문 및 확장 표현과 함께 익혀 보세요.

어휘	예문	확장 표현
가공	요즘 젊은이들이 가공식품 섭취량이 늘어서 건강에 문제가 되고 있다.	• 가공하다 • 가공육
감정	보석의 진위 여부를 확인하기 위해서 감정을 의뢰했다.	• 감정하다 • 감정사
결핍	먹을 것이 넘쳐나는 현대에도 영양소 결핍으로 고생하는 사람들이 많다.	• 애정 결핍 • 주의력 결핍
고도	비행기가 갑자기 고도가 낮아지더니 추락했다.	• 고도가 높다 • 고도를 유지하다
고립되다	밖으로 나오지 않고 방안에서 고립된 생활을 하는 은둔형 외톨이가 많아졌습니다.	• 고립시키다 • 고립적이다
구현하다	화재로 소실된 문화재를 옛 모습 그대로 구현해 냈다.	• 구현되다 • 정의 구현
균형	영양분을 골고루 섭취할 수 있도록 균형 잡힌 식사를 하는 게 중요하다.	• 균형을 잡다 • 불균형
균형	장시간 잘못된 자세로 있으면 신체의 균형이 무너집니다.	• 균형을 맞추다 • 균형을 잃다
기습적이다	적군의 기습적인 공격으로 인해 피해가 컸다.	• 기습적인 발표 • 기습적인 가격 인상
내심	부모님이 겉으로는 표현하지 않으셨지만 내심 기쁘신 눈치였다.	• 내심 좋아하다 • 내심 기대하다
단체 관람	20명 이상의 단체 관람객은 입장료의 30% 할인이 됩니다.	• 단체 사진 • 단체 여행
당첨	아파트 청약에 당첨이 되어서 내년에 새집으로 이사를 간다.	• 당첨되다 • 당첨금
대상	대학생 500명을 대상으로 설문 조사를 실시하였다.	• 실험 대상 • 연구 대상

어휘	예문	확장 표현
대용	이 테이블은 식탁 대용으로 사용되고 있다.	• 식사 대용 • 대용품
독성	공장에서 독성 화학 물질이 누출되었다는 신고가 들어와서 조사 중이다.	• 독성 물질 • 독성이 강하다
뒷바라지하다	아버지는 가족을 뒷바라지하느라고 자신의 인생을 희생하신 분이다.	• 남편을 뒷바라지하다 • 자식을 뒷바라지하다
드러내다	김영수는 자신을 드러내지 않고 뒤에서 묵묵히 일하는 직원이다.	• 본색을 드러내다 • 드러나다
떳떳하다	나는 잘못한 것이 없기 때문에 떳떳하다.	• 떳떳하게 말하다 • 떳떳하게 행동하다
막히다	어머니와 이야기가 통하지 않을 때 숨이 막힐 듯이 답답하다.	• 말문이 막히다 • 기가 막히다
명예	지위나 명예보다 진정한 사랑을 찾아 떠났다.	• 명예 훼손 • 명예 회복
무난히	서류 심사는 무난히 통과했는데 면접이 걱정이다.	• 성격이 무난하다 • 무난하게 해결되다
문의	항공권 취소에 대해서 문의했지만 일주일이 넘도록 답변이 없다.	• 문의 전화 • 문의 사항
반항	사춘기 때는 부모님에게 반항을 많이 해서 부모님이 힘들어하셨다.	• 반항심 • 반항기
방치하다	빈집들을 오래 방치해 둔 결과 동네가 우범지대가 되어 버렸다.	• 그대로 방치하다 • 방치되다
병역	대한민국 남자는 누구나 병역 의무가 있다.	• 병역 면제 • 병역 기피
복무	예전에 비해 군 복무 기간이 상당이 줄어들었다.	• 복무하다 • 군 복무를 마치다

어휘	예문	확장 표현
불가	이 영화는 청소년 관람 불가입니다.	• 관람 불가 • 환불 불가
불참	연말 모임에 불참하는 사람들이 너무 많아서 모임이 취소되었다.	• 불참하다 • 참석하다
사행심	엄청난 1등 당첨금은 사람들의 사행심을 자극하기도 한다.	• 사행심을 조장하다 • 사행심을 부추기다
선정	교수님들의 추천으로 영수 씨가 이번 학기 장학생으로 선정되었습니다.	• 논문 주제를 선정하다 • 업체를 선정하다
성장하다	10년 만에 만난 조카는 어엿한 청년으로 성장해 있었다.	• 성장기 • 성장세
소감	윤여정의 아카데미 여우조연상 수상 소감이 화제가 되고 있다.	• 졸업 소감 • 당선 소감
손색이 없다	이 음식은 손님 초대상에 올려도 전혀 손색이 없는 일품요리입니다.	• 신랑감으로 손색이 없다 • 손색없이
수상자	2000년에 김대중 대통령이 노벨 평화상 수상자로 선정되었다.	• 수상자 후보 • 노벨상 수상자
수요	미세먼지가 심해서 마스크 수요가 대폭 늘었다.	• 수요 예측 • 수요 조사
승인하다	미성년자에게도 백신 접종을 승인해 달라고 요청을 했다.	• 승인되다 • 승인을 받다
애착	이 의자는 오래된 물건이지만 애착이 가는 물건이라서 버리지 못한다.	• 애착을 느끼다 • 애착이 강하다
양육	부모의 양육 방법이 아이들의 성격 형성에 많은 영향을 미친다.	• 양육권 • 양육비

어휘	예문	확장 표현
엄격하다	음주 운전으로 인한 사고는 엄격하게 처벌해야 한다.	• 기준이 엄격하다 • 엄격한 심사
엄청	10년 만에 열리는 공연이라서 표를 구하려는 사람들이 엄청 많다.	• 엄청나다 • 엄청난
업무	평일 업무 시간은 오전 9시부터 오후 6시까지입니다.	• 업무 방해 • 업무 지시
역대	역대 대통령 중에서 가장 훌륭한 업적을 남긴 인물로 평가되는 분은 누구입니까?	• 역대 총장 • 역대급
역부족	최선을 다했지만 나 혼자 해결하기에는 역부족이었다.	• 역부족이다 • 역부족하다
연봉	물가는 치솟고 있는데 연봉은 겨우 3% 인상되었다.	• 연봉이 높다 • 연봉 협상
영리	사회봉사 단체가 개인의 영리를 목적으로 하는 것은 있을 수 없는 일입니다.	• 영리를 추구하다 • 영리 법인
예매하다	요즘은 직접 가지 않고 인터넷으로 예매할 수 있어서 편리하다.	• 영화표 예매 • 예약하다
요청하다	기차가 고장 나서 출발 시간이 2시간 지연되자 고객들이 환불을 요청했다.	• 요청 사항 • 지원 요청
육안으로	저 쌍둥이는 너무 닮아서 육안으로 구별할 수 없을 정도이다.	• 육안으로 확인하다 • 육안으로 관찰하다
일확천금	한 번에 일확천금을 벌 수 있는 방법이 있을까?	• 일확천금을 노리다 • 일확천금을 꿈꾸다
입장	번호 순서대로 천천히 입장해 주십시오.	• 입장 인원 • 입장 가능
재배	상추 등의 쌈 채소는 특별한 재배 기술이 없어도 재배가 가능하다.	• 재배 방법 • 수경 재배

어휘	예문	확장 표현
정의하다	행복이 무엇인지 한마디로 정의 내리기 어렵다.	• 정의를 내리다 • 새롭게 정의하다
제설 작업	눈이 많이 내렸지만 즉각적으로 제설 작업이 진행되어 통행에는 불편이 없다.	• 제설이 늦어지다 • 제설차
제조	우리나라의 선박 제조 기술은 세계 최고이다.	• 제조하다 • 제조업
조건	한국어학당에 입학하고 싶은데 입학 조건이 무엇입니까?	• 무조건 • 조건부 입학
조장하다	과대광고는 사람들의 과소비를 조장할 수 있다.	• 조장되다 • 위화감 조장
주목을 받다	봉준호 감독의 영화 〈기생충〉이 전 세계인의 주목을 받았다.	• 주목을 끌다 • 각광을 받다
지치다	오늘은 야근까지 했더니 지쳐서 걸어갈 힘도 없다.	• 일상에 지치다 • 일에 지치다
진입로	고향으로 내려가는 차량 증가로 고속도로 진입로가 복잡합니다.	• 진입하다 • 진입 금지
집착	사랑과 집착은 차원이 다른 문제이다.	• 집착하다 • 집착이 강하다
차량	아이들이 많이 다니는 길이므로 공사 차량 운행을 제한하기로 했습니다.	• 차량 운행 • 차량 점검
착취	일을 시키고 임금을 지불하지 않는 것은 노동력 착취입니다.	• 착취하다 • 착취를 당하다
처리	이번 일은 시급한 사항이니 신속하게 처리해 주시기 바랍니다.	• 처리하다 • 사고 처리
철저하다	이번 여행은 한 달 전부터 철저하게 준비했다.	• 관리가 철저하다 • 철저히

어휘	예문	확장 표현
청각	병원에서 청각 검사를 했는데 별 이상이 없다고 한다.	• 시각 • 후각
최연소	올해 행정고시의 최연소 합격자는 21세의 김인주 씨입니다.	• 최고령 • 최연소 우승자
출시하다	이번에 출시한 휴대전화는 노인들을 위해 기능을 단순화시킨 것이 특징입니다.	• 출시되다 • 출시 기념
통과하다	서류 심사를 통과해야 면접을 볼 수 있다.	• 통과되다 • 예선 통과
특례	신혼부부를 대상으로 하는 특례 대출이 내년까지 연장됩니다.	• 특례법 • 특례 입학
평가	이번 회사 조직 개편에 대해 부정적인 평가가 많다.	• 평가를 받다 • 신용 평가
폭설	어제부터 내리기 시작한 폭설로 교통 상황이 좋지 않습니다.	• 폭우 • 폭염
품귀	소아 해열제 전문 제약사가 문을 닫으면서 해열제 품귀로 비상이다.	• 품귀 현상 • 품귀 대란
풍미	음식은 재료 자체의 맛과 풍미를 느낄 수 있는 것이 가장 좋다.	• 풍미를 살리다 • 풍미가 있다
핑계	동생은 이 핑계, 저 핑계를 대며 집안일을 하지 않는다.	• 핑계를 대다 • 핑곗거리
하염없이	떠나가는 남자친구를 하염없이 바라만 보고 있었다.	• 하염없이 기다리다 • 하염없이 울다
한심스럽다	대학생인데도 부모님에게 휴대전화를 사달라고 떼를 쓰는 동생이 한심스럽다.	• 한심하다 • 한심스럽게
허가	촬영 허가를 받아야 촬영이 가능하다.	• 허가하다 • 허가가 나다

어휘	예문	확장 표현
형성하다	상대방에 대한 이해가 밑바탕이 되어야 공감대를 형성할 수 있다.	• 형성되다 • 여론 형성
확률	이번 시합에서 우리가 이길 확률은 희박하다.	• 확률이 높다 • 확률이 낮다
희소성	명품 옷이 비싼 이유 중의 하나는 희소성이다.	• 희소성이 있다 • 자원의 희소성

※ 실제 시험의 유형과 난이도에 맞춰 실전 모의고사를 구성하였습니다.
실제 시험 시간에 맞춰 실전 모의고사를 풀고, 교재 맨 뒤에 있는 OMR 답안지에 답을 체크해 보는 연습을 해 보세요.

한국어능력시험 실전 모의고사

Test of Proficiency in Korean
Actual Mock test

TOPIK II

1교시	듣기, 쓰기 (Listening, Writing)
2교시	읽기 (Reading)

수험번호(Registration No.)	
이름 (Name)	한국어(Korean)
	영 어(English)

유 의 사 항
Information

1. 시험 시작 지시가 있을 때까지 문제를 풀지 마십시오.

   Do not open the booklet until you are allowed to start.

2. 수험번호와 이름을 정확하게 적어 주십시오.

   Write your name and registration number on the answer sheet.

3. 답안지를 구기거나 훼손하지 마십시오.

   Do not fold the answer sheet; keep it clean.

4. 답안지의 이름, 수험번호 및 정답의 기입은 배부된 펜을 사용하여 주십시오.

   Use the given pen only.

5. 정답은 답안지에 정확하게 표시하여 주십시오.

   Mark your answer accurately and clearly on the answer sheet.

   marking example ① ● ③ ④

6. 문제를 읽을 때에는 소리가 나지 않도록 하십시오.

   Keep quiet while answering the questions.

7. 질문이 있을 때에는 손을 들고 감독관이 올 때까지 기다려 주십시오.

   When you have any questions, please raise your hand.

TOPIK Ⅱ 듣기(1번~50번)

※ [1~3] 다음을 듣고 가장 알맞은 그림 또는 그래프를 고르십시오. (각 2점)

1. ①    ②

   ③    ④

2. ① 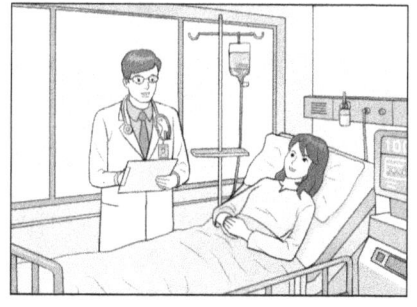   ②

   ③    ④

3.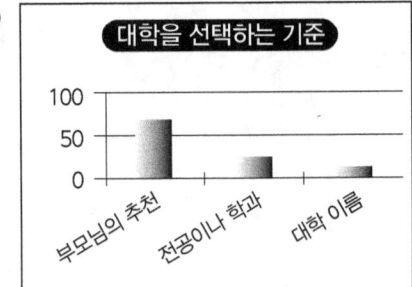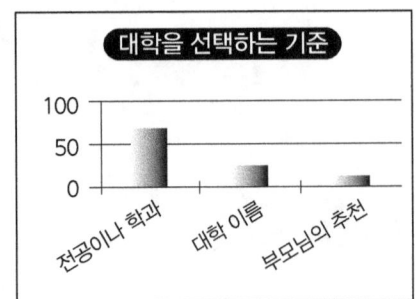

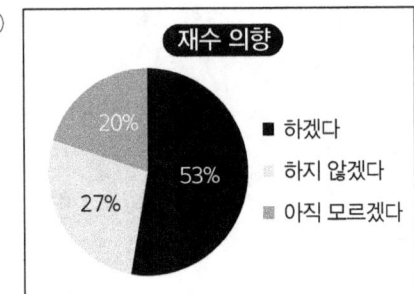 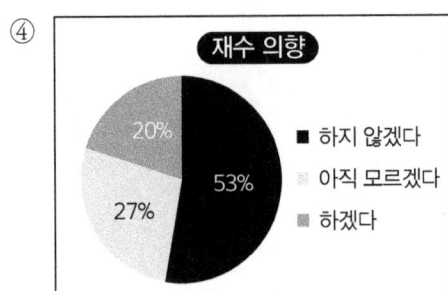

※ [4~8] 다음을 듣고 이어질 수 있는 말로 가장 알맞은 것을 고르십시오. (각 2점)

4. ① 백화점에서 살걸 그랬나 봐.
   ② 선물 받은 거라서 얼마인지 몰라.
   ③ 좀 비싸기는 한데 정말 갖고 싶었어.
   ④ 할인매장에 가면 이렇게 비싸지 않을 거야.

5. ① 네, 주의해서 사용하면 돼요.
   ② 그럼, 지금부터 당장 해 봐야겠네요.
   ③ 동영상으로 촬영하면 좋을 것 같아요.
   ④ 배우지 않은 단어가 많으니까 가르쳐 주세요.

6. ① 새로 생겼으니까 비쌀 것 같아.
   ② 빠르면 빠를수록 더 좋지 않을까?
   ③ 좀 불편하겠지만 돈을 절약할 수 있잖아.
   ④ 처음에는 편하겠지만 점점 힘들어질 거야.

7. ① 제가 듣기로는 벌써 예매권이 매진됐대요.
    ② 카드로 결제하면 시간이 많이 걸릴 거예요.
    ③ 환불하기가 어려울 텐데 좋은 방법이 없을까요?
    ④ 상영하는 영화 중에서 보고 싶은 영화를 선택하세요.

8. ① 서류는 사무실에 갖다가 주시면 됩니다.
    ② 내리신 위치와 시간을 말씀해 주시면 알아보겠습니다.
    ③ 아무데나 물건을 놓으면 잃어버리기 쉬우니까 조심하세요.
    ④ 먼저 두고 내리신 장소에 가 보시고 없으면 다시 연락주세요.

※ [9~12] 다음을 듣고 <u>여자가</u> 이어서 할 행동으로 가장 알맞은 것을 고르십시오. (각 2점)

9. ① 텔레비전을 본다.
    ② 게임을 준비한다.
    ③ 캠핑장을 예약한다.
    ④ 친구들에게 연락한다.

10. ① 통장을 개설한다.
    ② 도장을 준비한다.
    ③ 신분증을 만든다.
    ④ 서류에 서명한다.

11. ① 휴대전화 수리 센터에 간다.
    ② 휴대전화의 전원을 켜 본다.
    ③ 휴대전화를 드라이어로 말린다.
    ④ 수건으로 휴대전화의 물기를 닦는다.

12. ① 사내 동호회를 만든다.
    ② 동호회 활동을 시작한다.
    ③ 사원들의 요구를 조사한다.
    ④ 사원들에게 동호회를 알린다.

※ [13~16] 다음을 듣고 내용과 같은 것을 고르십시오. (각 2점)

13. ① 여자는 재활용품을 만들어서 사용한다.
    ② 남자는 재활용품을 사용해 본 적이 있다.
    ③ 두 사람은 버리는 물건을 모아서 활용한다.
    ④ 두 사람은 재활용품 만들기를 홍보하려고 한다.

14. ① 식품 코너의 품목이 다 팔렸다.
    ② 10분 후에 매장의 문을 닫는다.
    ③ 식품 코너에서 할인 행사를 한다.
    ④ 10분 후에 식품 코너에서 30% 할인해서 판다.

15. ① 중학생이 아파트 주차장에 방화했다.
    ② 범인은 관심을 끌기 위해서 방화했다.
    ③ 아파트 인근에서 방화 사건이 발생했다.
    ④ 범인을 찾기 위해서 경찰이 조사 중이다.

16. ① 여자는 좋은 댓글을 기대한다.
    ② 여자는 관객의 반응을 찾아본다.
    ③ 여자는 스스로 부족한 점을 찾는다.
    ④ 여자는 작품에 대한 아쉬움이 없다.

※ [17~20] 다음을 듣고 남자의 중심 생각으로 가장 알맞은 것을 고르십시오. (각 2점)

17. ① 감기에 걸리면 병원에 가야 한다.
    ② 비타민을 먹으면 감기가 빨리 낫는다.
    ③ 병원에 가도 감기에는 도움이 안 된다.
    ④ 감기는 하루 이틀 지나면 나을 수 있다.

18. ① 기숙사 생활이 불편하지 않다.
    ② 다른 사람과 생활하는 게 편하고 좋다.
    ③ 룸메이트가 있으면 잠을 자기가 어렵다.
    ④ 자취는 비용이 많이 들어서 부담스럽다.

19. ① 담배를 피우지 못하게 강제하면 안 된다.
    ② 어린 학생들은 담배에 대한 호기심이 많다.
    ③ 학교에서 금연 교육을 하는 것은 효과적이다.
    ④ 담배를 피우면 많은 부작용이 발생할 수 있다.

20. ① 대학생들은 해외 나들이를 좋아한다.
    ② 국제선 항공권은 인터넷으로 사는 것이 좋다.
    ③ 다른 사람보다 비싸게 비행기표를 사면 억울하다.
    ④ 직장인들은 전 세계를 누비면서 일하고 싶어 한다.

※ [21~22] 다음을 듣고 물음에 답하십시오. (각 2점)

21. 남자의 중심 생각으로 가장 알맞은 것을 고르십시오.
    ① 낭비되는 전기를 찾아서 사용해야 한다.
    ② 대기전력은 효율적으로 사용을 막아야 한다.
    ③ 에너지 효율이 높은 전기제품을 구매해야 한다.
    ④ 전기 요금을 줄이면 관리비 지출을 줄일 수 있다.

22. 들은 내용과 같은 것을 고르십시오.
    ① 대기전력은 전기를 낭비한다.
    ② 전기제품은 에너지 효율이 높다.
    ③ 지난달보다 전기 요금이 엄청 줄었다.
    ④ 가전제품을 사용하면 전기를 절약할 수 있다.

※ [23~24] 다음을 듣고 물음에 답하십시오. (각 2점)

23. 남자가 무엇을 하고 있는지 고르십시오.
    ① 교통사고가 난 것을 신고하고 있다.
    ② 형사사건의 해결 방법을 알아보고 있다.
    ③ 도와줄 변호사에 대해서 문의하고 있다.
    ④ 사고 해결을 위해서 할 일을 안내받고 있다.

24. 들은 내용으로 맞는 것을 고르십시오.
    ① 어린이 보호 구역에서 사고가 났다.
    ② 형사사건은 변호사의 도움을 받을 수 없다.
    ③ 변호사는 직접 형사사건을 조사하지 않는다.
    ④ 사건을 처리하기 전에 변호사 비용을 내야 한다.

※ [25~26] 다음을 듣고 물음에 답하십시오. (각 2점)

25. 남자의 중심 생각으로 알맞은 것을 고르십시오.
① 기능 성분이 들어 있는 화장품이 잘 팔린다.
② 소비자들은 다양한 화장품을 선택하고 싶어 한다.
③ 기능성 화장품은 피부 탄력에 도움이 되어야 한다.
④ 기능성을 강조해야 소비자의 선택을 받을 수 있다.

26. 들은 내용과 같은 것을 고르십시오.
① 이 화장품은 특정한 소비자들에게만 제공된다.
② 이 화장품의 특징은 주름과 피부 탄력 개선이다.
③ 이 화장품은 연구원들의 요구에 따라서 개발되었다.
④ 이 화장품은 여드름을 개선하기 위해서 개발되었다.

※ [27~28] 다음을 듣고 물음에 답하십시오. (각 2점)

27. 남자가 말하는 의도로 알맞은 것을 고르십시오.
① 대학 축제의 문제점을 알려 주려고
② 대학 축제의 안전 관리를 부탁하려고
③ 대학 축제에 외부인 참여를 제안하려고
④ 대학 축제의 티켓 사전 예약제를 비난하려고

28. 들은 내용과 같은 것을 고르십시오.
① 티켓 사전 예약제를 비난하는 학생들이 많다.
② 티켓 사전 예약제를 실시할지 고민하는 대학이 많다.
③ 티켓 사전 예약제를 통해서 차별 문제를 최소화할 수 있다.
④ 티켓 사전 예약제는 졸업생의 입장을 배제하려고 실시한다.

※ [29~30] 다음을 듣고 물음에 답하십시오. (각 2점)

29. 남자가 누구인지 고르십시오.
    ① 결혼중개업을 기획하는 사람
    ② 고객을 면담하고 정보를 파악하는 사람
    ③ 고객들에게 원하는 이상형을 소개하는 사람
    ④ 결혼 조건을 분석해서 배우자를 맺어주는 사람

30. 들은 내용과 같은 것을 고르십시오.
    ① 결혼정보회사는 법적으로 불법이다.
    ② 결혼정보회사는 일정 규모를 갖춰야 한다.
    ③ 결혼정보회사는 전통사회의 중매쟁이 역할을 한다.
    ④ 결혼정보회사는 남녀의 집안 사정을 잘 알고 소개한다.

※ [31~32] 다음을 듣고 물음에 답하십시오. (각 2점)

31. 남자의 중심 생각으로 가장 알맞은 것을 고르십시오.
    ① 악성댓글도 표현의 자유를 인정해야 한다.
    ② 악성댓글은 명예훼손죄에 해당되기 어렵다.
    ③ 악성댓글을 익명으로 쓰지 못하게 해야 한다.
    ④ 악성댓글을 쓴 사람들을 강하게 벌해야 한다.

32. 남자의 태도로 가장 알맞은 것을 고르십시오.
    ① 상대방의 권리를 인정하고 있다.
    ② 문제에 대한 처벌을 요구하고 있다.
    ③ 문제가 발생한 상황을 설명하고 있다.
    ④ 상대방의 의견에 적극 공감하고 있다.

※ [33~34] 다음을 듣고 물음에 답하십시오. (각 2점)

33. 무엇에 대한 내용인지 알맞은 것을 고르십시오.
    ① 손목시계의 진화 과정
    ② 손목시계의 특징과 종류
    ③ 손목시계를 만드는 기술의 발전
    ④ 태엽을 활용한 손목시계의 원리

34. 들은 내용과 같은 것을 고르십시오.
    ① 19세기 말에 회중시계가 대중화되었다.
    ② 현대에는 건강을 위해서 손목시계를 찬다.
    ③ 손목시계는 초기에 장신구의 역할도 했다.
    ④ 기계식 시계는 왕족이나 귀족들만 착용했다.

※ [35~36] 다음을 듣고 물음에 답하십시오. (각 2점)

35. 남자는 무엇을 하고 있는지 고르십시오.
    ① 방송 제작진들의 업무를 자세히 소개하고 있다.
    ② 시청자들에게 교육 방송의 내용을 설명하고 있다.
    ③ 잘못 방송된 보도에 대해서 사과의 말을 하고 있다.
    ④ 시청자 목소리를 생생하게 전하겠다는 다짐을 하고 있다.

36. 들은 내용과 같은 것을 고르십시오.
    ① 이 방송에서 보도된 인터뷰 내용은 가짜였다.
    ② 이 방송으로 인해 제작진 모두가 피해를 입었다.
    ③ 이 방송은 신속하게 보도하기 위해 최선을 다했다.
    ④ 이 방송의 보도 내용은 교육 현장에 관한 것이었다.

※ [37~38] 다음을 듣고 물음에 답하십시오. (각 2점)

37. 여자의 중심 생각으로 알맞은 것을 고르십시오.
   ① 자기개발서가 가장 잘 팔리는 책이다.
   ② 행복한 삶을 위한 자기개발을 해야 한다.
   ③ 취업의 기회를 얻으려면 자기개발이 필요하다.
   ④ 우리는 누구나 자기를 개발하려고 노력해야 한다.

38. 들은 내용과 일치하는 것을 고르십시오.
   ① 자기개발은 취업을 위해 필수적인 조건이다.
   ② 자기개발서에는 유명인의 성공 사례가 들어 있다.
   ③ 자기개발서는 젊은 사람들에게 가장 많이 읽힌다.
   ④ 자기개발은 힘든 현실을 반영한 부정적 의미가 있다.

※ [39~40] 다음을 듣고 물음에 답하십시오. (각 2점)

39. 이 대화 전의 내용으로 가장 알맞은 것을 고르십시오.
   ① 쌀 소비를 늘리기 위해 지속적으로 노력했다.
   ② 쌀 소비량이 계속해서 감소한 것으로 발표됐다.
   ③ 쌀 소비량의 감소로 인한 부정적인 영향을 조사했다.
   ④ 쌀을 안정적으로 확보하기 위한 정부의 노력이 있었다.

40. 들은 내용과 같은 것을 고르십시오.
   ① 쌀 소비와 비만, 당뇨병의 관계가 밝혀졌다.
   ② 국민의 건강을 위해 쌀 소비를 늘려야 한다.
   ③ 쌀 소비량과 건강의 관계에 대해 연구 중이다.
   ④ 축산물과 밀가루의 소비량이 점차 감소하고 있다.

※ [41~42] 다음을 듣고 물음에 답하십시오. (각 2점)

41. 이 강연의 중심 내용으로 가장 알맞은 것을 고르십시오.
　　① 줄기세포를 활용하면 질병 치료에 큰 도움을 받을 수 있다.
　　② 인간은 낡은 세포나 기관을 새것으로 교체하기를 희망한다.
　　③ 퇴행성이나 난치성 환자를 위해서 줄기세포를 활용해야 한다.
　　④ 인간의 배아 연구는 윤리적인 문제가 있으므로 통제해야 한다.

42. 들은 내용과 같은 것을 고르십시오.
　　① 줄기세포를 이용한 연구는 현재 금지되어 있다.
　　② 줄기세포를 이용해서 여러 장기를 만들 수 있다.
　　③ 줄기세포와 낡고 손상된 세포를 서로 교체할 수 있다.
　　④ 줄기세포는 우리 몸의 여러 부위에서 분화한 세포이다.

※ [43~44] 다음을 듣고 물음에 답하십시오. (각 2점)

43. 무엇에 대한 내용인지 알맞은 것을 고르십시오.
　　① 동물과 식물의 생존 방식
　　② 동물과 다른 식물의 세포
　　③ 식물의 다양한 성장 과정
　　④ 자극에 대한 식물의 반응

44. 식물의 잎이나 줄기가 해를 향해 휘어지는 이유로 맞는 것을 고르십시오.
　　① 햇빛을 좋아하기 때문에
　　② 햇빛의 위험을 인지하기 때문에
　　③ 빛 자극에 반응하는 성질 때문에
　　④ 동물과 같은 감각기관이 있기 때문에

※ [45~46] 다음을 듣고 물음에 답하십시오. (각 2점)

45. 들은 내용과 같은 것을 고르십시오.
    ① 종묘의 제례는 시기에 따라서 절차가 달랐다.
    ② 종묘는 나라의 상징으로서 화려하게 조성되었다.
    ③ 종묘에는 왕과 왕비 등 왕실의 신주가 모셔져 있다.
    ④ 종묘를 국가의 사적으로 지정해야 한다는 주장이 있다.

46. 여자가 말하는 방식으로 알맞은 것을 고르십시오.
    ① 종묘의 특이한 건축 방식을 비교하고 있다.
    ② 종묘의 역할과 건물의 모습을 묘사하고 있다.
    ③ 종묘에서 제사를 지내는 과정을 설명하고 있다.
    ④ 종묘의 중요성과 문화재 지정을 주장하고 있다.

※ [47~48] 다음을 듣고 물음에 답하십시오. (각 2점)

47. 들은 내용과 같은 것을 고르십시오.
    ① 공정한 무역은 경제의 세계화를 통해서 얻어지는 것이다.
    ② 공정한 무역은 생산자와 노동자의 권리를 보호하는 것이다.
    ③ 공정한 무역은 무역시장에서 더 많은 이익을 추구하는 것이다.
    ④ 공정한 무역은 저개발국가의 기업들을 발전시키기 위한 것이다.

48. 남자의 태도로 알맞은 것을 고르십시오.
    ① 세계 무역시장의 발전이 가져올 지나친 경쟁을 경계하고 있다.
    ② 세계 무역시장의 성장이 공평한 분배의 결과라고 평가하고 있다.
    ③ 세계 무역시장에서의 공평한 경쟁과 공정한 무역을 당부하고 있다.
    ④ 세계 무역시장에서 기업을 보호함으로써 얻어질 이익을 기대하고 있다.

※ [49~50] 다음은 강연입니다. 잘 듣고 물음에 답하십시오. (각 2점)

49. 들은 내용과 일치하는 것을 고르십시오.
① 기초과학의 육성은 선진국에서 필요하다.
② 기초과학의 연구에 정부가 지원하고 있다.
③ 기초과학은 산업기술 분야에서 불필요하다.
④ 기초과학은 생명공학과 의학 발전에 중요하다.

50. 여자의 태도로 가장 알맞은 것을 고르십시오.
① 기초과학 전공자들의 역할을 강조하고 있다.
② 기초과학 분야의 지속적인 발전을 낙관하고 있다.
③ 기초과학 분야에 대한 정책 추진을 촉구하고 있다.
④ 기초과학 연구자들의 기술적 성과를 기대하고 있다.

TOPIK II 쓰기(51번~54번)

※ [51~52] 다음 글의 ㉠과 ㉡에 알맞은 말을 각각 쓰시오. (각 10점)

51.
> 어제 12시쯤 학생식당에서 가방을 잃어버렸습니다.
> 저에게는 너무도 소중한 가방입니다.
> 친구들과 점심을 먹은 후에 깜빡하고 의자에 (㉠   ).
> 까만색 가방인데 가방에는 전공 책이 들어 있습니다.
> 혹시 (㉡   ) 가지고 계신 분은 연락을 주시기 바랍니다.
> 감사합니다.

52.
> 사람의 행동이나 생각은 다른 사람들과의 관계 속에서 발전한다. 어려움에 처한 사람이 포기하지 않고 삶을 지속할 수 있는 이유는 (㉠   ). 때로 다른 사람에게 의지하기도 하고 때로 다른 사람을 배려하기도 하면서 인간관계 속에서 자신의 가치를 확인한다. 전문가들은 특히 청소년기나 노년기의 정신 건강에 (㉡   ).

53. 다음은 '신혼부부의 맞벌이·외벌이 추이'에 대한 자료이다. 이 내용을 200~300자의 글로 쓰시오. 단, 글의 제목은 쓰지 마시오. (30점)

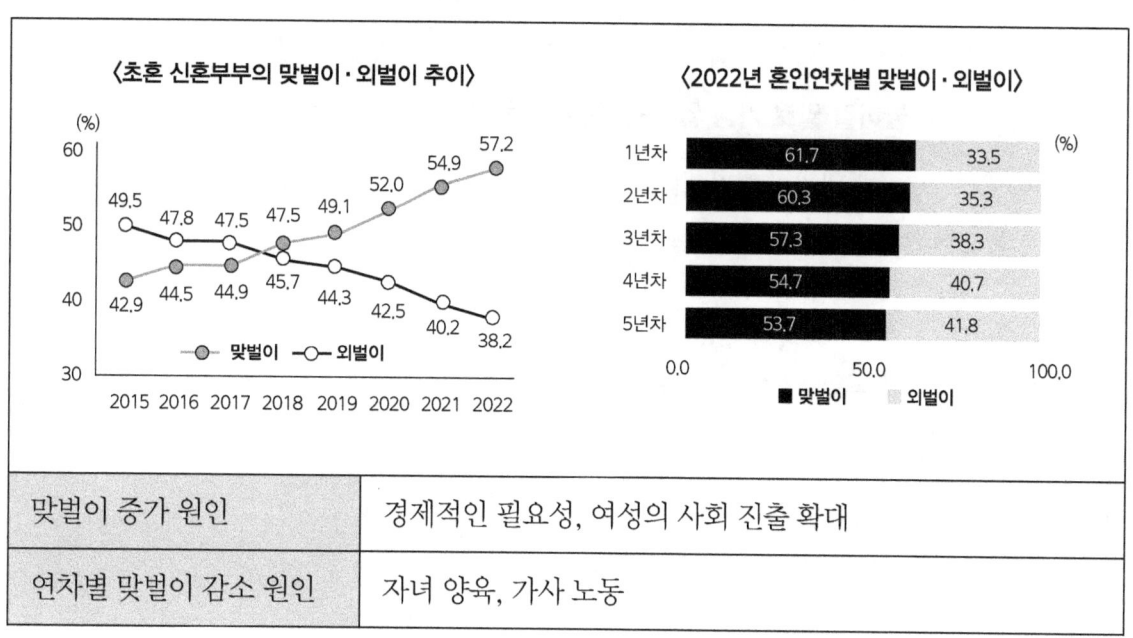

맞벌이 증가 원인	경제적인 필요성, 여성의 사회 진출 확대
연차별 맞벌이 감소 원인	자녀 양육, 가사 노동

54. 다음을 참고하여 600~700자로 글을 쓰시오. 단, 문제를 그대로 옮겨 쓰지 마시오. (50점)

동물실험은 연구나 교육, 시험 등의 과학적 목적을 위해 동물을 대상으로 실시하는 실험이다. 인간은 동물실험을 통해서 많은 것을 얻었으나 윤리적인 문제로 논란의 대상이 되고 있다. 아래 내용을 중심으로 '동물실험을 해야 하는 이유와 문제'에 대한 자신의 생각을 쓰라.

- 동물실험의 필요성은 무엇인가?
- 동물실험으로 발생할 수 있는 부작용은 무엇인가?
- 동물실험을 대체할 수 있는 방법은 무엇인가?

* 원고지 쓰기의 예

	사	람	들	은		음	악		치	료	를		할		때		환	자	에
게		주	로		밝	은		분	위	기	의		음	악	을		들	려	줄

제1교시 듣기, 쓰기 시험 시험이 끝났습니다. 제2교시는 읽기 시험입니다.

TOPIK II 읽기(1번~50번)

※ [1~2] (   )에 들어갈 말로 가장 알맞은 것을 고르십시오. (각 2점)

1. 집에 (   ) 비가 내리기 시작했다.
   ① 도착한다면   ② 도착해도   ③ 도착하자마자   ④ 도착하기 위해서

2. 중학교 때 교통사고를 당해서 수술을 (   ).
   ① 받은 편이다   ② 받은 적이 있다
   ③ 받을 수도 있다   ④ 받을 리가 없다

※ [3~4] 밑줄 친 부분과 의미가 가장 비슷한 것을 고르십시오. (각 2점)

3. 수업 시간에 <u>늦을까 봐</u> 쉬지 않고 뛰어왔다.
   ① 늦더라도   ② 늦었는데도
   ③ 늦는다고 해도   ④ 늦을 것 같아서

4. 눈에서 멀어지면 마음에서도 <u>멀어지는 법이에요</u>.
   ① 멀어질 만해요   ② 멀어질 뿐이에요
   ③ 멀어지기도 해요   ④ 멀어지게 마련이에요

※ [5~8] 다음은 무엇에 대한 글인지 고르십시오. (각 2점)

5.

**통증이여 안녕!
복용하자마자 통증이 사라집니다.**

① 약   ② 음료수   ③ 우유   ④ 과자

6.

**옛날 할머니 손맛을 그대로~
넉넉한 인심으로 푸짐한 한끼를 제공합니다.**

① 병원   ② 식당   ③ 편의점   ④ 서점

7.

**산불로 피해를 입은 이웃에게
따뜻한 사랑을...**

① 성금 모금   ② 환경 보호   ③ 산불 예방   ④ 이웃 사랑

8.

❶ 온라인으로 회원 등록을 하신 후에 원서를 접수하십시오.
❷ 원서 접수 기간 내에 등록금을 납부하지 않으면 접수가 취소됩니다.

① 구입 방법   ② 접수 안내   ③ 납부 순서   ④ 가입 문의

※ [9~12] 다음 글 또는 그래프의 내용과 같은 것을 고르십시오. (각 2점)

9.

인주 놀이공원 이용 안내

◆ 이용 시간 : 오전 10시~오후 8시
◆ 이용료 : 입장권 20,000원
　　　　　자유이용권 50,000원 (입장료 포함, 모든 놀이기구 이용 가능)
◆ 주차비 : 무료
　※ 목줄을 착용한 10kg 이하의 반려견 입장 가능
　※ 자유이용권은 손목에 착용해야 하며 착용 후에는 환불 불가

① 이 놀이공원은 반려견을 데리고 입장할 수 없다.
② 자유이용권을 구매해도 입장료는 지불해야 한다.
③ 자유이용권을 구매하면 모든 놀이기구를 탈 수 있다.
④ 자유이용권을 손목에 착용한 후에도 환불이 가능하다.

10.
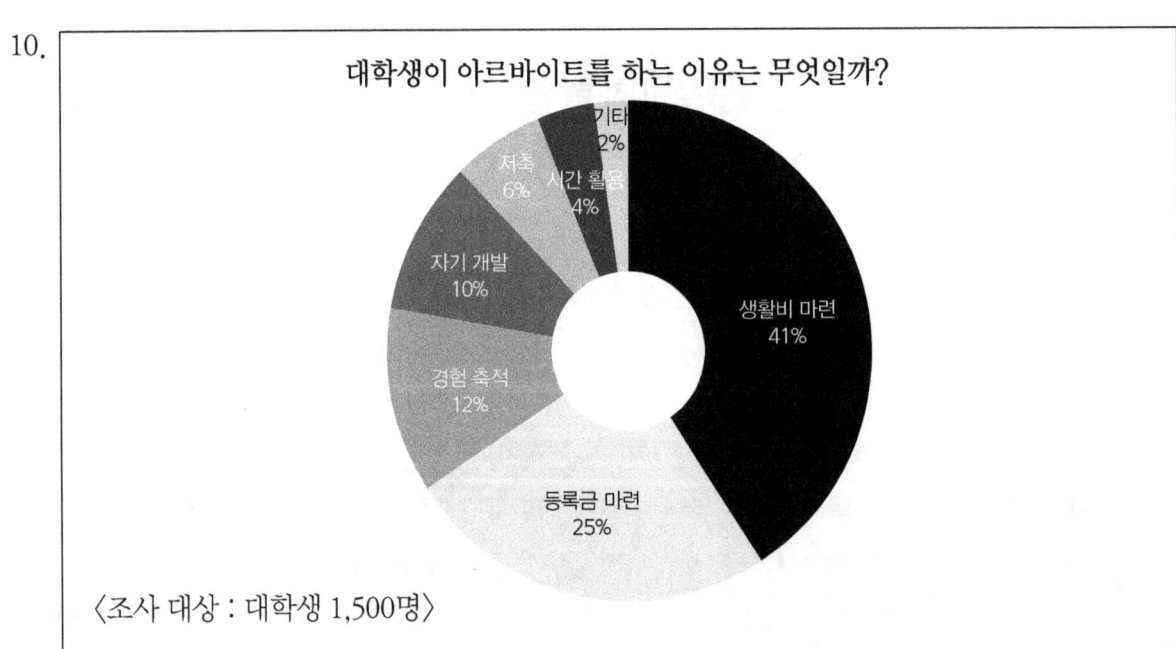

① 저축하려고 아르바이트를 하는 대학생이 가장 적다.
② 생활비로 사용하려고 아르바이트를 하는 대학생이 가장 많다.
③ 경험을 축적하는 것보다 자기 개발을 위해서 아르바이트를 하는 대학생이 많다.
④ 등록금 마련보다 생활비 마련을 위해서 아르바이트를 하는 대학생들이 2배 이상 많다.

11.
> 서울시는 올해 모범 납세자를 선정하여 발표했다. 경기가 좋지 않았음에도 불구하고 모범 납세자는 작년에 비해 약 5% 증가했다. 모범 납세자로 선정이 되면 대출 금리 인하, 수수료 면제 등의 혜택이 주어진다. 모범 납세자 증명서를 제출하면 이러한 혜택을 받을 수 있는데 유효기간은 1년이다.

① 서울시는 작년에는 모범 납세자를 선정하지 않았다.
② 올해는 경제가 좋지 않아서 모범 납세자 수가 줄었다.
③ 모범 납세자로 선정이 되려면 각종 증명서를 제출해야 한다.
④ 모범 납세자로 선정이 되면 여러 가지 혜택을 받을 수 있다.

12.
> 어제 저녁 8시쯤 경부고속도로에서 빗길에 차가 미끄러지면서 교통사고가 발생했다. 이 사고로 1명이 사망하고 5명이 부상을 당했다. 사고를 낸 운전자는 병원에서 수술을 받고 회복 중인 것으로 알려졌다. 사고 차량 운전자를 대상으로 정확한 사고 원인을 조사할 예정이다.

① 이 사고는 오전에 일어났다.
② 이 교통사고로 1명이 다쳤다.
③ 사고를 낸 운전자는 다치지 않았다.
④ 차가 미끄러져서 교통사고가 발생했다.

※ [13~15] 다음을 순서에 맞게 배열한 것을 고르십시오. (각 2점)

13.
(가) 특히 여름보다 겨울에 불면증을 호소하는 환자가 많다.
(나) 해를 거듭할수록 이러한 불면증으로 힘들어하는 환자가 늘고 있다.
(다) 여름에 비해 겨울에 일조량이 부족해서 멜라토닌 분비가 잘되지 않기 때문이다.
(라) 불면증은 잠들기 힘들거나 자주 깨서 정상적인 수면을 지속하지 못하는 상태이다.

① (나)-(가)-(라)-(다)
② (나)-(가)-(다)-(라)
③ (라)-(나)-(가)-(다)
④ (라)-(가)-(다)-(나)

14.
(가) 지난 토요일에 고등학교 친구들 모임에 갔다 왔다.
(나) 고등학교 때는 어디든 같이 다니던 단짝 친구들이었다.
(다) 모임을 끝내고 나오면서 이 친구들과의 우정이 지속되었으면 좋겠다고 생각했다.
(라) 그러나 내가 지방 근무 발령을 받고 서울을 떠나면서 친구들과의 연락이 끊겼었다.

① (가)-(나)-(다)-(라)
② (가)-(나)-(라)-(다)
③ (나)-(가)-(다)-(라)
④ (나)-(가)-(라)-(다)

15.
(가) 영양이 풍부한 버섯을 실내에서도 쉽게 재배할 수 있다.
(나) 직사광선에 노출되면 버섯이 말라버려서 잘 자라지 못한다.
(다) 한 가지 유의해야 할 점은 직사광선은 피해야 한다는 것이다.
(라) 대부분의 버섯은 습도와 온도만 적절하게 유지해 주면 잘 자라기 때문이다.

① (가)-(라)-(다)-(나)
② (가)-(라)-(나)-(다)
③ (나)-(라)-(가)-(다)
④ (나)-(가)-(다)-(라)

※ [16~18] (   )에 들어갈 말로 가장 알맞은 것을 고르십시오. (각 2점)

16.
물은 100도에서 끓으면 열을 가해도 (   ) 수증기로 증발된다. 그러나 압력솥은 밀폐된 뚜껑이 있어 수증기가 새어 나가지 못한다. 내부에 모인 수증기로 인해 압력이 증가하므로 압력솥으로 요리하면 요리 시간이 단축된다.

① 끓지 않고
② 물이 배출되지 못하고
③ 온도는 더 이상 오르지 않고
④ 내부 공기가 빠져나가지 못하고

17.
우리가 일상생활에서 쉽게 접하는 술은 암을 유발시키는 발암 물질이다. 음주가 건강에 해롭다는 것은 알고 있지만 (   ) 별 문제가 없다고 생각하는 사람들이 많다. 그러나 소량의 가벼운 음주도 각종 암 발생 위험을 증가시키는 것으로 나타났다.

① 건강 관리를 잘하면
② 많이 마시지 않으면
③ 안주를 잘 챙겨 먹으면
④ 담배만 피우지 않으면

18.
고양이가 상자를 좋아하는 것은 고양이를 키우는 집사라면 대부분 알고 있는 사실이다. 고양이가 상자를 좋아하는 이유는 야생에서 살아남기 위한 습성에서 기인한다. 야생 동물에게 희생당하지 않기 위해서 (   ) 은신처가 필요했기 때문이다. 고양이는 상자에 들어가 있으면 스트레스가 덜 하고 안정감을 느낀다고 한다.

① 상자로 만들어진
② 자신의 몸을 숨길 수 있는
③ 스트레스를 해소시킬 수 있는
④ 자신의 냄새를 없앨 수 있는

※ [19~20] 다음을 읽고 물음에 답하시오. (각 2점)

> 작년 통계 자료에 의하면 한국의 합계 출산율은 0.78명으로 건국 이래 최저치를 기록했다. 이는 세계에서도 가장 낮은 수치이다. 정부는 이러한 저출산 문제를 해결하기 위해서 임신, 출산, 육아에 대한 지원과 일과 가정을 병행할 수 있도록 다양한 정책을 제공하고 있다. 그러나 정부가 (   ) 좋은 정책을 쏟아낸다고 해도 기업과 개인의 협조가 없다면 유명무실한 정책이 될 뿐이다.

19. (   )에 들어갈 말로 가장 알맞은 것을 고르십시오.
   ① 굳이　　　　　② 반드시　　　　　③ 하여튼　　　　　④ 아무리

20. 윗글의 주제로 가장 알맞은 것을 고르십시오.
   ① 정부는 저출산 문제에 대한 대책을 세워야 한다.
   ② 저출산 문제 해결을 위해서 정부와 민간이 합심해야 한다.
   ③ 정부의 유명무실한 정책으로 인해 한국의 저출산 문제는 해결되지 않고 있다.
   ④ 정부는 저출산 문제에 대한 정책을 세울 것이 아니라 실행 방안을 모색해야 한다.

※ [21~22] 다음을 읽고 물음에 답하시오. (각 2점)

> 지난주에 방영된 새로운 드라마에 대한 비난이 거세다. 지나치게 선정적이거나 폭력적인 내용이 많기 때문이다. 드라마의 재미와 흥미를 위해서 자극적인 요소를 삽입했다고 하지만 도를 넘어섰다는 평이다. 안방에서 가족들과 같이 시청하기에 부담스러운 장면들이 많아 드라마를 많이 보는 중년층마저 (   ) 시작하면서 시청률이 큰 폭으로 하락했다.

21. (   )에 들어갈 말로 가장 알맞은 것을 고르십시오.
    ① 손을 잡기
    ② 입을 모으기
    ③ 등을 돌리기
    ④ 발이 묶이기

22. 윗글의 내용과 같은 것을 고르십시오.
    ① 새로 방영된 드라마는 중년층에게 인기가 많다.
    ② 이번에 새로 시작된 드라마는 시청률이 많이 떨어졌다.
    ③ 이번 드라마는 흥미를 유발하지 못해서 비난을 받고 있다.
    ④ 이번 드라마는 선정적이거나 폭력적이지 않아서 별로 인기가 없다.

※ [23~24] 다음을 읽고 물음에 답하시오. (각 2점)

> 오늘 나는 그토록 원했던 한국으로 유학을 떠난다. 한국 드라마와 한국 음악을 접하고부터 나에게는 한국 유학이라는 꿈이 생겼다. 대학교 공부와 아르바이트를 병행하면서 유학 자금을 모았다. 시간을 쪼개서 틈틈이 한국어도 독학했다. 유학 자금이 어느 정도 모여서 학교를 휴학하고 드디어 꿈에 그리던 한국 유학길에 오르는 것이다. 한국에서 펼쳐질 <u>나의 유학 생활에 대한 생각에 공항에서 기다리는 시간마저 아까웠다.</u> 이런 나의 마음과는 달리 어머니는 얼굴이 어두웠다. 어린 딸이 혼자 유학 가는 것을 마땅치 않게 생각하셨다. 그러나 딸의 완강한 고집을 꺾지는 못하셨다. 공항에서 눈물로 배웅하는 어머니의 얼굴을 보니 마음이 무거웠지만 절대 어머니를 실망시키지 않으리라는 자신이 있었다. 유학 생활이 끝나고 귀국하는 날 공항에서 환하게 웃으며 맞이해 주실 어머니를 상상하며 유학 생활에 최선을 다하리라고 다시 한번 다짐을 했다.

23. 밑줄 친 부분에 나타난 '나'의 심정으로 가장 알맞은 것을 고르십시오.
    ① 힘들고 안타깝다
    ② 설레고 기대된다
    ③ 기쁘고 만족스럽다
    ④ 우울하고 걱정스럽다

24. 윗글의 내용과 같은 것을 고르십시오.
    ① 나는 한국 유학 자금을 스스로 해결했다.
    ② 나는 대학교를 졸업하고 한국에 유학을 간다.
    ③ 어머니는 나의 한국 유학 결정을 지지해 주셨다.
    ④ 어머니는 공항에서 환하게 웃으며 배웅해 주셨다.

※ [25~27] 다음 신문 기사의 제목을 가장 잘 설명한 것을 고르십시오. (각 2점)

25.
| 인기 배우 이인주, 학폭 의혹으로 드라마 하차 |

① 인기가 있는 배우 이인주가 새로운 드라마에 출연한다.
② 인기 배우 이인주는 학폭에 대한 드라마에서 하차한다.
③ 인기 배우 이인주는 학폭 문제로 드라마에서 빠지게 되었다.
④ 학폭에 대한 드라마에 출연한 이후에 이인주의 인기가 높아졌다.

26.
| 전례 없는 무더위로 전국이 찜통, 열대야에 밤잠 설쳐 |

① 해마다 전국적으로 무더위 때문에 힘들다.
② 올해 유난히 날씨가 더워서 밤에도 수면을 취하기가 어렵다.
③ 기후 변화로 인해 전 세계가 열대 지방처럼 무더위가 지속되고 있다.
④ 낮에는 날씨가 더워서 찜통에 들어 있는 듯하나 밤에는 선선해서 좋다.

27.
| 반도체 수출 급감, 관련 기업 투자 유치에 빨간불 켜져 |

① 반도체 관련 기업들이 투자를 해서 수출이 많이 늘었다.
② 반도체 수출이 급감했지만 관련 기업들은 투자를 많이 한다.
③ 반도체 수출이 급감해서 반도체 회사들이 다른 곳에 투자를 하고 있다.
④ 반도체 수출이 많이 줄어서 반도체 관련 회사에 투자하려고 하지 않는다.

※ [28~31] (   )에 들어갈 말로 가장 알맞은 것을 고르십시오. (각 2점)

28.
> 압박 면접은 면접자에게 극한 상황을 제시하여 의도적으로 감정적인 스트레스를 유발시키는 면접이다. 압박 질문을 통해 (   ) 능력을 평가하려는 것이다. 압박 면접은 직무 역량을 파악하는 면접이 아니므로 예상하지 못한 질문을 받았을 때 당황하지 말고 차분하게 자신의 의견을 밝히는 것이 도움이 된다.

① 업무와 관련된
② 위기 상황에 대처하는
③ 직장 생활에 적응하는
④ 동료들과의 관계를 잘 유지하는

29.
> 한국의 전통 놀이 중의 하나인 팽이치기는 겨울철에 인기가 있는 놀이이다. 끝이 뾰족한 팽이를 세워서 돌리는 것이 쉽지 않다. 그러나 (   ) 팽이는 쓰러지지 않고 잘 돈다. 이는 물체가 계속 운동을 하려고 하는 관성 때문이다. 팽이를 더 잘 돌게 하려면 공기의 저항을 덜 받도록 하면 된다. 팽이의 표면을 잘 다듬어서 공기의 저항을 줄이면 더 오래 잘 돈다.

① 한번 돌기 시작한
② 표면이 잘 다듬어진
③ 끝이 뾰족하지 않은
④ 공기의 저항을 받지 않는

30.
체중을 줄이기 위해서 운동을 하는 사람은 식사를 하기 전인 공복 상태에서 운동을 하는 것이 효과적이다. 반면 근육을 강화시키고자 한다면 식후에 운동을 하는 것이 좋은데 특히 단백질을 섭취한 후에 운동을 하면 도움이 된다. 이처럼 ( ) 운동의 효과를 높일 수 있는 식사 시간은 다르다.

① 운동을 하는 강도에 따라
② 운동을 하는 목적에 따라
③ 운동을 하는 시간에 따라
④ 운동을 하는 사람에 따라

31.
아스퍼거 증후군은 자신이 관심이 있는 특정 분야에만 집착하며 다른 사람과의 사회적 소통이 원만하지 않은 정신 질환이다. 다른 사람의 말을 잘 듣지 않고 자신만의 잣대로 상대방을 평가하기 때문에 다른 사람과의 공감 능력이 부족하다. 또한 ( ) 상대방과의 비언어적인 소통에 문제가 생긴다.

① 계속 같은 말을 반복하여
② 다른 사람의 말을 잘 듣지 않아
③ 얼굴에 표정이 잘 드러나지 않아
④ 상대방과의 대화에 잘 참여하지 않아

※ [32~34] 다음을 읽고 글의 내용과 같은 것을 고르십시오. (각 2점)

32.
> 수리부엉이는 밤에 활동하는 야행성 동물로 작은 동물을 사냥하는 육식 동물이다. 수리부엉이는 인간의 무분별한 사냥, 살충제 사용, 산림 지역 개발로 인한 서식지 파괴 등으로 개체수가 줄어들면서 멸종 위기 야생 동물로 지정되어 보호받고 있다. 그러나 아직 개체수는 회복되지 못하고 있는 실정이다. 생태계 개체수를 조절하고 균형을 유지하는 데 중요한 역할을 하는 수리부엉이의 적극적인 보호 정책이 시급하다.

① 수리부엉이는 주로 낮에 적극적으로 움직인다.
② 수리부엉이는 보호 정책으로 개체수가 예전과 동일해졌다.
③ 수리부엉이는 생태계의 개체수를 늘리는 데 중요한 역할을 한다.
④ 수리부엉이는 사람들의 사냥과 살충제 사용으로 많이 희생되었다.

33.
> 감자는 고소한 맛과 풍부한 영양으로 많은 사람들이 다양하게 요리해서 즐겨 먹는 식품이다. 그러나 감자에 싹이 났거나 껍질의 색이 초록색으로 변질이 되었다면 그 감자는 버리는 것이 좋다. 감자에는 해충 및 병원균에 맞서기 위한 천연 살충제인 솔라닌이 있는데 솔라닌은 독성이 강한 물질로 싹이나 껍질에 많다. 극히 소량의 섭취는 문제가 없으나 20mg 이상을 섭취할 경우 복통, 구토, 호흡 곤란, 식중독 등의 다양한 증상이 나타난다. 솔라닌은 열에 강한 특성이 있어 뜨거운 물에 익혀도 없어지지 않는다.

① 감자는 천연 살충제를 뿌려서 재배한다.
② 솔라닌은 아주 조금만 먹어도 건강에 문제가 생긴다.
③ 열을 가하면 솔라닌이 없어지므로 가열해서 먹는 것이 좋다.
④ 싹이 난 감자나 껍질의 색깔이 변한 감자는 버리는 것이 좋다.

34.
> 자기효능감이란 어떠한 과제를 수행할 수 있는 자신의 능력에 대한 판단과 믿음이다. 자신감과 유사한 의미로 실제의 자신의 능력과 무관하게 스스로의 능력에 대한 개인적인 믿음이다. 자기효능감이 높을수록 학업 성취도가 높고 매사에 긍정적이라는 연구 결과가 있다. 이러한 자기효능감은 다양한 성취 경험을 통해 강화된다. 그러므로 먼저 쉬운 과제를 제시하여 성공한 경험을 하게 한 후 점차적으로 과제의 난이도를 올리는 것이 효과적이다.

① 자기효능감은 주관적인 개념이다.
② 자기효능감은 자신의 능력에 따라 달라진다.
③ 자기효능감과 공부 성적과는 상관관계가 없다.
④ 자기효능감 향상을 위해 어려운 과제부터 제시하는 것이 좋다.

※ [35~38] 다음을 읽고 글의 주제로 가장 알맞은 것을 고르십시오. (각 2점)

35.
> 가정 폭력은 가족 구성원을 대상으로 발생하는 폭력으로 신체적인 폭력뿐만 아니라 언어적인 욕설과 비난 등 정신적인 폭력도 포함된다. 흔히 가정 폭력은 가해자와 피해자가 모두 가족들이라는 이유로 개인적인 문제로 치부되기도 한다. 폭력은 어떠한 상황에서도 정당화될 수 없는 범죄 행위이다. 그러므로 가정에서 폭력이 발생했을 때 신고해서 처벌을 받도록 해야 한다.

① 가정 폭력 피해자의 폭력 신고가 증가했다.
② 가정 폭력은 가족 내에서 해결하는 것이 이상적이다.
③ 가족 구성원 간에 발생한 폭력이라도 처벌을 받아야 한다.
④ 욕을 하거나 상대방을 비난하는 것은 가정 폭력에 해당되지 않는다.

36.
> 정부는 최근 식당이나 카페에서 일회용 컵이나 플라스틱 빨대 사용 금지 정책을 사실상 철폐했다. 일회용 컵 사용은 규제 자체를 없앴고 플라스틱 빨대는 계도 기간을 무기한 연장한다고 발표했다. 소상공인의 어려움과 국민의 불편을 해소하기 위한 결정이었다고 하지만 정부의 정책이 지속 가능하지 않고 이렇게 쉽게 변경된다면 결국 국민의 신뢰를 잃게 될 것이다.

① 정부의 정책은 일관성이 있어야 한다.
② 소상공인과 자영업자를 위한 정책을 마련해야 한다.
③ 환경 보호를 위해서 일회용품 사용은 규제해야 한다.
④ 정부는 정책의 변경에 대해 국민들에게 잘 설명해야 한다.

37.
> '임금피크제'는 일정한 연령에 도달하면 임금을 삭감하는 대신 정년까지 고용을 보장하는 제도이다. 이 제도로 노동자는 고용 유지를 보장받을 수 있고 기업의 입장에서는 숙련된 노동자를 좀 더 고용할 수 있으므로 노동자와 기업이 상생할 수 있는 제도이다. 그러나 대법원에서 이 제도는 합리적인 사유가 없는 연령 차별이라는 이유로 위헌 판결을 내렸다. 대법원의 위헌 판결이 이 제도가 무효라는 의미라기보다는 이 제도의 악용을 막아야 한다는 의미로 분석된다.

① 임금피크제는 현재의 기업문화에 맞지 않다.
② 임금피크제에 대한 대법원의 판결은 무효이다.
③ 임금피크제는 노동자보다 기업에게 유리한 제도이다.
④ 임금피크제는 노동자와 기업이 상생할 수 있는 제도이다.

38.
> 기초생활보장제도는 생계, 의료, 주거 등 기초 생활을 영위하기 어려운 국민을 대상으로 국가가 최저생활을 영위할 수 있도록 보장해 주는 제도이다. 이 제도는 부양 능력이 있는 부양의무자의 유무, 재산과 소득의 평가를 기준으로 대상자를 선정한다. 그러나 부양의무자와 전혀 연락이 안 되는 경우는 빈곤층이라고 하더라도 이 제도의 혜택을 받을 수 없다. 실제 도움이 절실한 사람들이 혜택을 받을 수 있도록 개선 방안이 마련되어야 한다.

① 기초생활보장제도는 폐지되어야 한다.
② 기초생활보장제도의 소득 평가 기준이 낮다.
③ 기초생활보장제도 대상자와의 소통이 중요하다.
④ 기초생활보장제도 대상자 선정 기준을 개선해야 한다.

※ [39~41] 주어진 문장이 들어갈 곳으로 가장 알맞은 것을 고르십시오. (각 2점)

39.
> 이 책의 특징은 인지도가 높은 그림에 대한 해석이 아니라 화가들의 생애를 중심으로 작품을 설명하고 있다는 점이다.

> 이 책은 유럽의 미술관에 전시되어 있는 그림들을 소개하고 있다. (㉠) 그러므로 그림의 가치보다 그림을 그릴 당시의 시대적인 상황과 화가의 삶의 배경을 통해 그림을 분석하고 있다. (㉡) 그림을 통해 나타내고자 했던 화가의 생각과 아픔, 고통 등을 잘 설명하고 있다. (㉢) 유럽의 미술관을 방문할 계획이 있다면 미술관을 관람하기 전에 한번 읽고 가면 좋을 책이다. (㉣)

① ㉠ ② ㉡ ③ ㉢ ④ ㉣

40.

> 반면 빨간색은 에너지를 생성하여 활기 넘치게 하는 효과가 있다고 알려져 있다.

> 색이 발휘하는 힘은 생각보다 크다. (㉠) 많은 연구를 통해서 특정 색깔이 인간의 정신과 육체에 영향을 미친다는 것이 밝혀졌다. (㉡) 예를 들어 분홍색 향수병을 보면 부드러운 향기를 연상한다. 분홍색이 감정을 진정시키는 효과가 있기 때문이다. (㉢) 선수들의 유니폼을 빨간색으로 하면 경기에 이길 확률이 높아진다는 연구 결과도 있다. (㉣)

① ㉠ ② ㉡ ③ ㉢ ④ ㉣

41.

> 석조전은 이름이 의미하는 것처럼 돌로 만들어진 건물이다.

> 덕수궁의 석조전은 대한제국의 대표적인 서양식 건물이다. (㉠) 19세기 영국에서 유행하던 신고전주의 양식의 건물로 완벽한 좌우 대칭을 이루는 것이 특징이다. (㉡) 이는 이전의 전통적인 궁궐의 주요 건축 자재가 대부분 나무였던 것을 생각하면 파격적이라고 볼 수 있다. (㉢) 복원 공사를 거쳐 현재는 대한제국역사관으로 사용되고 있다. (㉣)

① ㉠ ② ㉡ ③ ㉢ ④ ㉣

※ [42~43] 다음을 읽고 물음에 답하십시오. (각 2점)

> 부모님이 이혼한 이후로 영희는 할머니 집에서 살게 되었다. 일주일에 한 번씩 영희를 보러 오는 어머니를 만나는 것이 영희의 가장 큰 행복이었다. 한 번도 찾아오지 않는 아버지가 보고 싶었던 영희는 아버지가 해외 근무 중이라서 만날 수 없다는 자기 최면을 걸기도 했다. 할머니가 영희를 잘 보살펴 주셨지만 영희는 항상 뭔가 부족을 느끼며 살았다. 그 부족함을 채우기 위해 영희는 열심히 공부를 했고 성적이 아주 우수했다. (중략)
> 어느날 놀이터에서 놀고 있던 영희를 보고 동네 아주머니들이 말을 걸었다.
> "영희야, 아빠는 뭐 하셔? 아빠는 왜 안 오셔?"
> "우리 아빠는 외국에서 근무하고 계셔서 못 오시는 거예요." (중략)
> 대학교에 들어가면서 영희는 독립을 했다. 약 10년간의 자취 생활을 끝내고 다음 달에 결혼을 한다. 영희의 결혼 소식을 어떻게 들었는지 그동안 한 번도 연락이 없었던 아버지에게서 연락이 왔다.
> "영희야, 결혼식에 입장할 때 아빠가 손을 잡고 들어갈까?"
> "<u>지금까지 아버지가 저한테 해 주신 게 뭐가 있어서요? 저에게 아버지가 있었나요?</u>"
> "그래. 미안하다. 하객석에서 조용히 결혼식을 지켜보마."
> 아버지의 전화를 끊으며 영희는 절대 아버지처럼 살지 않을 거라고 다짐했다.

42. 밑줄 친 부분에 나타난 '나'의 심정으로 가장 알맞은 것을 고르십시오.
   ① 안쓰럽다
   ② 후회스럽다
   ③ 실망스럽다
   ④ 원망스럽다

43. 윗글의 내용으로 알 수 있는 것을 고르십시오.
   ① 영희의 아버지는 해외 근무를 하셨다.
   ② 영희의 할머니는 영희를 잘 보살펴 주셨다.
   ③ 영희는 부모님이 이혼한 후 독립해서 생활했다.
   ④ 영희는 아버지의 손을 잡고 결혼식 입장을 할 것이다.

※ [44~45] 다음을 읽고 물음에 답하십시오. (각 2점)

> 과거 제도는 시험을 통해 관리를 뽑는 제도이다. 오늘날의 공무원 시험 제도와 유사하다고 볼 수 있다. 과거 제도를 실시하기 이전에는 신분에 의한 세습이나 적당한 사람을 추천하는 천거 방식을 이용했다. 고위 관리를 역임할 수 있는 신분은 태어날 때 이미 정해지는 신분제 사회였던 것이다. 신분이 세습되면서 양반들의 권력은 강해질 수밖에 없었다. 고려의 4번째 왕인 광종은 이러한 양반들의 세력을 견제하고 (　　　　　) 하나의 수단으로 과거 제도를 본격적으로 시행하였다. 과거 시험에 통과하는 것을 가문으로 영광으로 여길 만큼 합격하기는 힘들었다. 일생을 공부에만 투자해도 합격하기가 쉽지 않은 과거 시험에 목을 매는 사람이 많았던 이유는 무엇일까? 과거제도는 가문과 상관없이 개인의 능력에 의해 선발되는 시험이었으므로 이를 통해 신분 상승이 가능했기 때문이다.

44. (　) 에 들어갈 말로 가장 알맞은 것을 고르십시오.
  ① 왕권을 강화하기 위한
  ② 신분 세습을 강화하기 위한
  ③ 양반 세력과 협력하기 위한
  ④ 적절한 인재를 추천하기 위한

45. 윗글의 주제로 가장 알맞은 것을 고르십시오.
  ① 고려의 4번째 왕이 과거 제도를 만들었다.
  ② 과거 제도와 공무원 시험 제도는 비슷하다.
  ③ 천거 방식의 추천제가 인재 선발에 이상적이다.
  ④ 과거 제도는 능력에 의해 인재를 선발하는 제도이다.

※ [46~47] 다음을 읽고 물음에 답하십시오. (각 2점)

> 부동산 공시 가격은 국토개발부에서 매년 조사하여 발표하는 부동산의 적정 가격이다. 이러한 공시 가격은 재산세나 종합부동산세 등 부동산과 관련된 세금을 산정하는 기준이 된다. 정부는 부동산 가격이 치솟자 실제 부동산 시세의 70% 정도인 공시 가격을 매년 단계적으로 올려 90%까지 현실화하려는 정책을 마련했다. 이러한 공시 가격 현실화 정책이 실시되자 국민들의 세금 부담이 커지면서 불만의 목소리가 높다. 토지 거래 허가제와 함께 부동산 가격을 안정화시키기 위한 정부의 정책이라고 하지만 이러한 방법으로 부동산 가격의 안정화를 기대하기는 어렵다. 부동산을 매매할 때 발생하는 취득세 등의 세금과 부동산 보유에 관련된 각종의 세금은 일반 국민들의 거주지의 선택을 방해하는 요인으로 작용할 수 있다. 정부가 부동산의 가격 변동에 지나치게 개입하기보다는 시장 경제의 흐름에 맡겨 두는 것이 바람직하다고 생각한다.

46. 윗글에 나타난 필자의 태도로 가장 알맞은 것을 고르십시오.
① 정부의 부동산 관련 개입을 우려하고 있다.
② 정부의 부동산 관련 세금 정책 시행을 촉구하고 있다.
③ 정부의 부동산 정책에 대해서 동의하면서 지지하고 있다.
④ 정부의 부동산 공시 가격 현실화 정책에 대해 환영하고 있다.

47. 윗글의 내용과 같은 것을 고르십시오.
① 현재 부동산 공시 가격은 시세의 90% 정도이다.
② 부동산 공시 가격은 부동산 중개소에서 조사하여 발표한다.
③ 부동산 공시 가격은 부동산과 관련된 각종 세금 산정의 기준이 된다.
④ 부동산 공시 가격의 현실화 정책에 대한 국민들의 반응은 긍정적이다.

※ [48~50] 다음을 읽고 물음에 답하십시오. (각 2점)

> 로봇 수술은 수술을 집도하는 의사가 로봇을 조정하며 진행하는 수술이다. 현재 외과 수술에서 로봇 수술이 많이 시행되고 있는데 그 이유는 무엇일까? 우선 로봇 수술은 입체 영상으로 수술 부위를 확대하여 볼 수 있으므로 수술의 정확성이 높아진다. 수술 부위가 가려져서 잘 보이지 않는 경우나 미세한 부분을 수술해야 하는 경우 안정적으로 수술을 진행할 수 있다. 그리고 로봇 수술은 로봇 기기를 사용하여 원하는 각도와 방향 조절이 가능하다. 그러므로 좁은 공간에서도 수술을 원활하게 진행할 수 있을 뿐만 아니라 봉합 속도도 빨라서 수술 시간이 감소된다. 수술 시간의 감소는 마취 시간의 감소를 의미하며 이는 마취로 인한 합병증 예방에 도움이 된다. 피부를 절개하여 집도의의 손으로 수술을 진행하는 개복 수술과 달리 로봇 수술은 작은 구멍을 뚫어 수술하므로 (   ) 수술 시 출혈이나 감염의 위험과 통증을 줄일 수 있다. 로봇 팔에 장착되는 기구들의 사용 제한 등으로 인한 비용 발생 등이 문제이기는 하나 과학 기술의 발달로 이러한 문제들은 해결되리라고 생각한다.

48. 윗글을 쓴 목적으로 가장 알맞은 것을 고르십시오.
　① 로봇 수술의 장점을 설명하려고
　② 로봇 수술과 개복 수술을 비교하려고
　③ 로봇 수술의 비용 절감 방안을 논의하려고
　④ 로봇 수술이 의료계에 미친 영향을 분석하려고

49. (   )에 들어갈 말로 가장 알맞은 것을 고르십시오.
　① 피를 흘리지 않아서
　② 미세하게 수술을 해서
　③ 절개 부위가 크지 않아서
　④ 의사가 직접 수술을 하지 않아서

50. 윗글의 내용과 같은 것을 고르십시오.
　① 로봇 수술은 집도의가 필요없다.
　② 로봇 수술은 개복 수술에 비해서 출혈이 적다.
　③ 로봇 수술은 아직 기술이 발달하지 않아 안전성에 문제가 있다.
　④ 수술 부위가 아주 작은 경우에는 로봇 수술이 바람직하지 않다.

정답 및 풀이

듣기 정답 및 풀이
쓰기 정답 및 풀이
읽기 정답 및 풀이
실전 모의고사 정답 및 풀이

듣기 정답 및 풀이

유형 ❶ 그림 또는 그래프 고르기

1 대화가 이루어지는 장소 찾기

1 ①

듣기 대본

여자: 3번 고객님, 예약하셨나요?
남자: 아니요, 지금 접수를 하려고 합니다.
여자: 오늘은 예약 환자가 많아서 대기 시간이 길어질 것 같습니다.

풀이

① 병원에서 이루어지는 상황이다. '당일 접수, 예약 환자' 등이 중요한 단어이다.
② 커피숍에서 이루어지는 상황이다. '주문하시겠어요?, 드시고 가세요?, 가지고 갈 거예요' 등의 대화가 오고 간다.
③ 식당 입구에서 이루어지는 상황이다. '몇 분이세요?, 예약하셨어요?, 지금 식사할 수 있어요?' 등의 대화가 오고 간다.
④ 은행 창구에서 이루어지는 상황이다. '계좌를 개설하려고 합니다, 신분증을 가지고 오셨어요?' 등의 대화가 오고 간다.

2 대화 내용에 맞는 행동 찾기

2 ③

듣기 대본

남자: 많이 다치지 않아서 다행이다. 그래도 피가 나니까 우선 밴드를 붙이자.
여자: 비싼 컵을 깨뜨려서 어떡해?
남자: 컵은 신경 쓰지 말고 손이나 이쪽으로 내밀어 봐.

풀이

① 컵을 떨어뜨린 상황이다. '손이 미끄러워서 떨어뜨렸어, 깜짝 놀랐어' 등의 대화가 오고 간다.
② 깨진 컵을 청소하는 상황이다. '내가 치울게, 다치지 않게 조심해' 등의 대화가 오고 간다.
④ 깨진 유리창을 보고 있는 상황이다. '누가 깼을까?, 유리를 갈아야겠어' 등의 대화가 오고 간다.

3 대화 내용에 맞는 그래프 찾기

3 ③

듣기 대본

남자: 한국의 고등학생들은 학업으로 인한 스트레스가 가장 많았습니다. 그다음은 가족이 스트레스의 원인이었습니다. 스트레스를 푸는 방법으로는 혼자 스트레스를 푼다는 응답이 63%로 가장 많았고 다음으로 친구와 스트레스를 푼다는 응답이 20%로 뒤를 이었습니다. 가족들과 함께 스트레스를 푼다고 응답한 경우는 9%로 나타났습니다.

풀이

스트레스 원인은 '학업 > 가족' 순이고 스트레스를 푸는 방법은 '혼자 > 친구 > 가족' 순이므로 ③이 정답이다.

유형 ❷ 이어지는 말이나 행동 고르기

1 이어지는 말 찾기

4 ③

듣기 대본

여자: 미안한데 오늘 약속을 좀 미뤘으면 좋겠어.
남자: 그래? 난 괜찮은데 무슨 일이 있어?
여자: _____

풀이

① '선약이 있는데 어떻게 하지?'에 대한 대답으로 적당한 표현이다.
② '언제 전화할까?'에 대한 대답으로 적당한 표현이다.
③ '무슨 일이 있어?, 어디가 아파?'와 같은 질문에 적당한 대답이다.
④ '왜 시내에서 만나?'에 대한 대답으로 적당한 표현이다.

5 ②

듣기 대본

남자: 중고 침대가 하나 필요한데 어디에서 사면 좋을까요?
여자: 졸업하는 선배들 중에 쓰던 물건을 파는 사람들이 있어요.
남자: _____

풀이

① 사용해 보라고 권할 때 사용하는 표현이다.
② 학교에서 학생들이 필요한 내용을 게시판에서 확인하는 상황에서 사용할 수 있는 표현이다.
③ 침대를 사지 말라고 할 때 사용하는 표현이다.
④ 가구시장이 어디에 있는지 알려 줄 때 사용하는 표현이다.

6 ③

듣기 대본

여자: 요즘은 어두운색보다 밝은색이 유행이야.
남자: 난 밝은색 옷이 잘 안 어울려.
여자: _____

풀이

① 옷을 두 벌 사면 더 싸게 살 수 있을 때 사용하는 대화이다.
② 옷값에 대해서 말할 때 사용하는 대화이다.
③ 밝은색 옷을 입어 보라고 권할 때 사용하는 대화이다.
④ 옷이 작을 때 큰 치수로 입어 보라고 권할 때 사용하는 대화이다.

7 ③

듣기 대본

여자: 인터넷으로 판매를 시작하자마자 표가 매진됐대요.
남자: 오랜만에 하는 공연인 데다가 유명한 가수들도 많이 나오나 봐요.
여자: _____

풀이

① 표가 많이 남았다고 설명할 때 사용하는 대화이다.
② 공연을 보자고 제안할 때 사용하는 대화이다.
③ 사람들이 관심을 갖는 이유가 있다고 말할 때 사용하는 대화이다.
④ 인터넷으로 표를 사니까 편하다고 말할 때 사용하는 대화이다.

8 ③

듣기 대본

남자: 관리실이죠? 여기 105동 308호인데요. 수도관에 문제가 있는지 소리가 너무 시끄러워서요.
여자: 네, 알고 있습니다. 지금 수리기사들이 점검하는 중인데 30분 정도면 끝날 겁니다.
남자: _____

풀이

① 상대방이 와야 하는 상황에서 사용할 수 있는 대화이다.
② 지금 관리실에 전화하고 있는 상황이기 때문에 맞지 않다.
③ 지금 수도관에 문제가 있는 상황이기 때문에 질문할 수 있다.
④ 잘못을 했을 때 사용할 수 있는 대화이다.

2 이어지는 행동 찾기

9 ③

듣기 대본

여자: 택배가 왔는데 잘못 배달된 것 같아.
남자: 그럼, 뜯지 말고 그대로 반송을 해야 해.
여자: 우체국에다가 연락하면 돼?
남자: 그냥 상자에 반송이라고 써서 밖에 내놔.

풀이

남자가 물건을 뜯지 말고 반송이라고 써서 밖에 내놓으라고 했다. 그리고 우체국에 연락할 필요가 없다.

10 ②

듣기 대본

> 남자: 이 집은 시세보다 싼 편이고 위치도 좋아서 금방 나갈 거예요.
> 여자: 다 좋은데 방이 좀 작아서 망설여지네요.
> 남자: 그럼, 한 군데 더 보여 드릴까요?
> 여자: 네, 그렇게 해 주시면 좋겠어요.

풀이

여자는 지금 보고 있는 집이 조금 마음에 들지 않는다. 그래서 다른 곳을 더 봤으면 좋겠다고 한다.

11 ②

듣기 대본

> 남자: 평일인데도 사람이 많네. 탑승수속은 끝냈어?
> 여자: 응, 짐이 좀 많아서 추가 비용을 냈어.
> 남자: 짐표하고 탑승권 잘 챙겨.
> 여자: 걱정하지 마. 이제 타기만 하면 돼.

풀이

두 사람이 공항에서 이야기하고 있다. 짐을 부치고 탑승 수속이 끝난 상황이라서 남은 일은 비행기를 타는 것이다.

12 ④

듣기 대본

> 여자: 고등학교 동창이 보험회사에 들어갔다고 보험 하나 들어 달라고 왔어요.
> 남자: 며칠 전에도 친척이 부탁해서 보험을 들지 않았어요?
> 여자: 그러니까요. 아무래도 지난번 것은 취소할까 봐요.
> 남자: 동창의 부탁을 거절하기 어려우면 그렇게라도 해야지요.

풀이

여자는 보험회사에 들어간 고등학교 동창의 부탁을 들어주려고 지난번에 든 보험을 취소하려고 한다.

유형 ❸ 전체 내용 이해하기

1 화자의 중심 생각 파악하기

17 ②

듣기 대본

> 남자: 아무래도 체중을 관리하려면 유산소운동을 해야 할 것 같아. 그동안 근력운동만 했더니 체중이 별로 줄지 않았어.
> 여자: 근력운동과 유산소운동을 병행하면 어때?
> 남자: 한꺼번에 둘 다 하기는 어려울 테니까 우선 유산소운동으로 체중을 조절한 후에 근력운동을 할까 해.

풀이

남자는 근력운동보다 유산소운동을 하면 체중을 관리할 수 있다고 생각한다.

18 ③

듣기 대본

> 남자: 직장에서는 될 수 있는 대로 빨리 분위기에 익숙해지는 게 중요해요. 그래야 일에 자신감도 생기고요.
> 여자: 저도 최선을 다하고 있는데 쉽지 않네요.
> 남자: 동료들하고는 어때요? 잘 어울리시죠?

풀이

남자는 직장의 분위기에 빨리 익숙해지는 것이 중요하다고 생각한다.

19 ②

듣기 대본

> 여자: 어떤 사람을 뽑을지 생각해 보셨어요?
> 남자: 새로운 일을 시작해야 하니까 좀 활동적이고 적극적인 사람이 좋겠지요?
> 여자: 그렇지요. 그리고 팀원들을 이끌어야 하니까 경험이 많은 사람이 적당할 것 같아요.
> 남자: 경험이 좀 부족하더라도 도전하는 젊은 층을 뽑았으면 해요.

풀이

남자는 도전하는 젊은 층을 뽑았으면 좋겠다고 한다. 그리고 새로운 일을 시작하려면 활동적이고 적극적인 사람이 좋겠다고 한다.

20 ③
듣기 대본

여자: 많은 사람들의 목표가 성공과 출세라고 하는데 성공이란 뭘까요?
남자: 돈도 잘 벌고 남에게 인정을 받으면 그걸 성공이라고 하는 사람도 있습니다. 하지만 눈앞에 보이는 이익만 생각하고 남과 경쟁하다가 보면 정신적으로 문제가 생길 수 있습니다. 그건 진정한 의미에서 성공이라고 할 수 없습니다. 물질적인 면에서뿐만 아니라 정신적인 면에서도 부족함을 느끼지 않는 균형 잡힌 삶이라야 성공적인 삶이라고 할 수 있습니다.

풀이

남자는 물질적인 것과 정신적인 것이 균형을 이루어야 진정한 성공이라고 말한다.

21 ③
듣기 대본

남자: 그래, 어느 대학에 지원할지 결정했어?
여자: 대학은 정했는데 전공이 고민이에요. 취직을 생각하면 경영학이나 경제학을 전공하는 게 좋을 것 같은데 제 적성에는 안 맞을 것 같아요.
남자: 뭘 전공할지 정하고 나서 대학을 선택하는 게 낫지 않을까? 그리고 직업과 전공을 너무 관련 지으면 좋은 결정을 할 수 없을 거야. 우선은 뭘 배우고 싶은지 생각해 보는 게 좋을 것 같은데.
여자: 맞는 말씀이에요. 그런데 제 생각에 확신이 안 서요.

풀이

남자는 전공을 정하고 나서 대학을 선택하는 게 낫다고 생각한다.

23 ③
듣기 대본

남자: 안녕하세요? 개인정보 이용에 동의해 주신 고객들을 대상으로 설문조사를 진행 중입니다. 잠깐 시간이 괜찮으시면 몇 가지 질문을 드리겠습니다.
여자: 네, 말씀하세요.
남자: 저희 회사 가전제품을 사용 중이신데 불편한 점은 없으신지요?
여자: 다른 것은 괜찮은데 냉장고 소음이 좀 심해서 밤에는 신경에 거슬릴 때가 있어요.
남자: 불편하시겠습니다. 전문기사를 보내서 어떤 문제가 있는지 점검을 해 드려도 될까요? 출장 비용은 없습니다.

풀이

남자는 회사의 가전제품을 사용하고 있는 고객에게 전화를 해서 문제가 있는지 알아보고 있다.

25 ②
듣기 대본

여자: 이번에 새로 출시된 라면이 선풍적인 인기를 끌고 있다고 합니다. 인기의 비결이 뭐라고 생각하십니까?
남자: 생필품 가격의 인상으로 어려움을 겪는 국민들을 위해서 가격 대비 영양이 풍부한 라면을 만들어 보자는 것이 개발 방향이었습니다. 라면 한 그릇에 집밥 한 그릇의 영양을 담으려고 노력했습니다. 또한 요즘은 해로운 물질에 민감한 상황이어서 특수 재질의 용기를 사용했고 조리 시간도 3분에서 2분으로 단축했습니다. 이처럼 소비자들이 무엇을 원하는지 정확하게 파악한 것이 인기의 비결이라고 생각합니다.

풀이

남자는 소비자들이 무엇을 원하는지 알아야 신제품을 많이 판매할 수 있다고 생각한다.

31 ④

듣기 대본

남자: 출퇴근 시간을 자율화하자는 직원들의 요구가 있습니다. 자신의 개인 일정에 맞춰서 동료들과 시간을 조정하기 때문에 전체적인 업무에는 지장이 없을 듯합니다.
여자: 직원들의 상황을 배려하는 것은 좋지만 협업이 필요한 업무가 있을 경우에는 문제가 생길 것 같습니다.
남자: 시행 초기에는 혼란이 불가피하겠지만 점차 안정되리라고 생각합니다.
여자: 향후 발생할 수 있는 문제점을 예측해 보고 최선의 방법을 찾아야 한다고 생각합니다.

풀이

직원들이 출퇴근 시간을 자유롭게 결정해도 전체적인 업무에는 지장이 없을 것이라는 것이 남자의 생각이다.

37 ③

듣기 대본

남자: 연일 계속되는 폭염으로 고통을 호소하는 시민들이 늘고 있습니다.
여자: 네, 전례 없는 더위 속에서 전국이 펄펄 끓고 있습니다. 각 지역에서는 더위를 피할 수 있는 그늘막을 설치하고 거리에 물을 뿌리는 등 다양한 노력을 기울이고 있습니다. 하지만 무엇보다도 중요한 것은 공장을 멈추고 근로 시간을 줄이는 등 노동자들의 안전을 지키기 위한 노력이라고 생각합니다. 나아가 일정 기간 동안 조업을 중단하고 휴가 기간을 지정하는 것도 피해를 최소화하는 방법이라고 생각합니다. 또한 온열 질환에 노출되지 않도록 예방 교육을 철저히 하고 건강에 문제가 없는지 상담을 하는 것도 중요합니다.

풀이

여자는 폭염으로 인해 발생할 수 있는 여러 가지 피해를 줄일 수 있도록 노력해야 한다고 생각한다.

2 화자의 의도 파악하기

27 ②

듣기 대본

남자: 강력 범죄가 발생할 때마다 감시 카메라를 늘려야 한다는 얘기가 나오는 것 같아.
여자: 사실 감시 카메라가 많아지면서 범죄가 줄었다는 조사 결과가 많잖아. 나부터도 감시 카메라가 있는 곳에서는 조심하게 되거든.
남자: 하지만 그게 근본적인 대책은 될 수 없다고 생각해. 더구나 범죄 예방을 목적으로 설치한 감시 카메라가 시민들의 사생활을 심각하게 침해할 수도 있고.
여자: 맞아. 그렇지만 많은 인력을 동원하지 않고도 사람들을 안심시키는 효과는 있다고 생각해.
남자: 난 길을 걸을 때 카메라가 나를 따라다니는 것 같아서 기분이 섬뜩할 때가 있어.

풀이

남자는 감시 카메라가 시민들의 사생활을 침해할 수 있다고 생각한다.

35 ②

듣기 대본

남자: 생태체험마을에 보내 주신 여러분의 지속적인 성원에 감사드립니다. 저희 생태체험마을은 숲이 우리에게 내어 주는 싱그러운 향기를 맡으며 산책을 하고 아름다운 생태와 문화를 체험할 수 있는 곳입니다. 자연과 함께 어울리며 교감하는 곤충학교, 나무가 놀이기구가 되는 나무나라 등 오감 맞춤 생태체험프로그램이 여러분을 기다리고 있습니다. 자연을 가까이에서 느낄 수 있는 체험프로그램에 여러분을 초대합니다. 생태체험마을에서 제공하는 모든 프로그램은 예약제로 시행되기 때문에 지정된 일자까지 미리 신청하셔야 참가하실 수 있습니다.

풀이

남자는 체험프로그램에 참가하면 좋은 경험을 할 수 있다고 권유하고 있다.

46 ④

듣기 대본

여자: 기업과 고객 간의 정보 불균형이 관심사로 대두되면서 관련 서적들도 봇물처럼 쏟아져 나오고 있습니다. 기업은 공급하는 상품이나 서비스에 대해서 고객보다 더 많이 알고 있기 때문에 고객에 비해서 정보상 우위에 있죠. 반면 고객은 그 상품이나 서비스가 왜 자신에게 필요한지 결정하는 정보를 가지고 있습니다. 이러한 정보 비대칭의 문제는 비단 기업 경영에만 존재하는 것은 아닙니다. 부모와 자식, 학생과 선생, 고용주와 고용인, 의사와 환자 간에도 갖고 있는 정보에 차이가 있습니다. 이러한 정보 비대칭의 상태는 정보의 소통으로 해소될 수 있는데 가장 효과적인 방법은 대화입니다. 자신이 갖고 있는 정보를 제공하고 상대의 정보를 수용하면서 정보의 불균형으로 인한 갈등과 피해를 최소화할 수 있다는 것입니다.

풀이

여자는 대화를 통해서 정보 불균형을 해결할 수 있다고 말하고 있다.

3 화자의 신분 파악하기

29 ②

듣기 대본

여자: 요즘은 에어컨을 사용하지 않는 가정이 별로 없을 것 같습니다. 그런데 이 에어컨이 각종 세균과 곰팡이가 증식하기 쉽다면서요?

남자: 네, 맞습니다. 에어컨을 정기적으로 청소하지 않을 경우 에어컨 내부에 있던 각종 세균이 시원한 공기와 함께 밖으로 나와 호흡기 질환을 유발시키는 원인이 됩니다.

여자: 가정에서 직접 에어컨을 청소해도 문제가 없지 않을까요?

남자: 간단한 필터 세척 정도는 가정에서 직접 할 수 있습니다. 그러나 눈에 보이지 않는 오염까지 완벽하게 제거하려면 저희 업체와 같은 전문 업체에 맡기는 것이 좋습니다.

풀이

남자는 에어컨 청소 업체 직원이다.

4 화자의 태도 파악하기

32 ②

듣기 대본

남자: 이번 신입사원은 비정규직으로 채용했으면 합니다. 한시적으로 업무를 진행해 보고 이후에도 업무가 유지되어야 한다고 판단되면 그때 정규직을 채용해도 늦지 않습니다.

여자: 비정규직으로 채용하면 회사의 부담은 적겠지만 업무의 특성상 어려움이 예상됩니다. 타 부서와 긴밀히 협력해야 하는 상황에서 단기간 근로자가 효과적으로 일을 수행할 수 있을까요?

남자: 단기간 근로자라도 정규직에 준하는 우수한 인재를 뽑는다면 업무 진행에 문제가 없을 거라고 생각합니다.

여자: 비정규직에 대한 선입견이나 다른 구성원들과의 관계 등을 고려할 때 신중하게 접근해야 한다고 생각합니다.

풀이

남자는 여자의 의견에 동의하지 않지만 강하게 반박하지도 않는다. 남자는 비정규직 채용에 대한 자신의 의견을 계속해서 주장하고 있다.

48 ①

듣기 대본

여자: 여성가족부에서 출산율 증가를 위해서 부모급여를 신설하겠다고 발표했는데요. 이번에는 실효성이 있는 정책이 될지 궁금합니다.

남자: 출산을 장려하기 위한 정책적인 노력이 오랜 기간 지속되었음에도 불구하고 개선되지 않는 상황을 감안한다면 이번 정책도 효과성이 의심됩니다. 출산을 결정하는 데 영향을 주는 요인은 아주 다양합니다. 그러므로 단편적인 정책이 아니라 임신과 출산 지원, 신생아 의료 지원, 보육 비용 지원, 일과 가정의 양립 지원 등 종합적인 지원 방안이 마련되어야 합니다.

풀이

남자는 이번 정책의 효과성을 의심하고 있다. 이번 정책이 효과가 있을 것으로 믿지 않는다.

50 ③

듣기 대본

남자: 인터넷을 기반으로 하는 동영상 플랫폼들이 이제는 기존의 방송보다 더 친숙한 매체가 되었는데요. 1인 미디어의 등장은 양적으로, 질적으로 놀랄 만한 정보를 우리에게 제공한다는 점에서 큰 의미가 있다고 봅니다. 1인 미디어만의 자유로운 형식과 내용으로 다양한 이용자들의 요구에 맞춰 대응할 수 있다는 이점도 있지요. 하지만 이를 규제하는 방식이 기존의 방송보다 느슨한 것이 사실입니다. 새로운 정보를 알리고 여론을 환기시킴으로써 사회적 논의를 이끌어 내는 면에서는 긍정적으로 평가될 수 있습니다. 하지만 특정 집단의 이권을 위해서 가짜 뉴스를 만든다거나 타인의 명예를 훼손하는 등 사회적 혼란과 피해를 초래하는 문제까지 관대하게 보아 넘겨서는 안 됩니다.

풀이

1인 미디어가 특정 집단의 이권을 위해서 가짜 뉴스를 만들거나 타인의 명예를 훼손하는 등의 문제에 대해서 이야기하고 있다. 이러한 문제를 줄이기 위해서 법으로 1인 미디어를 제한해야 한다는 의견을 말하고 있다.

5 주제 파악하기

33 ③

듣기 대본

여자: 현대는 온갖 정보가 범람하는 그야말로 정보화 시대입니다. 물질이나 에너지보다 정보가 더 큰 가치를 가지게 된 사회죠. 하지만 사생활이 침해되고 개인정보가 유출되면서 많은 피해가 발생되기도 합니다. 문제는 수많은 정보 중에서 우리가 이용할 만한 것은 무엇이며 이것을 어떻게 유효적절하게 활용하느냐 하는 것입니다. 여기에는 정보의 생산이나 소비에 대한 도덕적 책임이 바탕이 되어야 합니다. 개인 차원에서는 정보를 올바른 방법으로 취사 선택하고 정부 차원에서는 정보화의 역기능을 해결하기 위해서 노력해야 합니다.

풀이

여자는 정보화 시대의 문제를 해결하기 위해서 도덕적 책임이 필요하다고 한다.

41 ②

듣기 대본

여자: 지금까지의 치료제는 정상 세포에 비해서 빠르게 증식하는 암세포를 직접 공격해서 항암 효과를 나타내는 것이었습니다. 이러한 방법은 암세포 이외의 정상 세포까지 공격해서 탈모, 구토 등 여러 가지 부작용을 낳았습니다. 이를 보완하는 것이 표적 치료제입니다. 암세포는 세포가 비정상적으로 변화하는 과정에서 만들어지는데 이때 특정 물질이 나옵니다. 표적 치료제는 이러한 물질에만 반응하는 것이죠. 즉 암세포가 증식할 때 생기는 생체 물질의 활동을 억제해서 암세포의 증식을 막는 것이 표적 항암제의 원리라고 하겠습니다.

풀이

여자는 표적 치료제는 암세포가 증식할 때 생기는 물질에 반응해서 암세포로 변하는 것을 방해하는 치료제라고 설명하고 있다.

43 ②

듣기 대본

남자: 열대우림 지역 곳곳에서 어렵지 않게 볼 수 있는 것이 맹그로브 나무이다. 맹그로브는 독특하게 뿌리가 거꾸로 치솟아 물 밖으로 튀어나와서 호흡하는데 이는 산소를 흡수해서 나무 전체에 공급하는 역할을 한다. 맹그로브 나무의 많은 뿌리는 물의 흐름을 막아서 수중 생물들이 살아갈 공간을 제공하고 파도에 의한 토양의 유실을 막아서 해안의 육지가 침식되어 소멸되어 가는 것을 막는다. 하지만 인간이 경제적 목적으로 매립지를 만들면서 맹그로브 숲의 면적이 눈에 띄게 줄어들고 있어서 지역주민들과 환경단체들이 발 벗고 나섰다. 맹그로브의 어린 나무를 인공으로 배양해서 해안가에 심는 것이다. 배를 타고 다니며 어린 나무가 뿌리를 내리도록 숲속 이곳저곳에 던져 둔다.

풀이

남자는 맹그로브 숲을 보존하려는 지역주민들과 환경단체의 노력에 대해서 이야기하고 있다.

6 이전의 대화 내용 찾기

39 ②

듣기 대본

> 여자: 스마트폰이나 인터넷 없이 며칠만 살아 보면 대다수가 느끼고 공감할 만한 상황인 것 같습니다. 이처럼 스마트폰 중독으로 다양한 문제가 발생하고 있는데 그렇다면 개선책으로는 어떤 방법들이 있을까요?
> 남자: 그건 말할 것도 없이 스마트폰의 사용을 줄이는 것이지요. 처음에는 휴대폰을 사용하지 않는 동안 뭘 해야 할지 몰라서 안절부절못하며 불안해하기도 하고 시간이 멈춰 버린 것처럼 지루하게 느껴지기도 할 것입니다. 하지만 스마트폰을 만지작거리는 시간을 줄이고 운동이나 독서 등 다른 방법으로 휴식을 취하는 습관을 형성해 나가게 되면 점차 금단 현상이 줄어들 것입니다. 건강한 생활을 하려면 스스로의 생활을 통제할 수 있어야 합니다.

풀이

이 대화 이전에 두 사람은 스마트폰 중독 때문에 발생하고 있는 현상에 대해서 이야기했다.

유형 ❹ 세부 내용 이해하기

1 일상 대화의 내용 이해하기

13 ③

듣기 대본

> 여자: 친구들끼리 송별회라도 해야지 그냥 헤어질 수는 없잖아.
> 남자: 그럼, 재료를 사 가지고 우리 집에서 해 먹는 게 어때?
> 여자: 집에서 만들면 재미있기는 하겠지만 너무 번거로울 것 같아. 각자 먹고 싶은 것을 가지고 오라고 하자.
> 남자: 좋은 생각이다. 친구들에게는 내가 연락할게.

풀이

① 여자는 송별회를 하고 싶어 한다.
② 친구들이 각자 먹고 싶은 것을 가지고 올 것이다.
③ 친구들이 먹을 것을 준비해서 만날 것이다.
④ 두 사람은 집에서 요리를 하지 않을 것이다.

2 안내 방송의 내용 이해하기

14 ③

듣기 대본

> 여자 : 안녕하세요? 세계적인 오늘 공연에 와 주신 여러분, 환영합니다. 잠시 후인 7시부터 공연이 시작됩니다. 세계적인 가수의 노래를 즐기시면서 공연 중에 마음껏 소리도 지르고 사진과 동영상을 많이 찍어 추억을 남기시길 바랍니다.

풀이

① 7시에 공연이 시작된다.
② 공연 중에 소리를 마음대로 질러도 된다.
③ 공연 사진을 촬영해도 된다.
④ 세계적인 가수의 공연이다.

3 뉴스의 내용 이해하기

15 ②

듣기 대본

> 남자: 오늘 새벽 고속도로 상행선에서 5중 추돌사고가 발생해 6시간 동안 도로가 통제되어 큰 불편을 초래했습니다. 다행히 사상자는 발생하지 않았지만 한 치 앞도 내다볼 수 없는 짙은 안개로 경찰의 출동이 늦어진 데다가 출근 시간까지 겹쳐 교통 체증이 심했습니다. 현재는 모든 사고 처리가 끝난 상태입니다.

풀이

① 이 사고는 오늘 새벽에 발생했고 6시간 동안 도로가 통제되었다.
② 이 사고로 인한 사망자와 부상자가 발생하지 않았다.
③ 짙은 안개 때문에 경찰의 출동이 늦어졌다.
④ 이 사고는 현재 처리가 끝났다.

4 인터뷰의 내용 이해하기

16 ④

듣기 대본

> 남자: 박사님, 억지로 웃거나 가짜로 웃는 것도 건강에 도움이 될까요?
> 여자: 스트레스를 받는 상황이라면 가짜로 웃는 것도 효과적입니다. 가짜 웃음이라도 웃음은 심장박동 수가 낮아지고 스트레스를 완화시켜 주는 역할을 하거든요. 억지라도 15초 이상 실컷 웃고 나면 기분이 좋아지고 행복감을 느끼게 됩니다.

풀이

① 가짜로 웃어도 심장박동 수가 느려진다.
② 억지로 웃어도 스트레스가 완화된다.
③ 가짜 웃음으로도 행복감을 느낄 수 있다.
④ 가짜 웃음이 건강에 도움이 될 때가 있다.

5 공적 상황의 대화 내용 이해하기

22 ②

듣기 대본

> 여자: 독자들의 관심을 끄는 책은 아무래도 재테크나 여행 후기 같은 실용적인 정보가 들어 있는 서적일 것 같아요. 그런 쪽의 저자를 섭외하면 어떨까요?
> 남자: 실용적인 정보는 변화가 심해서 오래가지 못해요. 자기 개발과 관련된 서적이나 자격시험 대비서처럼 안정적으로 팔릴 수 있는 책이라야 출판사 경영에 도움이 됩니다.
> 여자: 사실 그런 책들은 이미 많이 나와 있어서 독자들의 관심을 끌 수 있을지 모르겠네요.
> 남자: 많이 알려진 유명 인사에게 집필을 부탁하면 광고 효과가 있어서 책 판매에도 긍정적일 거예요.

풀이

① 남자는 유명인에게 집필을 부탁하려고 한다.
② 남자는 안정적으로 팔리는 자기 개발서나 자격시험 대비서를 출판하고 싶어 한다.
③ 여자는 재테크와 여행에 관련된 책에 관심이 있다.
④ 여자는 실용적인 정보와 관련된 책이 인기가 있다고 생각한다.

24 ④

듣기 대본

> 남자: 자동차보험이 있는데 운전자보험에도 가입해야 하나요?
> 여자: 자동차보험은 운전자가 교통사고로 상대방에게 피해를 입혔을 때 보상을 해 주는 상품이에요. 반면에 운전자보험은 운전자 본인이 피해를 입었을 때 보장을 받을 수 있는 상품입니다. 자동차보험과 달리 의무적으로 가입할 필요는 없지만 운전자 본인의 안전을 위해서 가입하시는 게 좋습니다.
> 남자: 보험료는 어떻게 됩니까?
> 여자: 차종이나 운전 경력, 운전 습관에 따라서 금액이 달라집니다. 자사 자동차보험에 가입하신 분들은 보험료의 5%를 할인받을 수 있습니다.

풀이

① 운전자보험은 운전자 본인의 안전을 위한 보험이다.
② 자동차보험은 의무적으로 가입해야 하지만 운전자보험은 가입할지 안 할지 선택하면 된다.
③ 운전자보험은 운전자가 사고를 냈을 때 운전자 본인의 피해에 대해서 보상한다.
④ 이 회사의 자동차보험 가입자는 운전자보험을 5% 싸게 가입할 수 있다.

26 ②

듣기 대본

여자: 이번 영화는 소설을 원작으로 한다고 들었는데요. 감독님의 기존 작품들과는 어떤 점에서 차이가 있을까요?

남자: 우선 소설이 원작이기 때문에 작품의 완성도를 보증할 수 있습니다. 지금까지는 유명 배우들과 작업을 했지만 이번에는 알려지지 않은 배우들을 통해서 선입견 없이 영화의 내용에 몰입할 수 있도록 적극적으로 신인들을 기용했습니다. 소설의 인기 요소를 영화 속에 최대한 담으려고 노력했지만 영화로 시각화하는 데 한계가 있었습니다. 이런 부분은 배우의 독백을 통해서 영화적 상상력으로 표현했습니다.

풀이

① 소설을 영화로 시각화하는 데 어려움이 있었다.
② 이번 영화는 소설을 원작으로 만들어졌다.
③ 기존 작품들의 완성도에 대한 언급은 없다.
④ 이번 영화에는 신인 배우들을 적극적으로 기용했다.

28 ②

듣기 대본

남자: 무역센터에서 취업박람회가 있다는데 같이 갈래? 올해는 해외 기업들과 공공기관들도 참여한다니까 다양한 정보를 얻을 수 있을 거야.

여자: 난 아직 뭘 해야 할지 마음을 정하지 못했어.

남자: 이번 박람회에서는 서류 심사, 면접 등 채용과 관련된 구체적인 내용도 소개하고 분야별 성공 전략까지 알려 준다니까 너한테도 도움이 될 거야. 안내서를 보니까 직업과 진로에 대한 특강도 있더라.

여자: 그럼, 가서 어떤 일자리들이 있는지 구경해 볼까?

풀이

① 이 박람회에서는 일자리 정보를 제공하지만 직접 일자리를 제공하지 않는다.
② 올해는 해외 기업이 참여하기 때문에 해외 취업 정보를 얻을 수 있다.
③ 이 박람회는 무역센터에서 열리는데 다양한 일자리 정보를 제공한다.
④ 이 박람회에서 서류 심사와 면접에 관련된 내용을 소개한다.

30 ②

듣기 대본

여자: 솔직하게 말씀드리면 저는 나무의사라는 말이 아주 생소한데요.

남자: 네, 에너지와 친환경적인 작업에 종사하는 사람들을 그린컬러 또는 녹색직업이라고 부르는데 나무의사도 그중의 하나입니다.

여자: 그저 나무를 좋아한다고 해서 할 수 있는 일이 아니라고 들었는데 구체적으로 어떤 일을 하시는지 말씀해 주시겠습니까?

남자: 의사가 사람들의 병을 알아내고 치료를 하는 것과 마찬가지로 수목의 피해를 진단하고 처방을 합니다. 그리고 문화재로 지정된 식물을 보호하는 일도 하죠. 자연보호와 환경에 대한 관심이 많은 분들에게 추천하고 싶습니다.

풀이

① 이 직업은 최근에 신설되었다.
② 이 직업은 친환경적인 작업에 종사한다.
③ 이 직업은 문화재로 지정된 나무를 보호하는 일을 한다.
④ 이 직업은 나무를 좋아하는 사람이라고 해서 할 수 있는 일은 아니다.

34 ②

듣기 대본

여자: 날씨나 주변 환경 때문에 운동을 못한다거나 시간이 없어서 운동 경기를 보러 가지 못한다는 것은 이제 옛말이 되었습니다. 가상현실의 발달로 언제 어디서든 인터넷만 있으면 운동을 즐길 수 있습니다. 세계적인 선수들의 경기를 현장에 있는 것처럼 실감 나게 즐길 수 있고 굳이 체육관에 가지 않고도 좋아하는 운동으로 체력을 단련할 수 있습니다. 실제로 선수들은 가상현실을 이용해서 육체적, 심리적 훈련을 진행하면서 많은 효과를 거두고 있습니다. 이 가상현실은 실제로 존재하는 것처럼 상황을 만들고 사용자와 상호작용을 하면서 학습되지 않은 현실까지도 확장할 수 있는 기술입니다.

풀이

① 가상현실은 인터넷의 발달로 더 즐길 수 있게 되었다.
② 가상현실은 날씨나 환경과 관계없이 운동을 즐길 수 있다.
③ 가상현실은 전문 선수들의 육체적, 심리적 훈련에 효과적이다.
④ 가상현실은 학습되지 않는 현실까지 만들 수 있다.

36 ④

듣기 대본

남자: 그동안의 어려운 학업을 마치고 이곳을 떠나는 졸업생 여러분, 진심으로 여러분의 노고에 감사하고 새로운 출발을 축하합니다. 그리고 이 자리를 빛내기 위해서 찾아 주신 가족들과 내빈 여러분들께도 감사의 말씀을 전합니다. 학교가 이전하는 어려운 상황에서도 흔들림 없이 학업에 전념해 주신 선생님들과 학생 여러분들의 노력이 오늘의 결실을 만들었다고 생각합니다. 오늘 졸업생들이 후배들을 위해 써 달라며 성금을 모아 주셨습니다. 이제 안정된 분위기에서 여러분의 후배들이 공부를 하고 여러분을 기억할 것입니다. 이곳과 이곳에서 쌓은 추억을 오래오래 간직하시길 바라며 여러분의 미래를 응원합니다.

풀이

① 이 행사에 재학생과 졸업생, 가족과 손님들도 참석했다.
② 후배들을 위해서 졸업생들이 돈을 모았다.
③ 졸업생들이 후배들을 위해서 성금을 모았다.
④ 이 행사에 참석한 학생들이 공부하는 동안 학교가 이사했다.

38 ②

듣기 대본

남자: 개인적인 취향을 중시하는 사회 분위기에서 여행의 트렌드도 예전과 달라지고 있는 것 같습니다.

여자: 그렇습니다. 과거에는 이미 짜여진 일정을 따라다니는 수동적인 여행이 큰 비중을 차지했다면 최근에는 혼잡한 곳을 피해서 자신만의 시간을 즐기려는 능동적인 여행이 주를 이루고 있습니다. 몸과 마음을 치유하면서 휴식을 취할 수 있는 명상 여행이나 걷기 여행이 대표적이죠. 그리고 여행이 일상이 되고 일상이 여행이 되는 체험 여행도 증가하고 있는데요. 농촌이나 어촌에서 살아 보면서 지역의 일상을 체험하는 생활 밀착형 관광이 주목을 받고 있습니다.

풀이

① 과거에는 짜여진 일정을 따라다니는 여행이 많았다.
② 최근에는 자신의 취향에 맞춰서 즐기려는 여행이 많아졌다.
③ 농어촌에 살기 위해서 여행을 하는 것이 아니라 지역의 일상을 체험해 보기 위해서 여행을 한다.
④ 병을 치료하기 위한 여행에 대한 설명은 없다.

40 ④

듣기 대본

여자: 앞으로 예상되는 문제가 그렇게 많음에도 불구하고 제도를 개선하지 못하는 이유가 있을 것 같은데요.

남자: 네, 연금제도가 현실을 반영하지 못하고 적극적인 개선 노력보다는 단기적인 시각에서 대처한다면 오히려 문제를 키우게 됩니다. 연금제도의 개선은 국민 모두의 공감과 사회 전반에 걸친 개혁을 통해서만 가능합니다. 연금을 많이 내고 적게 받자는 주장에 대해서 누구든지 선뜻 동의하기는 쉽지 않을 겁니다. 하지만 미래 세대를 위해서 결단을 내려야 합니다. 연금을 수령하는 연령을 더 늦추거나 수령액을 줄여서라도 기금을 오랫동안 유지하는 것이 필요합니다.

풀이

① 단기적인 시각에서 개선책을 만든다면 문제가 더 커질 것이다.
② 미래 세대를 위해서 현재의 연금제도를 개선해야 한다.
③ 현재의 연금제도를 지금보다 연금을 많이 내고 적게 받는 방식으로 개선해야 한다.
④ 연금제도의 개선은 국민 모두의 공감과 사회 전반에 걸친 개혁을 통해서만 가능하다.

42 ③

듣기 대본

여자: 유적의 규모와 특성에 따라서 발굴 기간이나 발굴 방법이 달라져야 하기 때문에 유적지를 발굴하기 위해서는 먼저 세밀한 계획을 세워야 합니다. 발굴은 야외에서 이루어지기 때문에 혹한기, 혹서기 또는 우기에는 작업을 하기가 어렵습니다. 유적이 묻혀 있는 지층의 깊이에 따라서 지표조사와 시굴조사에 소요되는 기간이 달라집니다. 유적이 넓게 분포하는 경우에는 긴 구덩이를 만들어서 연구를 해야 하고 패총 유적지와 같이 유적이 조밀하게 분포한 지역에서는 바둑판으로 구덩이를 만들어야 합니다. 유물을 발굴한다고 해서 작업이 끝나는 것이 아니라 유물을 분석해야 하는데 보통 발굴 기간의 대여섯 배의 시간이 걸립니다.

풀이

① 발굴 기간은 유적의 규모와 특성에 따라서 달라진다.
② 깊이 묻혀 있는 유적은 지표조사가 필요하다.
③ 유적이 넓게 분포하는 경우나 유적이 조밀하게 분포하는 경우에 따라서 발굴 방법이 달라진다.
④ 유물을 발굴한 후에 분석을 하는데 보통 발굴 기간보다 5~6배 정도 시간이 걸린다.

44 ②

듣기 대본

남자: 식충식물이라고 하면 그 이름 때문에 다른 식물에 비해서 더 위협적으로 생겼거나 혐오스러울 거라고 생각한다. 하지만 모든 식충식물이 무시무시하게 생긴 것은 아니며 제법 예쁘거나 귀엽게 생긴 개체들도 있다. 식충식물의 서식지는 사막이나 열대우림, 물속, 늪지대 등 종류에 따라 다른데 온화한 지역에서도 일부가 서식하는 것으로 보고되고 있다. 대부분의 식충식물은 극한의 척박한 환경에서 살아남기 위해 진화했는데 열악한 환경에 서식하다 보니 벌레라도 잡아서 인과 같은 무기질과 영양분을 보충할 필요가 있어서 식충을 하게 진화된 것이다. 식충식물이 벌레를 잡아먹는 것은 열량을 얻기 위한 과정이 아니라 만성적으로 부족한 질소화합물을 얻기 위한 수단이다.

풀이

식충식물은 좋지 않은 환경에서 서식하기 때문에 필요한 영양분을 얻을 수 없다. 그래서 벌레를 잡아먹어서 무기질과 영양분을 보충한다.

45 ①

듣기 대본

여자: 서석지는 조선시대 민가의 대표적인 정원으로 정자와 함께 자연 그대로의 아름다움을 간직하고 있습니다. 서석지는 상서로운 돌이 있는 연못이라는 의미로 자연과 인간의 합일사상을 토대로 만들어졌습니다. 연못 주위에는 매화, 난초, 국화, 대나무를 심어서 선비의 높은 지조를 나타내고 있는데 담장 밖에서도 한눈에 보이는 400년이 넘는 은행나무와 아름답게 조화를 이루고 있습니다. 높지 않은 담으로 둘러싸인 서석지는 자연의 모습을 그대로 이용해서 만든 정원으로 보는 사람의 마음을 편안하게 합니다. 서석지에는 크고 작은 바위와 돌들이 60여 개가 있는데 여기에 사람처럼 제각각 이름이 있고 몇몇 바위에는 시까지 지어 줬습니다. 그야말로 자연과 인간이 공존하는 공간이 아닐까 생각합니다.

풀이

① 서석지는 민가의 정원을 대표하는 곳이다.
② 서석지가 왕과 선비들을 위해서 만든 정원인지 알 수 없다.
③ 서석지에 있는 돌에 사람처럼 이름이 있다.
④ 서석지는 상서로운 돌이 있는 연못이라는 의미이다.

47 ②

듣기 대본

여자: 최근 보호무역 정책의 필요성이나 부작용에 대한 논의가 많은데 구체적으로 어떤 배경에서 이런 문제가 나오게 되었는지 궁금합니다.

남자: 보호무역은 경쟁력이 약한 자국의 산업을 보호하기 위해서 정부가 국제무역에 개입하는 제도입니다. 교역이 이루어지는 상품에 대해서 관세나 특별소비세와 같은 세금을 부과해서 수입품의 가격을 올리거나 다른 나라 제품의 수입을 억제하는 것이지요. 최근 세계 경제가 어려움을 겪고 있고 각국의 경제성장률 역시 최저치를 나타내고 있기 때문에 나오는 얘기입니다. 하지만 보호무역은 시장 경제 원칙에서 벗어나기 때문에 궁극적으로는 세계경제에 악영향을 줄 거라고 생각합니다.

풀이

① 자국 상품의 경쟁력을 높이고 경제성장률을 높이기 위해서 보호무역 정책을 편다.
② 보호무역 정책은 교역국의 물건에 높은 관세를 부과해서 수입품의 가격을 올림으로써 수입을 억제한다.
③ 보호무역은 수입품의 가격을 비싸게 해서 자국 상품의 경쟁력을 높이는 제도이다.
④ 보호무역은 자유로운 시장 경제에 따르지 않고 정부가 시장에 개입하는 무역 제도이다.

49 ④

듣기 대본

남자: 세대를 막론하고 가장 관심을 갖는 문제는 취업일 것입니다. 취업을 원하는 사람에게 취업 정보를 제공하고 저소득 구직자들에게는 생계를 위한 최소한의 소득을 지원하는 제도가 바로 일자리지원제도입니다. 이 제도는 취업을 지원하기 위해서 직업 훈련을 실시할 뿐만 아니라 참여자와 전문 상담자가 심층 상담과 상호 협의를 통해서 개인별 어려움을 파악하고 맞춤형 해결책을 찾도록 돕고 있습니다. 또한 구직 활동을 활성화하기 위해서 구직 활동을 성실하게 이행한 참여자에게 수당을 지급하고 참여자들이 계획대로 활동하고 있는지, 활동 과정에 어려움은 없는지도 점검합니다. 15세 이상 69세 이하이면 누구나 참여할 수 있어서 청장년층의 취업에 큰 도움이 될 것입니다.

풀이

① 이 제도는 모든 참여자가 아니라 구직 활동을 성실하게 이행한 참여자에게 수당을 지급한다.
② 이 제도는 일자리를 제공하는 것이 아니라 일자리 정보를 제공한다.
③ 이 제도는 15세 이상 69세 이하만 참여할 수 있다.
④ 이 제도는 저소득층 구직자들에게 최소한의 소득을 지원하고 있다.

쓰기 정답 및 풀이

유형 ❶ 실용문 완성하기

51

답안 예시
㉠ 대중교통을 이용해 주시기 바랍니다
㉡ 협조 부탁드립니다

풀이
㉠ 공사 기간 중에 백화점 주차장을 이용할 수 없으니까 다른 방법으로 백화점에 오도록 부탁하는 표현을 써야 한다.
㉡ 공사의 원활한 진행을 위해 협조를 부탁하는 표현을 써야 한다.

주요 표현

▶ **계획하기**
앞으로 진행될 계획을 알릴 때 사용한다. '_을 예정이다, _을 계획이다, _려고 한다' 등의 표현으로 쓰인다.

예문
- 다음 주 금요일에 정기 소독을 실시할 예정입니다.
- 22일부터 25일까지 주차장 청소를 하려고 합니다.

▶ **요청하기**
협조를 요청하거나 부탁을 하는 상황에서 쓰인다. '_기 바랍니다, _을 부탁드립니다' 등의 표현으로 쓰인다.

예문
- 다소 불편하시더라도 협조해 주시기 바랍니다.
- 여러분의 협조를 부탁드립니다.

유형 ❷ 설명문 완성하기

52

답안 예시
㉠ 내는 것은 쉬운 일이 아니다
㉡ 일주일에 30분씩 3번 이상 운동을 해야 한다고 한다

풀이
㉠ 목적어 '시간을' 다음에는 타동사 '내다'를 써야 한다. 주어 '시간이'가 있으면 자동사 '나다'를 써야 한다.
㉡ '전문가들은'이 있으므로 전문가들의 이야기를 전달하는 형식인 간접화법을 써야 한다.

주요 표현

▶ **타동사**
타동사는 목적어 '-을/를'을 동반하고 자동사는 목적어가 필요 없다. '시간을'은 목적어이므로 뒤에 타동사가 쓰여야 한다.

예문
- 이번 주말에는 시간을 내서 부모님을 찾아뵐 생각이다.
- 연말에는 회사일도 집안일도 많아서 개인적인 시간을 내기가 어렵다.

▶ **간접화법**
간접화법은 다른 사람의 말을 전달할 때 사용한다. '전문가들은'이 있으므로 '-는다고 한다'와 같이 간접화법이 쓰여야 한다.

예문
- 남자는 여자보다 공간을 지각하는 능력이 좋다고 한다.
- 학자들은 음악이 사람이나 동물의 스트레스를 줄인다고 설명한다.

유형 ❸ 그래프와 정보 설명하기

53

답안 예시

　최근 온라인 판매가 크게 늘고 있다. 2020년 통계청 자료에 의하면 온라인 매출이 46%로 거의 절반을 차지하는 것으로 나타났다. 유통채널에 따른 매출의 변화를 살펴보면 대형 마트와 전통 시장은 성장세가 멈춘 반면 온라인 쇼핑은 해마다 엄청난 성장을 지속하고 있다. 이러한 변화의 원인은 주말에 영업을 할 수 없는 대형 마트 의무휴업 규제와 함께 비대면 소비 문화가 확산된 데다가 온라인 유통업체가 새벽 배송 등 고객의 편의 향상을 위해 발빠르게 움직인 결과로 분석된다.

풀이

〈도표 1〉은 유통업체에 따른 매출액을 비교한 것이다. 〈도표 1〉에서 온라인 매출이 많은 비중을 차지하고 있음을 설명해야 한다. 〈도표 2〉는 유통업체별 매출의 변화 추이에 대한 그래프이다. 온라인 쇼핑이 급격한 성장을 보이고 있는 반면에 대형 마트와 전통 시장은 거의 성장이 이루어지고 있지 않음을 설명해야 한다. 마지막으로 이러한 변화가 나타난 원인에 대한 설명이 이루어져야 한다.

유형 ❹ 논리적인 글쓰기

54

답안 예시

　요즘 식당에서 로봇이 음식을 나르거나 병원에서 로봇이 오차 없이 정교하게 수술을 하는 모습을 볼 수 있다. 과학 소설이나 영화의 소재였던 인공지능 분야가 더 이상 상상이 아니라 현실에서 여러 형태로 우리의 삶에 다가와 있는 것이다. 인공지능은 단순 반복과 지루한 작업을 효율적으로 처리할 수 있어 생산성을 크게 향상시킬 수 있다. 또한 작업의 자동화를 통해 인간의 수고를 덜어 주고 자동화된 작업은 일관성을 유지함으로써 효율성을 높여 주기 때문에 시간과 비용을 절감할 수 있다. 뿐만 아니라 인간의 인지능력이 제한적인 부분에서 인공지능은 뛰어난 능력을 발휘할 수도 있다.

인공지능을 활용했을 때 발생할 수 있는 문제로 제일 먼저 꼽는 것은 일자리 감소이다. 작업의 자동화와 높은 효율성의 증가는 일자리 감소를 가져올 수 있고 이에 따른 사회적 불안정을 초래할 수도 있다. 또한 인공지능에 대한 과도한 기술적 의존은 인간의 창의성을 저하시킬 수 있으며 기술적 오류가 발생했을 때 큰 피해가 발생할 수도 있다.

　　인간을 위해 인공지능을 효과적으로 활용하기 위해서는 무엇보다도 기술적 발전과 사회적 이해의 균형이 매우 중요하다. 인공지능 기술의 긍정적 측면은 적극 수용하되 발생할 수 있는 문제들을 예측하고 극복할 방법도 적극적으로 찾아야 한다. 이를 위해서는 기술 개발자와 사용자가 함께 참여하는 포괄적인 대화와 협력이 절대적으로 필요하다.

풀이

인공지능 기술이 왜 필요한지, 인공지능을 활용했을 때 어떤 문제가 발생할 수 있는지를 써야 한다. 그리고 인공지능을 효과적으로 활용하기 위해서 어떻게 해야 하는지 제안해야 한다.

읽기 정답 및 풀이

유형 ❶ 알맞은 표현 찾기

1 알맞은 연결어미 찾기

1 ④

풀이

① '_지만'은 앞 문장과 뒤 문장이 반대되는 내용일 때 사용한다. 예를 들면 '학생식당 음식은 값은 싸지만 별로 맛이 없어요.' 등의 문장으로 사용한다.
② '_려고'는 앞 문장이 뒤 문장의 목적이 될 때 사용한다. 앞 문장과 뒤 문장의 주어가 동일해야 한다. 예를 들면 '저는 한국 회사에 취직하려고 한국말을 배우고 있어요.' 등의 문장으로 사용한다.
③ '_자마자'는 앞의 내용에 바로 이어 다음 일이 벌어질 때 사용한다. 예를 들면 '집에 도착하자마자 비가 내리기 시작했다.' 등의 문장으로 사용한다.
④ '_느라고'는 앞 문장이 뒤 문장의 원인이나 목적이 될 때 사용한다. 회사에 늦게 출근한 이유를 설명하는 문장이므로 뒤 문장의 이유를 설명하는 ④가 정답이다.

2 알맞은 종결어미 찾기

2 ①

풀이

① '_어야겠어요'는 주어의 강한 의지를 표현하거나 추측을 할 때 사용한다. 예를 들면 '요즘 건강이 안 좋아졌어요. 운동을 시작해야겠어요.' 등의 문장으로 사용한다.
② '_면 안 되다'는 금지하거나 제한할 때 사용한다. 예를 들면 '여기에 주차하면 안 됩니다.' 등의 문장으로 사용한다.
③ '_줄 알다'는 어떤 것을 할 수 있는 능력이 있거나 방법을 알 때 사용한다. 예를 들면 '저는 간단한 한국 음식은 만들 줄 알아요.' 등의 문장으로 사용한다.
④ '_적이 있다'는 어떤 것을 한 경험이 있을 때 사용한다. 예를 들면 '마이클 씨를 만난 적이 있어요.' 등의 문장으로 사용한다.

3 유사한 문법 표현 찾기

3 ①

풀이

① '공사 때문에'는 통행 금지의 원인을 설명하는 표현이다. '공사로 인해'의 의미도 통행 금지의 원인을 설명하는 것이므로 ①이 정답이다.
② '공사 대신에'는 공사를 하지 않고 다른 것을 할 때 사용하는 표현이다.
③ '공사를 하느라고'는 공사를 했기 때문에 다른 것을 하지 못했을 때 사용하는 표현이다.
④ '공사를 하는 날엔'은 만약 공사를 하게 되면 다른 문제가 생길 때 사용하는 표현이다.

참고

'_로 인해'는 원인이나 이유를 설명할 때 사용한다. 예를 들어 '기상 악화로 인해 비행기 도착이 지연되고 있습니다.' 등의 문장으로 사용한다.

4 유사한 종결어미 찾기

4 ②

풀이

① '달라질 수 있다'는 달라질 가능성이 있다는 의미이다.
② '달라지는 법이다'는 달라지는 것이 당연하다는 의미이다. '달라지기 마련이다'도 달라지는 것이 당연하다는 의미이므로 ②가 정답이다.
③ '달라질 리가 없다'는 달라질 가능성이 전혀 없다는 의미이다.
④ '달라졌는지 모른다'는 달라졌는지를 알 수 없다는 의미이다.

5 문장성분 찾기

19 ③

풀이

① '오직'은 다른 것은 있을 수 없고 하나만 있을 때 사용한다. 예를 들어 '내가 믿을 수 있는 사람은 오직 너뿐이다.'의 문장으로 사용한다.
② '겨우'는 어렵고 힘들게 하거나 생각보다 적을 때 사용한다. 예를 들어 '너무 피곤해서 겨우 세수만 하고 잤

다.', '여행을 가는데 겨우 5만 원밖에 주지 않는 거야?'의 문장으로 사용한다.
③ '무려'는 예상보다 꽤 많거나 클 때 사용한다. 예를 들어 '어제 콘서트에 관객이 무려 2만 명이나 왔다.'의 문장으로 사용한다.
④ '오히려'는 기대와 반대의 상황이 생길 때 사용한다. 예를 들어 '엄마를 도와드리려고 한 것이 오히려 방해가 되었다.'의 문장으로 사용한다.

6 관용 표현 찾기

21 ①

풀이

① '눈에 띄게'는 두드러지게 보일 때 사용하는 표현이다. 백화점이 두드러지게 달라진 것을 설명하고 있다.
② '눈이 뒤집히게'는 충격적인 일을 당해서 이성을 잃게 되는 상황에서 사용하는 표현이다.
③ '눈코 뜰 새 없이'는 아주 바쁠 때 사용하는 표현이다.
④ '눈 깜짝할 사이에'는 시간이 아주 짧은 순간을 나타낼 때 사용하는 표현이다.

7 맥락에 맞는 표현 찾기

16 ①

풀이

뒤에 나오는 내용은 내가 서 있는 계산대 줄이 줄어들지 않거나 시험에서 공부하지 않은 문제가 많이 나온다는 내용이다. 그러므로 유독 나만 운이 없다고 생각한다는 ①이 정답이다.

17 ②

풀이

가짜 뉴스가 사회에 미치는 영향을 무시할 수 없지만 가짜 뉴스를 판별할 수 있는 방법이 없다. 그리고 대중들은 믿고 싶은 대로 믿으려고 하기 때문에 가짜 뉴스가 확산되고 나면 진실을 밝히기가 어렵다는 내용이므로 ②가 정답이다.

18 ②

풀이

빛을 따라 움직이는 오징어를 잡기 위해서 배에 조명을 설치해서 조명의 밝은 빛으로 오징어를 잡는다는 내용이므로 ②가 정답이다.

28 ①

풀이

한적했던 시골 마을이 드라마 배경으로 알려져 관광객들이 많이 찾아오면서 지역 주민과 갈등을 겪고 있다는 내용이므로 ①이 정답이다.

29 ④

풀이

민간 환경보호 단체인 그린피스는 직접적이고 비폭력적으로 행동하기 때문에 자연환경을 위협하는 곳에 직접 가서 폭력을 사용하지 않고 항의한다는 내용이므로 ④가 정답이다.

30 ③

풀이

골프공이 골프 클럽에 맞아 표면이 울퉁불퉁해지고 거칠어지면서 더 멀리 날아가는 것을 알게 되었다는 내용이므로 ③이 정답이다.

31 ②

풀이

반사회적 인격 장애는 공감력이 떨어져 타인에게 해가 되는 행동을 해도 후회를 하거나 죄책감을 느끼지 않는다는 내용이므로 ②가 정답이다.

44 ②

풀이

인공위성이라는 단어만 보면 우리의 생활과 관련이 없을 것으로 생각되지만 사실 네비게이션이나 인터넷 통신 등에 인공기술이 활용되고 있다는 내용이다.

49 ①

풀이

인공지능 기술의 발달이 점점 발전하면서 인간이 만든 인공지능이 인간의 능력을 뛰어넘어 통제할 수 없는 상황이 올 수 있다는 경고의 문장이므로 ①이 정답이다.

유형 ❷ 글의 순서 파악하기

1 각각의 문장을 순서에 맞게 배열하기

13 ③

풀이

먼저 습관적으로 귀를 후비는 사람이 많음을 밝히고 귀지는 이물질을 막아 주는 역할을 하기 때문에 굳이 제거하지 않는 게 좋다는 글의 배열이 자연스럽다. 그러므로 ③이 정답이다.

14 ④

풀이

10년 동안 승진에 대한 압박감으로 휴가를 가지 못했으나 건강에 문제가 생긴 후에 건강의 중요성을 깨닫고 휴가를 냈다는 내용이다. 그러므로 ④가 정답이다.

15 ②

풀이

사회적 관계를 단절하고 회피하는 은둔형 외톨이가 증가하고 있으나 대책이 아직 초기 단계 수준이므로 정부나 지역 단체의 조치가 필요하다는 내용이다. 정답은 ②이다.

2 주어진 문장이 들어갈 적당한 위치 찾기

39 ②

풀이

신작 소설에 대한 서평이다. '기억을 잃어가는 엄마와의 일상'은 치매에 걸린 어머니를 간병하는 내용으로 작가의 실제적인 경험을 바탕으로 하고 있다. 그러므로 소설의 제목에 대한 소개와 소설의 구체적인 내용이 나오는 문장의 사이인 ㉡에 들어가는 것이 적절하다.

40 ②

풀이

폐암의 원인은 대부분 흡연과 관련이 있으나 비흡연자의 경우는 원인을 명확하게 구별하기가 어렵다. 대체로 특정한 유전자의 변이나 간접흡연, 대기오염 등으로 원인을 추정하고 있다는 내용이다. 그러므로 ㉡에 들어가는 것이 적절하다.

41 ③

풀이

김홍도의 그림이 사실적인 묘사와 더불어 유머와 해학이 있다는 문장이므로 서당의 재미나는 모습을 설명하는 문장 앞인 ㉢에 들어가는 것이 적절하다.

유형 ❸ 전체 내용 이해하기

1 광고문의 의미 파악하기

5 ③

풀이
높이를 몸에 맞게 조절해서 편하게 공부할 수 있는 책상 광고이다.

6 ④

풀이
당일에 전문의에게 진료와 검사를 받을 수 있는 병원에 대한 광고이다.

7 ①

풀이
속도를 줄여서 안전하게 운전하면 사고를 막을 수 있다는 교통 안전에 대한 공익 광고이다.

8 ③

풀이
알약과 물약, 연고를 배출하는 방법에 대한 안내문이다.

2 글의 주제 파악하기

20 ①

풀이
초기에는 자극적인 영상들이 인기를 끌 수 있지만 유튜브를 지속적으로 운영하려면 콘텐츠의 질이 좋아야 한다는 내용이다.

35 ①

풀이
2001년 예금자 보호액이 상향된 후 지금까지 지속되고 있으므로 국민의 재산권 보호를 위해서라도 예금자 보호액을 늘려야 한다는 내용이다.

36 ②

풀이
건전한 공연 문화를 확립하기 위해서 암표를 거래하는 실태를 조사하여 암표를 근절해야 한다는 내용이다.

37 ①

풀이
환자의 심리 상태에 따라 병이 호전되기도 하고 악화되기도 한다는 내용이다.

38 ②

풀이
이미 우리 식탁을 점령한 유전자 변형 식품에 대해 부정적으로 생각할 것이 아니라 식량 부족을 대체할 수 있는 대안으로 인식을 전환해 활용하는 방법을 찾아야 한다는 내용이다.

45 ①

풀이
지역의 특성에 맞게 건축된 한옥은 친환경적인 재료를 사용하여 지은 건축물로 냉방과 난방이 잘 되고 습도 조절이 용이한 아주 우수한 주거 형태이다.

48 ①

풀이
기후 변화로 인해 북대서양의 해수면 온도 상승과 남극 대륙의 빙하 감소 등 과학자들의 예상을 뛰어넘은 현상이 발생하고 있다. 이러한 현상이 지속되면 자연 생태계 파괴 등 심각한 문제가 초래될 수 있다는 기후 위기의 심각성을 알리기 위한 글이다.

3 머리기사의 의미 파악하기

25 ②

풀이
여름에도 독감 환자가 많이 확산되고 있으니까 안심할 수 없다는 내용이다.

26 ④

풀이
관광지에서 요금을 비싸게 받는 가게가 많아서 정부가 단속을 했지만 실제적인 효과는 없다는 내용이다.

27 ④

풀이
물가는 많이 올랐지만 월급은 조금 올랐다는 내용이다.

유형 ④ 세부 내용 이해하기

1 안내문의 내용 파악하기

9 ③

풀이

① 서울 수목원은 입장하기 30일 전부터 예매할 수 있다.
② 서울 수목원 주차장은 예약을 해야 이용할 수 있다.
③ 단체로 수목원에 가는 경우에는 전화로 예약할 수 있다.
④ 서울 수목원은 입장 당일에는 예매할 수 없다.

2 그래프의 내용 파악하기

10 ④

풀이

① 이직을 하는 가장 큰 이유는 일과 생활의 균형이다.
② 이직을 하는 이유로 연봉이 27%, 기업의 발전 가능성이 16%이다.
③ 이직을 선택할 때 연봉이 동료와의 불화보다 많은 것으로 나타났다.
④ 이직을 선택할 때 일과 개인 생활의 균형을 맞추는 것이 연봉보다 비중이 높은 것으로 나타났다.

3 기사의 내용 파악하기

11 ④

풀이

① 세계 예술인상은 올해 처음으로 신설된 상이 아니다.
② 수상자는 해외 공연이 있어서 시상식에 참석하지 못했다.
③ 세계 예술인상은 젊은 예술인들에게 용기를 주는 상이라는 것은 수상자의 소감 내용이다.
④ 수상자는 지금까지 이 상을 받은 사람들 중에서 가장 나이가 어리다.

12 ①

풀이

① 눈이 갑자기 많이 와서 인근의 딸기 농가의 피해가 컸다.
② 눈이 많이 내려서 산간 마을 진입로에 차량이 통제되고 있다.
③ 오후에 눈이 그쳐서 제설 작업을 시작했다.
④ 제설 작업을 시작했지만 아직 부족한 상태이다.

22 ①

풀이

① 인주 제과의 신제품은 중년층에게 인기가 많다.
② 인주 제과의 신제품은 입소문을 통해 인기를 끌었다.
③ 인주 제과의 신제품은 어른들의 안주를 대용하기에 좋다는 평가를 받았다.
④ 인주 제과는 신제품의 수요가 많아서 다음 달부터 생산량을 2배로 늘리기로 했다.

4 수필의 내용 파악하기

23 ③

풀이

'숨이 막힌다'는 표현은 숨을 쉴 수 없을 정도로 답답함을 나타낼 때 사용한다. 쳇바퀴 돌듯 반복되는 일상생활이 답답하고 불만스러움을 이야기하고 있다.

24 ④

풀이

① 나는 아직 서른이 넘지 않았다.
② 나는 이번에 합격할 수 있으리라고 기대를 했다.
③ 나는 아직 부모님에게 용돈을 받아서 생활하고 있다.
④ 나는 지금까지 방송 기자가 되기 위한 취업 준비를 해 왔다.

5 설명문의 내용 파악하기

32 ①

풀이

① 커피의 산미는 커피 맛을 향상시킨다.
② 커피의 산미가 강하면 시큼한 맛이 난다.
③ 높은 곳에서 재배되는 커피는 산미가 강하다.
④ 커피 가공 과정에 따라 산미가 달라진다.

33 ④

풀이

① 최근까지 신약 개발의 성공률이 높지 않다.
② 임상시험을 모두 통과해도 판매 허가를 받아야 의약품으로 판매가 가능하다.
③ 신약을 개발할 때 사람을 대상으로 하는 임상시험을 해야 한다.
④ 임상시험 허가 승인이 나야 사람을 대상으로 임상시험을 진행할 수 있다.

34 ④

풀이

① 집착형 불안정 애착은 부모의 초기 양육 방법과 관련이 있다.
② 집착형 불안정 애착은 방치해 두면 증상이 심해진다.
③ 집착형 불안정 애착이 있는 사람은 타인에게 지나치게 집착한다.
④ 집착형 불안정 애착의 치료 방법은 개인의 상황에 따라 상이하다.

46 ③

풀이

대중 예술인은 나라의 명예나 국익을 위해서가 아니라 개인의 이익과 인기를 위해서 활동하므로 병역 특례 대상자가 되면 안 된다는 것을 주장하는 글이다.

6 소설의 내용 파악하기

42 ④

풀이

잘 성장한 자식들이 준비한 환갑잔치에서 그동안 힘들었던 시간들이 사라지는 느낌을 받으며 감격스러워하는 마음을 나타내고 있다.

43 ④

풀이

① 수철은 초등학교와 중학교 때 친구들에게 반항했으나 효과는 없었다.
② 수철은 몸이 약하고 체격이 작아서 친구들에게 괴롭힘을 당했다.
③ 수철은 대학을 졸업한 후 재택근무가 가능한 곳에 취업해서 집에서 생활하기 시작했다.
④ 수철은 고등학교 때부터 자신을 드러내지 않고 생활했다.

7 칼럼의 내용 파악하기

47 ①

풀이

① 다이아몬드는 탄소 덩어리로 만들어진 보석이다.
② 인공 다이아몬드 감정서의 감정 기준은 천연 다이아몬드 감정 기준과 같다.
③ 인공 다이아몬드와 천연 다이아몬드는 구별하기가 아주 어렵다.
④ 천연 다이아몬드 제작 과정에서 노동력 착취나 환경오염 문제가 발생한다.

50 ②

풀이

① 복권의 판매 수익이 저소득층이나 소외 계층을 위해서 사용된다.
② 복권 당첨에 대한 기대심리 때문에 사람들은 복권을 구입한다.
③ 복권 당첨금이 높을수록 복권 판매율이 증가한다.
④ 복권 판매의 수익금을 제대로 관리하지 않아서 사회적으로 문제가 되고 있다는 내용은 없다.

실전 모의고사 정답 및 풀이

듣기 정답 및 풀이

1	③	2	②	3	④	4	③	5	②
6	③	7	①	8	②	9	④	10	④
11	④	12	③	13	①	14	③	15	②
16	③	17	③	18	④	19	③	20	③
21	④	22	①	23	③	24	①	25	①
26	④	27	③	28	③	29	②	30	③
31	④	32	②	33	①	34	③	35	③
36	④	37	②	38	④	39	②	40	②
41	①	42	②	43	④	44	③	45	③
46	②	47	②	48	③	49	④	50	③

1 ③

듣기 대본

여자: 외국으로 보내야 하는데 깨지지 않게 포장해 주실 수 있어요?
남자: 네, 튼튼하게 포장해 드리겠습니다.
여자: 감사합니다.

풀이

여자가 가게에서 물건을 사고 깨지지 않게 포장을 부탁하는 내용이다.

2 ②

듣기 대본

남자: 안색이 안 좋아 보이는데 어디 아파?
여자: 감기에 걸린 것 같아.
남자: 그럼, 따뜻한 물을 많이 마셔.

풀이

여자가 감기에 걸려서 남자가 따뜻한 물을 주는 내용이다.

3 ④

듣기 대본

남자: 고3 학생들이 대학을 선택하는 기준은 '대학 이름'인 것으로 나타났습니다. 서열상 더 높은 대학을 선택하겠다는 답변이 63%로 제일 많았고 '전공'이나 '학과'가 23%였으며 '부모님의 추천'이라는 답변도 있었습니다. 이번 입시에 실패할 경우 재수를 할 것인지에 대해서는 53%가 '하지 않겠다'고 답변했고 '아직 모르겠다'가 27%, '하겠다'가 20%였습니다.

풀이

대학을 선택하는 기준은 1위가 대학 이름, 2위가 전공이나 학과, 3위가 부모님의 추천이다. 재수에 대한 의견은 '하지 않겠다'는 답변이 53%, '아직 모르겠다'는 답변이 27%, '하겠다'는 답변이 20%이다.

4 ③

듣기 대본

여자: 민수야, 이거 새로 산 모자인데 어때?
남자: 멋있다. 그런데 좀 비싸 보이는데.
여자: _____

풀이

멋있지만 비싸 보인다는 남자의 말에 대한 대답을 찾아야 한다.

5 ②

듣기 대본

남자: 배운 단어를 자꾸 잊어버려요.
여자: 일상생활 속에서 자주 사용하시면 도움이 될 거예요.
남자: _____

풀이

일상 생활 속에서 자주 사용하라는 여자의 조언에 대한 대답을 찾아야 한다.

6 ③

듣기 대본

여자: 슈퍼 옆에 빨래방이 새로 생겼는데 한번 가 보자.
남자: 세탁소에 맡기는 게 편하지 않을까?
여자: _____

풀이

여자가 옷을 세탁소에 맡기지 않고 빨래방에 가려고 하는 이유를 찾아야 한다.

7 ①

듣기 대본

여자: 다음 달에 부산에서 국제영화제가 열린대요.
남자: 그래요? 이번에는 서둘러서 예매권을 사야겠네요.
여자: _____

풀이

예매권을 사려고 하는 남자에게 예매권과 구매와 관계있는 정보를 주는 내용을 찾아야 한다.

8 ②

듣기 대본

남자: 유실물센터입니다. 뭘 도와 드릴까요?
여자: 제가 서류 봉투를 두고 내렸는데 어디에서 찾을 수 있을까요?
남자: _____

풀이

버스나 지하철에 두고 내린 물건을 찾으려고 할 때 필요한 내용을 알아야 한다.

9 ④

듣기 대본

여자: 요즘은 캠핑이 유행인가 봐. 텔레비전에서도 캠핑 얘기가 많아.
남자: 우리도 한강공원으로 캠핑하러 갈까?
여자: 다른 친구들도 같이 가면 게임도 하고 재미있을 것 같아.
남자: 그래. 연락해서 오고 싶은 사람은 오라고 해.

풀이

여자가 친구들도 같이 가면 재미있을 것 같다고 하자 남자가 연락을 해 보라고 하였으므로 여자가 친구들에게 연락하는 행동이 이어져야 한다.

10 ④

듣기 대본

남자: 신용카드를 만드시려면 저희 은행 통장부터 개설하셔야 합니다.
여자: 통장은 있어요.
남자: 그럼, 신분증을 주시고 여기 서류에 이름을 쓰시고 서명하세요.
여자: 도장은 필요 없나요?

풀이

남자가 서류에 이름을 쓰고 서명하라고 했으므로 서류에 서명하는 행동이 이어져야 한다.

11 ④

듣기 대본

여자: 휴대전화를 물에 빠뜨렸는데 어떻게 하지?
남자: 전원을 켜면 고장이 나니까 그대로 물기를 말려야 해.
여자: 헤어드라이어로 말리면 되겠다.
남자: 아니야. 그냥 수건으로 닦고 나서 수리 센터로 가지고 가.

풀이

남자가 휴대전화를 수건으로 닦고 나서 수리 센터에 가지고 가라고 했다. 수건으로 휴대전화의 물기를 닦는 행동이 이어져야 한다.

12 ③

듣기 대본

여자: 사장님, 사내 동호회를 만든다는 얘기가 있던데 언제 시작하나요?
남자: 아직 어떤 동호회를 만들지도 결정하지 못한 상태예요.
여자: 그럼, 간단하게 질문지를 만들어서 사원들을 대상으로 요구 조사를 해 보면 어떨까요?
남자: 좋은 생각이네요. 그럼 바로 시작해 주세요.

풀이

여자가 사장에게 사내 동호회 관련하여 사원들의 요구 조사를 하면 좋겠다고 했다. 사장이 이것을 허락했으므로 여자가 사원들의 요구를 조사하는 상황이 이어져야 한다.

13 ①

듣기 대본

여자: 이거 병뚜껑을 이용해서 만든 옷걸이인데 어때?
남자: 그냥 버리는 걸 가지고 이런 걸 만들다니 놀라워.
여자: 크고 거창한 건 아니지만 생활 속에서 필요한 작은 물건을 만들어서 쓰는 거야.
남자: 사용하면 편리하기도 하고 버리는 물건을 이용하니까 의미도 있어서 좋다.

풀이

① 여자는 재활용품을 만들어서 사용한다.
② 남자가 재활용품을 사용해 본 적이 있는지 없는지에 대한 내용은 없다.
③ 버리는 물건을 모아서 활용하는 사람은 여자이다.
④ 두 사람은 여자가 만든 재활용 옷걸이에 대해서 이야기한다.

14 ③

듣기 대본

(딩동댕)
여자: 잠시 후 5시부터 10분간 식품 코너에서 깜짝 할인을 시작하겠습니다. 국내산이든 수입산이든 식품 코너의 모든 품목을 30% 할인된 가격으로 구매하실 수 있습니다. 다 팔린 품목은 추가로 구매하실 수 없으니 서둘러 주세요. 단 10분간만 진행합니다.
(딩동댕)

풀이

① 식품 코너의 품목은 아직 있지만 다 팔리면 구매할 수 없다.
② 10분 후에 매장의 문을 닫는다는 정보는 없다.
③ 식품 코너에서 30% 할인 행사를 한다.
④ 5시부터 할인을 시작해서 10분 동안 할인해서 판다.

15 ②

듣기 대본

남자: 아파트 주차장에서 발생한 자동차 연쇄 방화 사건을 조사 중인 경찰은 오늘 인근에 사는 중학교 3학년 박 모 군을 방화 등 혐의로 구속했습니다. 박 군은 지난 25일 경찰에 체포돼 '텔레비전에서 방화하는 장면을 보고 방화하면 주위의 관심을 끌 수 있을 것으로 생각해서 범행을 저질렀다'고 자백했습니다.

풀이

① 중학생이 주차장에 있는 자동차에 방화했다.
② 범인은 주위의 관심을 끌기 위해서 방화했다.
③ 아파트 안에서 방화 사건이 발생했다.
④ 경찰이 범인을 잡아서 조사 중이다.

16 ③

듣기 대본

남자: 작품이 공개된 이후에 관객들의 반응을 한 번도 찾아보지 않으셨다는데 특별한 이유가 있으십니까?
여자: 무슨 작품이든 아쉬움이 없을 순 없습니다. 완성된 작품을 보면 배우들은 자신에게 부족한 점이 보이고 그걸 개선하려고 노력하면서 발전한다고 생각합니다. 하지만 대중들의 댓글에는 사실 좋은 얘기가 많은데 이런 것에 빠져 있으면 발전을 기대하기가 어렵습니다.

풀이
① 여자는 댓글을 찾아보지 않았다.
② 여자는 관객의 반응을 한 번도 찾아보지 않았다.
③ 여자는 완성된 작품을 보고 스스로 부족한 점을 찾는다.
④ 여자는 무슨 작품이든 아쉬움이 있다.

17 ③
듣기 대본

> 남자: 감기에 걸린 것 같아. 열도 약간 있는 것 같고 기침도 나기 시작했어.
> 여자: 그럼, 빨리 병원에 가야지 왜 그러고 있어?
> 남자: 비타민을 먹었으니까 하루 이틀 있어 보려고. 사실 병원에 가도 별거 없잖아.

풀이
남자는 병원에 가도 특별한 효과가 없다고 생각한다.

18 ④
듣기 대본

> 남자: 어제는 룸메이트 때문에 잠을 거의 못 잤어.
> 여자: 기숙사에서 다른 사람과 같이 생활하는 게 불편하지 않아?
> 남자: 자취를 하면 편하기는 할 텐데 집세가 너무 비싸서 부담스러워.

풀이
남자는 자취를 하면 편하지만 집세가 비싸서 부담스럽다고 생각한다.

19 ③
듣기 대본

> 여자: 학생들의 흡연 문제를 해결하기 위해서 한 고등학교에서는 금연 교육을 실시하고 있대.
> 남자: 무조건 안 된다고 강제하기보다 흡연의 부작용 등을 알리는 금연 교육을 하는 건 효과적인 판단이네.
> 여자: 어린 학생들은 호기심에서 담배를 배우게 되는 것 같아.
> 남자: 담배는 습관이니까 처음부터 시작하지 않는 게 최선이야.

풀이
남자는 학생들의 흡연 문제를 해결하기 위해서 학교에서 금연 교육을 하면 효과가 있을 거라고 생각한다.

20 ③
듣기 대본

> 여자: 국제선 항공권 할인 정보 사이트를 운영 중이신데 어떤 분들이 많이 이용하시나요?
> 남자: 같은 비행기를 타면서 다른 사람보다 비싸게 해외여행을 간다면 좀 억울하겠죠? 주머니 사정은 열악하지만 해외 나들이를 하려는 대학생들, 전 세계를 내 집처럼 왕래하시는 직장인들에게 저희 사이트에서 항공권의 할인 정보를 서비스하고 있습니다.

풀이
남자는 같은 비행기를 탈 때 다른 사람보다 비싸게 표를 사면 억울하다고 생각한다.

[21~22]
듣기 대본

> 여자: 지난달에 비해서 관리비가 엄청 많이 나왔어요.
> 남자: 관리비 지출을 줄이려면 전기 요금부터 줄여야 할 것 같네요. 낭비되는 전기가 없는지 점검이 필요해요.
> 여자: 저도 알지만 무엇부터 줄여야 할지 모르겠어요.
> 남자: 우선 대기전력 사용을 막기 위해서 사용하지 않는 모든 가전제품의 플러그를 뽑아야 해요. 그리고 에너지 효율 등급이 높은 전기제품을 구입하는 것도 도움이 되고요.

21 ④
풀이
남자는 관리비 지출을 줄이려면 전기 요금부터 줄여야 한다고 생각한다.

22 ①
풀이
① 대기전력은 전기를 낭비한다.
② 전기제품을 살 때 에너지 효율 등급이 높은 것을 사야 한다.
③ 지난달보다 전기 요금이 엄청 많이 나왔다.
④ 가전제품 사용과 전기 절약은 관계가 없다.

[23~24]

듣기 대본

남자: 어린이 보호 구역에서 사고가 났는데 형사사건으로 처리가 된대요. 변호사의 도움을 받을 수 있을까 해서 전화를 드렸어요.
여자: 많이 당황하셨겠네요. 우선 직접 형사사건을 조사하고 처리해 본 경험이 있는 전문변호사를 연결해 드리겠습니다. 형사사건은 말 한마디를 어떻게 하냐에 따라서 결과가 달라지기 때문에 초기에 잘 대응하시는 게 중요합니다.
남자: 네, 변호사 비용은 어떻게 되나요?
여자: 변호사비는 후불제입니다.

23 ③

풀이

남자는 변호사의 도움을 받을 수 있는지 알아보려고 전화를 했다.

24 ①

풀이

① 어린이 보호 구역에서 사고가 났다.
② 남자는 형사사건으로 처리되기 때문에 변호사의 도움을 받으려고 전화를 했다.
③ 여자는 직접 형사사건을 조사한 경험이 있는 변호사를 소개하겠다고 했다.
④ 변호사 비용은 후불제이다.

[25~26]

듣기 대본

여자: 이번 제품은 기능성을 강조한다고 들었습니다. 제품에 대한 소개를 부탁드립니다.
남자: 주름을 개선하거나 피부 탄력을 향상시키는 수준을 넘어서는 다양한 기능성 화장품에 대한 요구가 많습니다. 이제는 피부에 특정한 기능을 제공하거나 개선하는 성분을 실질적으로 함유해야 소비자들의 선택을 받을 수 있습니다. 저희 제품은 특히 피부의 염증을 진정시키고 여드름을 효과적으로 개선하는 기능에 집중했습니다. 또한 항산화 작용을 하는 성분을 첨가해서 노화 예방에 도움을 받을 수 있습니다.

25 ①

풀이

피부에 특정한 기능을 제공하거나 개선하는 성분을 함유한 화장품이 소비자의 선택을 받을 수 있다고 생각한다.

26 ④

풀이

① 이 화장품은 상품이기 때문에 누구든지 구매할 수 있다.
② 이 화장품의 특징은 피부의 염증을 진정시키고 여드름을 효과적으로 개선하는 것이다.
③ 이 화장품은 소비자들의 요구를 반영해서 개발되었다.
④ 이 화장품은 여드름을 개선하기 위해서 개발되었다.

[27~28]

듣기 대본

남자: 기존 축제의 문제점을 최소화하기 위해서 티켓 사전 예약제를 실시하려는 대학들이 많던데 우리 학교도 동참하는 게 좋지 않을까?
여자: 그러다가 외부인이 많이 입장하면 축제 분위기도 이상해지고 안전 관리도 쉽지 않아서 학생들이 피해를 보게 될 거야.
남자: 외부인에게 판매하는 수량을 최소화하면 되지. 대학의 축제는 차별하거나 배제하는 것이 아니라 재학생과 졸업생, 지역사회가 모두 하나가 되는 어울림의 마당이 되어야 해.
여자: 이런 문제는 학생들만 비난할 것이 아니라 사회가 함께 고민해야 한다고 봐.

27 ③

풀이

남자는 대학의 축제가 재학생과 졸업생, 지역사회가 함께 어울려야 한다고 생각한다.

28 ③

풀이

① 티켓 사전 예약제를 실시하는 대학이 많다.
② 티켓 사전 예약제를 이미 실시하고 있는 대학이 많다.
③ 티켓 사전 예약제를 통해서 기존 축제의 문제점인 차별 문제를 최소화할 수 있다.
④ 티켓 사전 예약제는 졸업생도 함께 참여하게 하기 위해서 실시한다.

[29~30]

듣기 대본

여자: 결혼과 회사라는 말이 쉽게 연결되지 않는데 결혼정보회사는 어떤 회사입니까?
남자: 결혼정보회사는 결혼 의사가 있는 남녀에게 어울리는 짝을 소개하는 중매회사입니다. 그래서 법률상으로는 결혼중개업이라고 하지요. 현재 우리나라에는 일정 규모를 갖춘 회사가 여럿 있습니다.
여자: 팀장님께서는 구체적으로 어떤 업무를 하세요?
남자: 전통사회에서는 집안 사정을 잘 아는 중매쟁이가 남녀를 맺어주던 일을 현재는 회사가 정보를 분석해서 배우자를 소개한다고 보시면 되는데 저는 결혼 중매를 신청하신 분들을 면담해서 본인의 조건과 원하는 이상형에 대해서 파악하는 일을 합니다.

29 ②

풀이

남자는 결혼정보회사에서 신청자들을 면담하고 이상형을 파악하는 일을 한다.

30 ③

풀이

① 결혼정보회사는 법적으로 결혼중개업이라고 한다.
② 결혼정보회사는 일정 규모를 갖춘 회사가 여럿 있다.
③ 결혼정보회사는 전통사회의 중매쟁이 역할을 한다.
④ 전통사회에서 중매쟁이는 남녀의 집안 사정을 잘 알았지만 현재 결혼정보회사는 면담을 통해 신청자의 조건과 이상형을 알아본다.

[31~32]

듣기 대본

남자: 악성댓글에 시달리고 있는 사람들이 많고 일부는 극단적인 선택까지 하고 있는 상황입니다. 악의적으로 상대방을 비하하려는 목적으로 댓글을 달고 모욕감을 주는 것은 범죄라고 볼 수 있죠.
여자: 그런 측면도 있지만 공적인 관심사에 대해서 비난의 의견을 내는 것도 표현의 자유가 아닐까요?
남자: 자유는 어디까지나 남에게 피해를 주지 않는 범위에서 인정이 되어야 합니다. 익명으로 숨어서 상대방을 비방하고 험담을 하는 것은 강력하게 처벌되어야 합니다.
여자: 하지만 명예훼손죄나 모욕죄라는 것이 판단하기 어려운 부분이라서 자칫 인권을 침해할 수도 있지요.

31 ④

풀이

남자는 익명으로 숨어서 상대방을 비방하고 험담을 하는 악성댓글 작성자를 강력하게 처벌해야 한다고 생각한다.

32 ②

풀이

남자는 악의적인 댓글을 범죄라고 생각하고 처벌을 요구하고 있다.

[33~34]

듣기 대본

여자: 이것은 1800년대에 제작된 손목시계인데요. 여러 가지 보석으로 장식되어 있어서 시계인지 장신구인지 구별이 안 갈 정도죠. 이러한 시계는 상당히 고가였기 때문에 당시에는 왕족이나 귀족들의 전유물이었습니다. 그럼 손목에 차는 시계가 대중화된 것은 언제쯤일까요? 휴대용 시계로는 줄을 달아서 주머니에 넣고 다니며 사용하던 회중시계가 있었지만 일반화되지는 못했습니다. 그러다가 19세기 말에 태엽을 감아서 구동시키는 기계식 손목시계가 등장했고 본격적으로 보급되기 시작했죠. 이후에 기술이 발전하면서 전자식 구동 방식으로 더 정확한 시간을 알려 주게 되었습니다. 현대에 와서 손목시계는 단순히 시간을 알려주는 기능만 하는 것이 아니라 통화도 하고 건강까지 챙기는 만능 기기가 되었습니다.

33 ①

풀이

1800년대에 만들어진 손목시계, 19세기 말에 사용된 기계식 손목시계, 만능 기기의 역할을 하는 현대의 손목시계까지 손목시계가 어떻게 변화했는지를 설명하고 있다.

34 ③

풀이

① 회중시계는 일반화되지 못했다.
② 현대의 손목시계는 시간을 알려 줄 뿐만 아니라 통화, 건강 확인까지 할 수 있다.

③ 손목시계는 초기에 장신구의 역할도 했다.
④ 기계식 손목시계가 등장하면서 본격적으로 대중에게 보급되기 시작했다.

[35~36]

듣기 대본

> 남자: 우선 시청자 여러분께 깊은 사과의 말씀을 드립니다. 저희 제작진 일동은 잘못 보도된 내용으로 인해 피해를 입은 학생과 학부모님께 진심으로 사죄의 마음을 전합니다. 본 방송은 교육 현장의 목소리를 생생하게 전해 드리기 위해서 인터뷰를 진행했는데 편집 과정에서 자막이 잘못 들어갔습니다. 방송의 제작 의도와 달리 교육 현장에 대한 오해를 불러오게 되었고 많은 학부모님들의 우려를 낳았습니다. 공영방송으로서 제작 과정에 신중하지 못했고 보도 이후에도 신속하게 대처하지 못한 점을 깊이 반성하고 있습니다. 이 방송을 위해 인터뷰에 응해 주신 분들과 시청자 여러분께 다시 한 번 깊이 사과드립니다. 아울러 앞으로 모든 보도에 있어 신중하고 면밀한 검토를 거쳐 이런 일이 재발하지 않도록 최선을 다하겠습니다.

35 ③

풀이

남자는 편집 과정에서 자막이 잘못 들어간 것에 대해서 사과하고 있다.

36 ④

풀이

① 이 방송에서 보도된 인터뷰 내용은 사실이지만 자막이 잘못 나갔다.
② 이 방송으로 인해 학생과 학부모들이 피해를 입었다.
③ 이 방송은 공영방송으로서 제작 과정에 신중하지 못했다.
④ 이 방송의 보도 내용은 교육 현장에 관한 것이었다. 그래서 학생과 학부모를 인터뷰했다.

[37~38]

듣기 대본

> 남자: 젊은 사람들과 얘기를 나누다 보면 자기개발이란 말을 많이 듣게 됩니다. 베스트셀러가 된 자기개발서에서부터 유명인의 사례까지 그야말로 자기개발에 대한 이야기가 넘쳐 납니다.
> 여자: 그렇습니다. 최근 몇 년간 통계를 보면 자기개발서가 가장 잘 팔리는 서적 중의 하나입니다. 자신의 재능을 찾아내고 키운다는 의미에서는 아주 긍정적인 말이지만 실상을 보면 그렇지만도 않습니다. 취업 기회를 잡기가 어려운 젊은이들, 꿈과 희망이 사라진 듯한 어려운 여건들, 누군가를 누르고 우위에 서야 한다는 치열한 경쟁. 이런 것들이 우리에게 자기를 개발하도록 강요하는 것 같습니다. 그러나 자기개발은 무언가를 위해서가 아니라 자신의 행복한 삶을 위한 노력이 되어야 합니다.

37 ②

풀이

여자는 자기개발이 무언가를 위해서가 아니라 자신의 행복한 삶을 위한 노력이어야 한다고 생각한다.

38 ④

풀이

① 취업 기회를 잡기 위해 자기개발을 하는 사람도 있다.
② 유명인의 성공 사례가 들어 있는 자기개발서도 있다.
③ 전체적으로 자기개발서가 가장 많이 읽힌다.
④ 취업 기회를 잡기가 어려운 젊은이들, 꿈과 희망이 사라진 듯한 어려운 여건들, 누군가를 누르고 우위에 서야 한다는 치열한 경쟁 등의 힘든 현실 때문에 강제적으로 자기를 개발해야 하는 부정적인 의미가 있다.

[39~40]

듣기 대본

> 여자: 발표된 내용으로 보면 지속적으로 쌀 소비량이 감소했다는 얘기인데 이로 인한 부정적인 영향은 없습니까?
> 남자: 사실 쌀 소비량이 감소한 것은 어제오늘의 이야기는 아닙니다. 국민들의 소득이 높아지면서 축산물에 대한 소비가 증가하고 상대적으로 쌀은 소비가 줄어들었습니다. 그러면서 밀가루 소비는 크게 증가하는 추세입니다. 쌀의 소비량과 건강의 관계에 대한 연구는 더 진행되어야 하겠지만 지금까지 나타난 결과로는 그리 긍정적이지 않습니다. 쌀 소비가 줄면서 비만, 당뇨 환자가 증가했다는 의미 있는 보고들이 있습니다. 축산물과 밀가루를 수입에 의존하고 있는 상황에서 국민들의 건강을 지키고 식량을 안정적으로 확보하기 위해서는 쌀 소비를 늘려야 합니다.

39 ②

풀이

여자는 지속적으로 쌀 소비량이 감소했다는 발표를 들었다고 말했다.

40 ②

풀이

① 연구가 더 진행되어야 하겠지만 지금까지 쌀 소비와 비만, 당뇨병의 관계에 대한 의미 있는 보고가 있다.
② 국민의 건강을 위해 쌀 소비를 늘려야 한다.
③ 쌀 소비량과 건강의 관계에 대해 연구하고 있는지에 대한 설명이 없다.
④ 축산물과 밀가루의 소비량이 점차 증가하는 추세이다.

[41~42]

듣기 대본

여자: 이것은 인간의 배아에서 줄기세포를 분리하는 실험입니다. 줄기세포는 아직 분화하지 않은 미분화 세포인데 우리 몸의 여러 부위의 세포로 배양할 수 있습니다. 줄기세포를 활용해서 필요한 장기를 재생하는 것이죠. 쉽게 말해 낡고 손상된 세포나 기관을 새것으로 교체한다고 이해하시면 됩니다. 이렇게 장기 이식이 손쉽게 이루어지면 그동안 치료가 어려웠던 퇴행성 질환이나 난치성 질환을 앓는 환자들에게 큰 희망이 될 수 있을 겁니다. 하지만 인간의 배아를 사용해야 하기 때문에 생명윤리적인 논란이 있을 수 있어서 철저한 관리가 필요합니다. 과학자들이 양심을 갖고 줄기세포 연구를 통제한다면 질병 치료의 신세계가 열릴 겁니다.

41 ①

풀이

여자는 줄기세포를 활용해서 장기 이식이 쉽게 이루어지면 퇴행성 질환이나 난치성 질환을 앓는 환자들에게 큰 희망이 될 수 있다고 생각한다.

42 ②

풀이

① 줄기세포를 이용한 연구는 현재 진행되고 있다.
② 줄기세포를 이용해서 여러 장기를 만들 수 있다.
③ 줄기세포는 우리 몸의 여러 부위의 세포로 배양해서 손상된 세포를 서로 교체할 수 있다.
④ 줄기세포는 분화하기 전의 미분화 세포이다.

[43~44]

듣기 대본

남자: 일반적으로 자극에 대해 반응하려면 감각을 느끼는 기관과 이것을 전달하고 인지하는 기관이 필요하다. 동물은 이러한 기관을 모두 가지고 있기 때문에 자극을 감지하고 이에 대해 반응한다. 그렇다면 식물은 어떨까? 식물에는 감각과 인지를 담당하는 기관이 없지만 자극에 반응하는 성질을 가지고 있다. 우리가 흔하게 관찰할 수 있는 것은 식물의 잎이나 줄기가 햇빛에 반응해서 해를 향해 휘어지는 성질이다. 이것은 빛을 받은 세포와 그렇지 않은 세포의 성장 속도가 다르기 때문에 생기는 현상이다. 식물은 성장에 필요한 영양분을 얻기 위해서 반드시 햇빛이 있어야 한다. 식물은 특정 냄새에도 반응하는데 육안으로는 관찰이 어렵지만 느린 화면으로 보면 냄새를 피해서 반대쪽으로 기우는 것을 볼 수 있다.

43 ④

풀이

식물은 동물과 같은 기관이 없지만 자극에 반응하는 성질을 가지고 있다.

44 ③

풀이

식물은 빛 자극에 반응해서 빛을 받은 세포와 그렇지 않은 세포의 성장 속도가 다르기 때문에 해를 향해 휘어진다.

[45~46]

듣기 대본

여자: 종묘는 왕실의 신주를 모시고 제사를 지내는 국가 사당입니다. 이곳은 1963년에 사적으로 지정되었고 이후에 제사에 사용되던 음악인 제례악과 제사를 지내는 절차인 종묘제례가 모두 국가중요무형문화재로 지정되었습니다. 종묘는 당시 나라와 왕실을 상징하는 대표적인 건물이었는데 중심 건물은 신주를 모신 정전입니다. 이곳은 신주로 모시는 왕실의 숫자가 늘어날 때마다 방을 증축하는 방식으로 만들어졌기 때문에 단일 건물로는 가장 깁니다. 그래서 증축 시기에 따라서 기둥의 오래된 정도가 다르고 모양에도 차이가 있습니다. 내부는 아무 장식을 하지 않은 단순한 구조로 되어 있고 외부

의 단청도 최소화해서 엄숙한 분위기를 조성했습니다. 정전의 양옆으로는 나라에 공을 세운 신하들을 기리는 사당과 제사 음식을 선별하고 검사하던 건물들이 있습니다.

45 ③

풀이

① 종묘는 증축된 시기에 따라서 기둥의 모양이 다르다.
② 종묘는 단청을 최소화해서 엄숙한 분위기를 조성했다.
③ 종묘에는 왕과 왕비 등 왕실의 신주가 모셔져 있다.
④ 종묘는 1963년에 사적으로 지정되었다.

46 ②

풀이

여자는 종묘의 역할과 건물의 모습을 묘사하고 있다.

[47~48]

듣기 대본

여자: 경제의 세계화라는 표현에서 알 수 있듯이 이제 기업이든 국가든 세계를 무대로 경쟁해야 합니다. 하지만 선진국들이 기술과 시장을 선점하고 저개발국가의 생산자와 노동자에게 낮은 생산 비용을 강요하는 상황에서 공평한 경쟁을 기대하기는 어려워 보입니다.
남자: 그렇습니다. 세계 무역시장이 발전하면서 많은 국가들이 경제성장을 이루었지만 그 과정에서 얻어진 이익은 고르게 분배되지 않았습니다. 소수의 글로벌 기업들이 시장을 지배하고 더 많은 이익을 추구하기 위해서 생산자와 노동자들에게 낮은 비용을 지불하고 있습니다. 이로 인해 노동력을 제공하는 저개발국가에서는 낮은 임금과 노동 착취 문제가 더욱 심화되고 있죠. 이제는 공정하지 못한 무역 관행을 개선하고 생산자와 노동자들의 권리를 보호함으로써 공평하고 정의로운 세계를 만들려는 노력이 필요합니다.

47 ②

풀이

① 경제의 세계화는 얻었지만 공정한 무역은 이루어지지 않았다.
② 공정한 무역은 생산자와 노동자의 권리를 보호하는 것이다.
③ 무역시장에서 더 많은 이익을 추구하기 때문에 낮은 임

금과 노동 착취 문제 등 공정하지 못한 무역이 이루어진다.
④ 공정한 무역은 저개발국가의 생산자와 노동자의 권리를 보호함으로써 공평하고 정의로운 세계를 만들기 위한 것이다.

48 ③

풀이

남자는 세계 무역시장에서의 공평한 경쟁과 공정한 무역이 이루어져야 한다고 당부하고 있다.

[49~50]

듣기 대본

여자: 과학 기술인을 대상으로 정책에 대한 설문을 한 결과 기초과학을 육성해야 한다는 답변이 가장 많았습니다. 교육과 산업의 현장에서 기초과학의 필요성을 절감하기 때문입니다. 기초과학은 모든 공학의 기초이면서 공학의 원리를 제공하기 때문에 산업기술 분야의 발전에 주요한 동력입니다. 의학이나 약학 등 생명과학 분야는 물론이고 반도체나 통신 등의 기술 분야에서도 물리학이나 화학과 같은 기초과학의 발전 없이는 어떤 성과도 기대하기 어렵습니다. 이제 세계는 첨단 기술을 보유한 기업과 국가만이 경쟁에서 살아남는 구조입니다. 선진국들이 기초과학의 육성을 내세우고 있는 것도 그런 이유에서죠. 이제 우리 정부도 국가와 기업의 경쟁력 향상을 위해서 기초과학 분야의 연구를 활성화하고 기초과학 전공자들을 육성하기 위한 정책을 수립해야 합니다.

49 ④

풀이

① 선진국은 기초과학을 육성하고 있다.
② 여자는 기초과학의 연구에 정부가 지원해야 한다고 말한다.
③ 기초과학은 산업기술 분야뿐만 아니라 생명과학 분야에서도 필요하다.
④ 기초과학은 생명공학과 의학 발전에 중요하다.

50 ③

풀이

여자는 기초과학 분야의 연구를 활성화하고 기초과학 전공자를 육성하기 위한 정책을 추진해야 한다고 촉구하고 있다.

쓰기 답안 예시

51

㉠ 놓고/두고 왔습니다
㉡ 제 가방을 보셨거나

52

㉠ 마음을 나눌 수 있는 사람이 있기 때문이다
㉡ 인간관계가 중요한 역할을 한다고 말한다

53

　통계청에서 발표한 자료에 따르면 맞벌이를 하는 신혼부부는 57.2%로 절반을 넘는 것으로 나타났다. 반면 외벌이 가정은 해가 갈수록 감소하는 추세이다. 이는 경제적인 필요성과 여성의 사회 진출 확대가 주요 원인인 것으로 분석된다. 혼인 연차별 맞벌이 추이를 보면 혼인 연차가 높아질수록 맞벌이 비율이 낮아지고 있음을 알 수 있다. 자녀의 출생과 양육에 대한 부담이 크고 가사 노동 문제로 인해 직장과 가정을 병행하기 어렵기 때문으로 파악된다.

54.

예시 1

　　과학과 의학 분야에서 동물실험을 하는 이유는 인체 실험이 불가능하기 때문이다. 새로운 기술이나 제품을 개발한 후에 이것의 효과를 검증하기 위해서 인간을 대상으로 실험을 하는 것은 엄청난 문제에 봉착하게 된다. 이를 대체할 수 있는 것이 동물실험이며 그동안 동물실험을 통해서 과학과 의학은 크게 발전했다.

　　동물과 인간이 진화론의 과정에서 단계적인 성장을 거쳤으므로 동물을 대상으로 이루어진 실험의 결과가 인간에게도 유사한 효과를 나타낼 것이라는 전제에서 동물실험은 이루어진다. 수긍할 수 있는 전제이기는 하지만 그렇다고 하더라도 인간이 동물의 생명을 임의로 좌지우지하는 것은 윤리적인 문제로 남는다. 또한 동물실험이 동물을 위한 실험이 아니라 인간을 위한 실험에 불과하다는 것이다. 비록 실험 과정에서 의학이 발전한다 하더라도 그 혜택을 실험의 대상인 동물이 누릴 가능성은 낮다.

 동물실험이 현실적으로 필요악인 점은 부인할 수 없다. 그리고 동물실험을 통해서 얻어진 결과가 의학 발전에 필수불가결하다는 것도 반박하기 어렵다. 그렇다면 동물실험은 최후의 수단으로 그리고 최소한의 규모로 행해져야 한다. 동물실험에 따른 윤리적 문제에서 자유로울 수는 없겠지만 다양한 측면에서 문제를 보완하려는 노력이 필요하다.

예시 2

　　새로운 약물이나 제품 등의 효능과 안전성을 평가하여 인간의 건강과 안전을 보장하기 위해서 동물실험은 반드시 필요하다. 동물실험은 인간 신체와 유사한 구조를 가진 동물을 이용해 복잡한 생리적 상호작용을 검증할 수 있는 방법이다. 현재 인류가 누리고 있는 의학과 과학의 성과는 대부분 동물실험으로 얻어진 결과이다.

　　하지만 엄격한 통제 없이 이루어지는 동물실험은 그 결과가 자칫 인간에게 큰 부작용을 일으킬 수 있다. 동물을 대상으로 하는 실험의 결과가 인간에게도 동일한 결과를 가져온다고 100% 보장할 수 없으며 예기치 못한 무서운 결과가 나타날 위험도 있다. 동물실험의 결과를 근거로 해서 사용이 허용된 의약품이라 해도 인간에게 부작용을 일으킬 수 있다. 또한 인간을 위해서 수많은 동물이 실험의 대상이 되어 목숨을 잃어야 하는 윤리적인 문제도 있다. 과학과 의학 분야의 연구에서 동물실험이 꼭 있어야 한다면 반드시 신뢰할 수 있는 기관의 통제 아래에서 아주 제한적으로 시행되어야 한다.

 동물실험을 다른 연구로 완전하게 대체하기는 어렵겠지만 생체공학적 장기의 개발이나 의학적으로 임상 효과가 검증된 공학 기술을 반영한 인공지능을 활용하는 방법을 모색할 수 있을 것이다. 또한 최근에는 인간의 줄기세포를 이용해 특정 장기를 대체하는 연구가 활발하게 진행되고 눈에 띄는 성과를 내고 있으므로 이들 분야의 도움을 받는 것도 고려해 볼 필요가 있다.

읽기 정답 및 풀이

1	③	2	②	3	④	4	④	5	①
6	②	7	①	8	②	9	③	10	②
11	④	12	④	13	③	14	②	15	①
16	③	17	②	18	②	19	④	20	②
21	③	22	②	23	②	24	①	25	③
26	②	27	④	28	②	29	①	30	②
31	③	32	④	33	④	34	①	35	③
36	①	37	④	38	④	39	①	40	③
41	②	42	④	43	②	44	①	45	④
46	①	47	③	48	①	49	③	50	②

1 ③

풀이
집에 도착한 후에 바로 비가 내리기 시작했다는 내용이다.

2 ②

풀이
중학교 때 수술을 받은 경험이 있다는 내용이다.

3 ④

풀이
수업 시간에 늦을 것이 걱정된다는 의미와 유사한 표현을 찾아야 한다.

4 ④

풀이
눈에서 멀어지면 마음에서도 멀어지는 것이 당연하다는 의미와 유사한 표현을 찾아야 한다.

5 ①

풀이
먹으면 통증이 사라지는 약에 대한 광고이다.

6 ②

풀이
할머니의 손맛이 살아 있는 식당에 대한 광고이다.

7 ①

풀이
산불로 피해를 입은 이웃을 돕기 위한 성금을 모금하는 공익 캠페인이다.

8 ②

풀이
원서를 접수하는 방법에 대한 안내문이다.

9 ③

풀이
① 이 놀이공원은 목줄을 착용한 10kg 이하의 반려견도 입장이 가능하다.
② 자유이용권에는 입장료가 포함되어 있다.
③ 자유이용권을 구매하면 모든 놀이기구를 탈 수 있다.
④ 자유이용권을 손목에 착용한 후에는 환불이 되지 않는다.

10 ②

풀이
① 기타를 제외하면 시간 활용을 위해 아르바이트를 하는 비중이 가장 적다.
② 생활비로 사용하려고 아르바이트를 하는 대학생이 가장 많다.
③ 경험 축적은 12%, 자기 개발은 10%로 나타났다.
④ 생활비 마련은 41%, 등록금 마련은 25%이다.

11 ④

풀이

① 서울시는 작년에도 모범 납세자를 선정했다.
② 올해는 경제가 좋지 않았는데도 모범 납세자 수가 증가했다.
③ 모범 납세자가 혜택을 받으려면 모범 납세자 증명서를 제출해야 한다.
④ 모범 납세자로 선정이 되면 여러 가지 혜택을 받을 수 있다.

12 ④

풀이

① 이 사고는 어제 저녁에 일어났다.
② 이 교통사고로 1명이 사망하고 5명이 다쳤다.
③ 사고를 낸 운전자는 다쳐서 병원에서 수술을 받았다.
④ 차가 미끄러져서 교통사고가 발생했다.

13 ③

풀이

불면증으로 고생하는 환자가 해마다 늘고 있는데 특히 여름보다 겨울에 많이 발생하는 이유는 겨울에 일조량이 부족해서 멜라토닌이 잘 분비되지 않기 때문이라는 내용이다.

14 ②

풀이

지난 토요일에 고등학교 때 단짝 친구들 모임에 다녀왔는데 지방에서 근무하면서부터 연락이 끊겼었지만 앞으로 이 친구들과 우정이 잘 지속되었으면 좋겠다는 내용이다.

15 ①

풀이

습도와 온도만 잘 유지하면 실내에서도 버섯을 재배할 수 있는데 직사광선에 노출되면 버섯이 말라버리므로 직사광선을 피하는 것만 유의하면 된다는 내용이다.

16 ③

풀이

물은 100도에서 끓게 되면 열을 가해도 온도는 오르지 않고 수증기로 증발되는데 압력솥은 밀폐되어 수증기가 새지 않으므로 요리 시간이 단축된다는 내용이다.

17 ②

풀이

술을 많이 마시지 않으면 괜찮다고 생각하는 사람들이 많지만 소량의 음주도 암 발생 위험을 증가시킨다는 내용이다.

18 ②

풀이

고양이는 야생에서 살아남기 위해서 자신의 몸을 숨길 수 있는 은신처를 필요로 했던 습성이 남아 있어 상자를 좋아한다는 내용이다.

19 ④

풀이

기업과 개인의 협조가 없다면 아무리 정부가 좋은 정책을 내도 좋은 결과를 내기 어렵다는 내용이다.

20 ②

풀이

① 정부는 저출산 문제에 대한 다양한 정책을 제시하고 있다.
② 저출산 문제 해결을 위해서 정부와 민간이 합심해야 한다.
③ 기업과 개인의 협조가 없으면 정부의 정책은 유명무실해 질 것이다.
④ 정부는 저출산 문제에 대한 정책을 세울 것이 아니라 실행 방안을 모색해야 한다는 내용은 없다.

21 ③

풀이

가족들이 같이 시청하기에 부담스러운 장면들로 인해 중년층들까지 등을 돌리고 외면한다는 내용이다.

22 ②

풀이

① 새로 방영된 드라마는 중년층조차 외면하고 있다.
② 이번에 새로 시작된 드라마는 시청률이 많이 떨어졌다.
③ 이번 드라마는 자극적인 요소가 많아 비난을 받고 있다.
④ 이번 드라마는 선정적이고 폭력적이라서 별로 인기가 없다.

23 ②

풀이

한국에서의 유학 생활에 대한 설렘과 기대로 공항에서 기다리는 시간까지 아까웠다는 내용이다.

24 ①

풀이

① 나는 아르바이트를 해서 한국 유학 자금을 모았다.
② 나는 대학교를 휴학하고 한국에 유학을 간다.
③ 어머니는 내가 한국으로 유학가는 것을 마땅치 않게 생각하셨다.
④ 어머니는 공항에서 눈물을 흘리셨다.

25 ③

풀이

인기 배우인 이인주가 학폭과 관련된 문제로 드라마에서 하차한다는 내용이다.

26 ②

풀이

전례가 없던 무더위로 전국이 너무 덥고 열대야로 인해 잠도 잘 잘 수 없다는 내용이다.

27 ④

풀이

반도체 수출이 급감하여 반도체 관련 기업들이 투자 유치에 어려움을 겪는다는 내용이다.

28 ②

풀이

극한 상황에 대한 압박 질문을 하여 위기 상황에 대처하는 능력을 평가한다는 내용이다.

29 ①

풀이

끝이 뾰족한 팽이는 돌리는 것이 쉽지 않지만 한번 돌기 시작하면 잘 돌게 된다는 내용이다.

30 ②

풀이

운동을 하는 목적에 따라 운동의 효과를 높일 수 있는 식사 시간에 대한 내용이다.

31 ③

풀이

아스퍼거 증후군은 사회적 소통이 쉽지 않은 질환인데 얼굴에 표정이 잘 드러나지 않으므로 비언어적인 소통에도 문제가 있다는 내용이다.

32 ④

풀이

① 수리부엉이는 주로 밤에 활동하는 야행성 동물이다.
② 수리부엉이는 멸종 위기 야생 동물로 지정되어 보호받고 있으나 아직 개체수는 회복되지 못한 실정이다.
③ 수리부엉이는 생태계의 개체수를 조절하고 균형을 유지하는 데 중요한 역할을 한다.
④ 수리부엉이는 사람들의 사냥과 살충제 사용으로 많이 희생되었다.

33 ④

풀이

① 감자에는 솔라닌이라는 천연 살충제가 있다.
② 솔라닌은 아주 조금만 먹으면 건강에 별 문제가 없다.
③ 솔라닌은 열에 강해 뜨거운 물에 익혀도 없어지지 않는다.
④ 싹이 난 감자나 껍질의 색깔이 변한 감자는 버리는 것이 좋다.

34 ①

풀이

① 자기효능감은 주관적인 개념이다.
② 자기효능감은 자신의 능력에 대한 판단과 믿음에 따라 달라진다.
③ 자기효능감이 높을수록 학업 성취도가 높다.
④ 자기효능감 향상을 위해 쉬운 과제부터 제시하는 것이 좋다.

35 ③

풀이

언어적인 비난과 신체적인 폭력 등의 가정 폭력이 발생했을 경우, 가족이라고 해도 처벌은 받도록 해야 한다는 내용이다.

36 ①

풀이

정부의 정책은 일관성이 있게 지속되어야 한다는 내용이다.

37 ④

풀이

임금피크제는 노동자는 고용을 유지하게 되고 기업은 숙련된 노동자를 쓸 수 있으므로 서로 상생할 수 있는 제도이다.

38 ④

풀이

부양의무자와 연락이 안 되는 경우에도 기초생활보장제도의 도움을 받을 수 있도록 대상자 선정에 대한 개선 방안이 마련되어야 한다는 내용이다.

39 ①

풀이

이 책에서의 작품 설명 방법에 대한 구체적인 내용이 나오는 ㉠ 앞에 들어가는 것이 적절하다.

40 ③

풀이

빨간색 유니폼의 효과에 대한 문장이 나오는 ㉢ 앞에 들어가는 것이 적절하다.

41 ②

풀이

당시 대부분 건축 자재가 나무였던 것에 반해 석조전은 돌로 만들어졌다는 내용이므로 전통적인 궁궐의 건축 자재를 설명하는 ㉡ 앞에 들어가는 것이 적절하다.

42 ④

풀이

오랫동안 연락이 없었던 아버지에 대한 원망을 나타내고 있다.

43 ②

풀이

① 영희는 아버지가 해외 근무를 한다고 자기 최면을 걸었다.
② 영희의 할머니는 영희를 잘 보살펴 주셨다.
③ 영희는 부모님이 이혼한 후 할머니와 같이 생활했다.
④ 영희는 손을 잡고 입장하자는 아버지의 말을 거절했다.

44 ①

풀이

광종이 양반들의 세력을 견제하고 왕권을 강화하기 위해 과거 제도를 시행했다는 내용이다.

45 ④

풀이

고려의 과거 제도는 가문과 상관없이 능력에 따라 인재를 선발한다는 내용이다.

46 ①

풀이

부동산 가격을 안정화시키기 위한 정부의 개입에 대해 우려하고 있다는 내용이다.

47 ③

풀이

① 현재 부동산 공시 가격은 시세의 70% 정도이다.
② 부동산 공시 가격은 국토개발부에서 조사하여 발표한다.
③ 부동산 공시 가격은 부동산과 관련된 각종 세금 산정의 기준이 된다.
④ 부동산 공시 가격의 현실화 정책에 대한 국민들의 불만이 많다.

48 ①

풀이

로봇 수술의 여러 가지 장점들을 설명하는 내용이다.

49 ③

풀이

로봇 수술은 작은 구멍을 뚫어 수술하므로 절개 부위가 크지 않아 감염의 위험과 통증을 줄일 수 있다는 내용이다.

50 ②

풀이

① 로봇 수술은 집도의가 로봇을 조정하면서 진행한다.
② 로봇 수술은 개복 수술에 비해서 출혈이 적다.
③ 로봇 수술은 출혈이 적고 감염 위험이 낮은 수술이다.
④ 수술 부위가 미세한 경우에 확대하여 볼 수 있으므로 로봇 수술은 정확성이 높다.

한국어능력시험 TOPIK II
1교시 (듣기)

주관식 답안은 정해진 답란을 벗어나거나 답란을 바꿔서 쓸 경우 점수를 받을 수 없습니다.
(Answers written outside the box or in the wrong box will not be graded.)

51	㉠	
	㉡	
52	㉠	
	㉡	

53 아래 빈칸에 200자에서 300자 이내로 작문하십시오 (띄어쓰기 포함).
(Please write your answer below; your answer must be between 200 and 300 letters including spaces.)

※ 54번은 뒷면에 작성하십시오. (Please write your answer for question number 54 at the back.)

한국어능력시험
TOPIK II
1 교시 (쓰기)

| 성 명 (Name) | 한국어 (Korean) | |
| | 영 어 (English) | |

수험번호

문제지 유형 (Type)
- 홀수형 (Odd number type) ○
- 짝수형 (Even number type) ○

※ 결시 결시자의 영어 성명 및
   확인란 수험번호 기재 후 표기 ○

※ 위 사항을 지키지 않아 발생하는 불이익은 응시자에게 있습니다.

※ 감독관 본인 및 수험번호 표기가   (인)
   확 인 정확한지 확 인

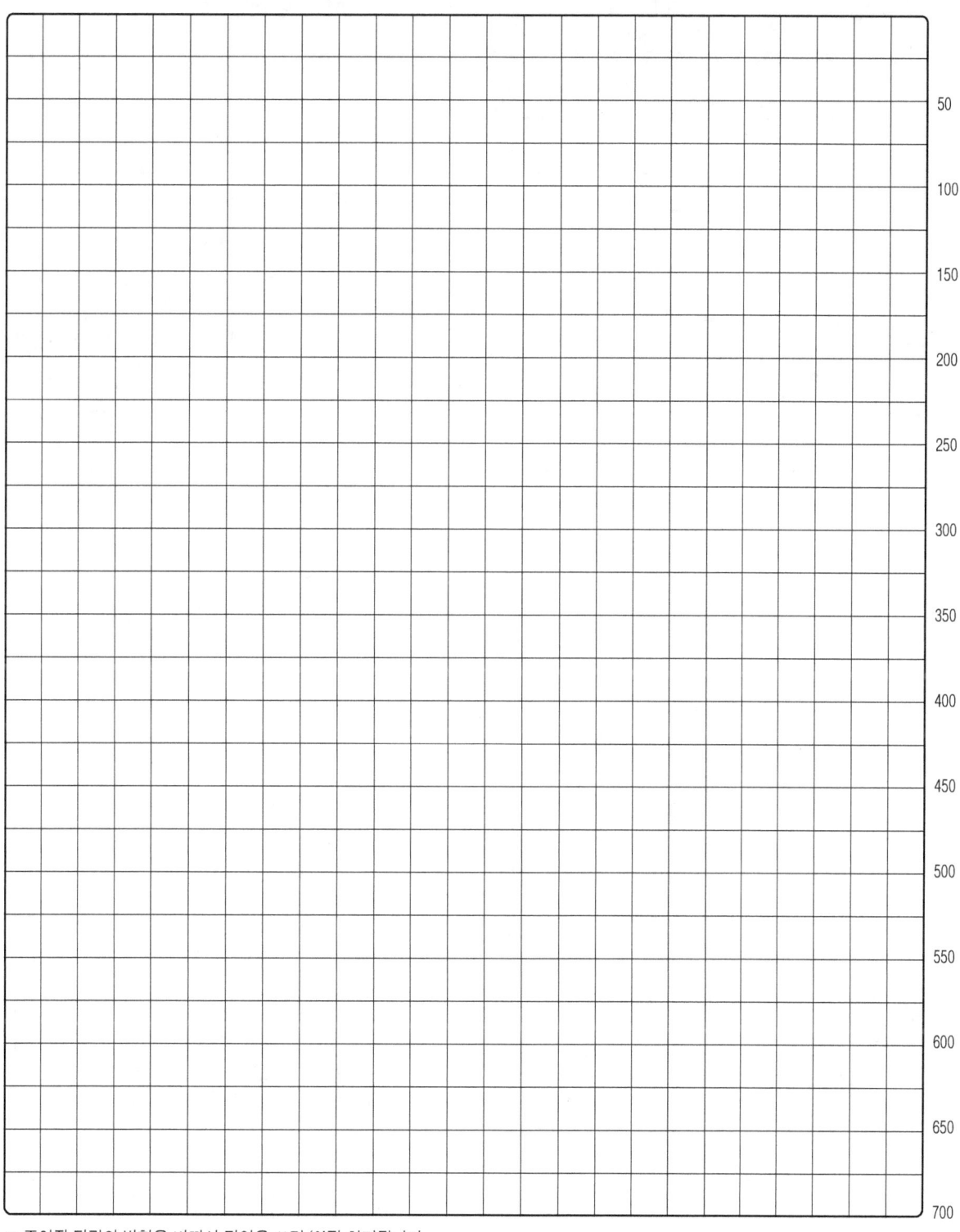

한국어능력시험
TOPIK II
2 교시 (읽기)

www.ingramcontent.com/pod-product-compliance
Lightning Source LLC
LaVergne TN
LVHW081549060526
838201LV00054B/1826